怪譚奇夢卷

妖怪臺灣

三百年山海述異記

何敬堯 著
張季雅 繪

目錄

卷參 日本時代（西元一八九五年～一九四五年）

／漢人、日本人與西方人誌異 220

■奇人之章 220

■奇事之章 273

序言

華麗島的妖怪世界

何敬堯

華麗山海，無奇不有，怪譚異言，時有耳聞。自古以來，臺灣島就流傳許多奇聞軼事、鬼神怪說，這些看似荒誕不經的故事，其實蘊含了臺灣住民或過客對於天地自然、社會文化的觀察，成為在地民俗的一部分。

為了進一步理解臺灣歷史中曾經流傳過的妖鬼故事，我嘗試編纂《妖怪臺灣》系列書，第一冊「妖鬼神遊卷」已於二〇一七年出版。這本書摘錄臺灣文獻中與妖、鬼、神有關的段落，選文來自十七世紀至日治時期的文字資料。

另外，因為個人興趣使然，我這幾年持續在臺灣各地旅行，尋找與妖怪、鬼怪、奇聞有關的場所，或者向地方上的耆老訪問當地異事。在二〇一九年，我將多年的探訪旅程寫成《妖怪臺灣地圖：環島搜妖探奇錄》一書，除了介紹各地歷史、民俗文化中的妖鬼身影，更附錄大量的實景照片，提供讀者按圖索驥的資訊。在這本書中，我期望能夠藉由更加立體、趣味化的通俗形式，簡介臺灣妖鬼故事在現代的足跡。

並且，終於在二〇二〇年，出版本書《妖怪臺灣》第二冊「怪譚奇夢卷」，繼續向讀者介紹臺灣流傳已久的神奇傳說。此書將補足前一本書中的妖怪世界，讓我們對於臺灣的幻想文化更加深入認識。

我始終認為，妖怪並非只擁有可怕駭人的一面，妖怪其實也呈現出奇異、幻想性質的觀看角度，能夠激發人們無窮無盡的想像力與好奇心。

當然，妖怪本身就是鄉土文化極為重要的一環。因此，若能夠多加理解妖怪傳說的來龍去脈，必定能夠讓人對於臺灣歷史、民俗擁有更多深刻的體會。

我之所以積極推廣妖怪文化，最主要的目標即是希望能夠藉由「妖怪」這扇窗口，讓讀者更加認識臺灣島古往今來的華麗與幽暗。

本書《妖怪臺灣》第二冊「怪譚奇夢卷」的繪圖，榮幸邀請漫畫家張季雅再度操刀，描畫出臺灣軼聞怪說的奇妙景致，實在深深感謝。藉由張老師充滿想像力的畫筆，不可思議的華麗島風光皆在書扉之間盡情展現。

本書摘錄的怪譚奇事

臺灣的古書文獻中，隱藏著無數神奇、怪異的故事。例如，清國時期的臺灣方志書、詩文集，經常記錄奇異之事，像是巨蛇啖鹿、老猴成魅、蛇首妖物的傳說。到了日治時期，臺灣民俗研究盛行，許多研究者開始調查在地信仰與民間故事，同時也收集了流傳於臺灣的妖鬼奇聞。

曩昔臺灣文史資料中的怪異故事都極具特色，因此成為《妖怪臺灣》系列書摘選的重點。至於書中的選文，我則設定與「妖怪」相關。在初步想法中，我認為「妖怪」可粗略分為「妖、鬼、神、怪」四種類型：

❶妖：妖精、精怪，通常是物有其靈，魔物化變，擁有較為具體的形象。

❷鬼：鬼魅、鬼怪，形象曖昧不清，或人死成鬼，或以鬼命名。

❸神：神怪、陰神、精靈、陰靈，受到人們崇拜、信仰。

❹怪：怪事、奇譚，也就是怪奇而不可思議的故事。

《妖怪臺灣》系列書的第一冊「妖鬼神遊卷」，蒐錄的故事內容包含前三種類型。至於系列書的第二冊「怪譚奇夢卷」，書中蒐錄的內容則是最後一項「怪」，也就是「怪事、奇譚」類型的故事。

在這個「怪」的類型之中，我又再細分為四種類型，也就是「奇人、奇事、奇物、奇地」四種項目。我希望能夠藉由此書，展現更多元的臺灣妖怪文化。

為何在「妖、鬼、神」的奇異故事之外，還需要再分出「怪」這個類型的故事？原因在於，臺灣鄉野傳說之中，常常會出現一些難以分類的狀況。

例如，蝗蟲的妖異傳說。眾所周知，蝗蟲若是成群結隊出現，就會出現蝗災，造成農業很大的損害。對於臺灣農民而言，蝗蟲是不吉利的存在，這種想法衍生出怪異的傳言，臺灣民間認為蝗蟲是人類鬼魂的化身。據說日治時期初期，臺灣東北部曾遭受蝗害，當地百姓咸以為這是日軍殺害的清兵亡魂作祟，因為蝗蟲是「孤魂之祟孽，或惡魔之變體」[1]、「無祀孤魂之變化」[2]。人們相信破壞農田的蝗蟲，其實是「孤魂」、「惡魔」的化身。而且造成蝗害的東亞飛蝗的臉龐看起來青面獠牙，因此臺南人也稱呼這種蝗蟲為「鬼仔螟」。

對我而言，臺灣的蝗蟲傳聞十分具有「妖怪感覺」，但是我該如何分類？蝗蟲既然是亡魂的化身，所以它也許是一種「鬼」（或者是亡魂附身在蝗蟲身上？）。但是，蝗蟲是一種實際的蟲類，看起來似乎也可以視為「精怪」、「妖精」。不過，就算我想將蝗蟲列入「妖」或「鬼」的範圍之內，恐怕很多現代的臺灣人也會非常困惑。因為在許多人眼裡，「蝗蟲」就是一種具體存在的昆蟲，為何硬要將它說成是邪惡的「妖」或者是虛無縹緲的「鬼」？

除了蝗蟲奇聞之外，其實也有很多民間怪譚讓人無法仔細分類。例如，臺灣海峽流傳已久的「落漈」傳說，據說只要被捲入漈中，九死一生，或者會漂流到一座恐怖島嶼。「落漈」是一種怪異現象，此傳說非常具有魅力，可以啟發人們對於臺灣奇幻的想像力，很值得一探究竟。

於是，我便將那些難以分類、界線模糊的奇異傳說，暫時列入「怪」這種類型之中。而在我的挑選中，我的標準是十分寬鬆的，我甚至會將「奇人軼事」列入此書之中（例如陳三姐，具有俠義風格的奇人傳說）。我必須坦言，我不確定這樣的挑選規則是否合適。但是，我希望能夠秉持著「多多益善」的原則，只要臺灣歷史、民俗與「奇異」相關的傳說，我都希望能夠放入書中，引導讀者觀看這座臺灣島的另類風景。

其實至今，我也尚無法肯定我的四種分類「妖、鬼、神、怪」是否適當。目前，臺灣妖怪學正在發展的初期階段中，我認為其中一項目標可以是「大規模蒐集各類型的故事，不錯過也不忽視各種可能性」。當研究素材的數量龐大時，才能夠進一步去蕪存菁、細部分類。

因此，我更加希望能夠藉由《妖怪臺灣》系列書拋磚引玉，期盼更多研究者對於臺灣的「妖怪、怪異」文化進行更深入的考察。

妖怪從何而來？

究竟，妖怪從何而來？

我認為妖怪誕生於鄉土空間、歷史脈絡之中，是人類對於天地自然的觀察與想像，有時候則是人們傳遞生活智慧、道德教訓的實用工具。

最普遍的情況是，一開始先有某種「怪異的存在」、「非人的存在」、「常理無法解釋的怪異與反常現象」。後來，人們為了解釋這些異常的「事物、狀態」，於是給予「妖怪」、「鬼」、「精怪」等等名稱。

很多人都認為妖怪是憑空捏造的幻想，但其實妖怪故事有很多線索可以追蹤。例如，臺東最有名的妖怪傳說，莫過於鯉魚精與貓精爭鬥不休。據說，鯉魚山就是鯉魚精的化身，而且它的眼睛曾被挖走。如今，鯉魚山的山壁上，傳說是魚眼眶的位置空空如也，巨大窟窿明顯可見。此外，在鯉魚山傳說中，某些版本提及原住民族曾住在此地，後來卻因為鯉魚眼睛被挖，造成寶山靈氣喪失，因此遷移他處。臺東的鯉魚精傳說，可能也反映了昔日先住民的遷徙過程。

有時候，妖怪、怪異傳聞可能與政治相關。臺灣在清國時期的方志，有時候會有「災祥」篇章，講述臺灣各地發生的奇怪事件。這些怪異事件，經常成為官方對於政治、民變事件進行穿鑿附會解釋的「輔助證據」。例如，在一六八三年，曾經有怪鱷登上澎湖岸，不久即死，此事被清國官方認為是鄭氏王朝滅亡的徵兆。官員會將異事與政事一同進行解釋，主要還是延續「天人感應」的學說，企圖說明天理運轉與人事變異有所關聯。

■《臺灣むかし話》第二輯，描繪芝山巖石馬的插畫。

除此之外，臺灣妖怪還有一種非常特殊的面貌：妖怪故事往往直接或間接反映了不同族群之間的爭鬥歷史。

例如，臺北八芝蘭有「石馬」的傳說。很久以前，八芝蘭的漳州人與艋舺的泉州人常常發生衝突，也就是「漳泉械鬥」。據說漳州人信仰的「開漳聖王」會顯靈，常常騎著石馬立於頭陣。後來不知為何，石馬失去控制，經常偷吃田園中的農作物，成為地方上作亂的怪物。人們為了制止石馬，於是就在石馬腹部開洞。

妖怪傳說，其實是鄉土歷史與民俗文化的日積月累。妖怪之所以會誕生，也常常與人類的心理狀態產生連結。臺灣妖怪文化具有許多獨特之處，雖然這些傳說或者想法曾經受到中國、日本文化很大的影響，但是在時間的洪流中，臺灣妖怪也不斷演變，並且逐漸發展出屬於自己的特色。

妖怪往何處去？

近年來，臺灣妖怪逐漸掀起熱潮，在繪畫、文學、電影、音樂、遊戲……等等領域上都可見其魔幻風采。這種現象讓人欣喜，但同時也讓人非常擔憂。

對我而言，妖怪最重要的基礎是歷史、民俗、在地文化。但很可惜的是，臺灣是一座記憶斷裂的島嶼，許多人對於臺灣文史、民俗採取了漠不關心的態度。因此，臺灣妖怪文化發展，其實是站在非常脆弱而且容易崩塌的基礎之上。

所以，我認為推廣臺灣妖怪文化的同時，如何讓更多人認同臺灣文化的價值，將是非常重要的課題。時間不斷地走，記憶也一點一滴不斷地流失，就在我們不經意之間，很有可能許多寶貴的文史故事就悄悄地消逝。

例如，我對於一九五九年上映的臺語片《蛇郎君》很感興趣，也不斷探尋相關資料。這部電影取材自臺灣知名的民間故事「蛇郎君」傳說，講述蛇妖精與女子相戀的愛情故事。有趣的是，導演在這部電影中融入了當時流行的「阿拉伯風格」，不論是角色服裝、場景設計都具有「天方夜譚」一般的異國風情。目前這部電影的預告片，由國家電影中心典藏，在中央研究院數位文化中心的網站「開放博物館」可以觀賞。因為電影預告片的混搭風格非常特異，讓我好奇萬

■臺語片《蛇郎君》的報紙廣告（公共資訊圖書館數位典藏服務網）。

分，於是詢問相關單位，是否有全片可以觀看？很可惜，國家電影中心回覆，當初蒐集資料時晚了一步，完整膠捲已經被藏家後代丟棄，目前僅存預告片。

時間不停地轉動，在歷史的長河中，我們可能慢慢遺忘、遺失了許多珍貴的記憶，這是讓人難過無比的事實。

也因此，我除了尋找歷史文獻中的妖怪蹤跡，我也實地走訪臺灣各地，想親眼見證仍然留存於鄉土之中的妖怪身影，並且為它們留下一些紀錄。目前的初步成果，即是《妖怪臺灣地圖》一書。

我始終認為，只有瞭解「過去」，才能夠知曉為何站立於「現在」，並且進一步得知「未來」在何方。追尋在地文史的過程中，我認為「妖怪」可以成為一個極為有利的觀點。因為妖怪能夠施展出魔魅而且通俗的超能力，勾起社會大眾對於臺灣歷史、民俗的興趣。

妖怪是有趣的，而且強大無比，它們能夠做到的事情超乎人類的想像。雖然我不停地思考臺灣妖怪可以走往什麼方向，但最近卻開始認為，我只是杞天憂天，甚至是不自量力，妄自揣測。

一直以來，妖怪自有它們前進的方向。它們不受控制，難以預料，千變萬化，凌駕於人類智識之上，從未有人看穿它們的真面目。妖怪是我們永遠都無法徹底理解的神祕。

誰也無法預測妖怪的未來，這是妖怪令人喜愛的理由之一。

1 參見：〈隨筆〉，《臺灣慣習記事》第一卷第十一號（臺灣慣習研究會，一九〇一年十一月二十三日）。

2 參見：〈臺灣之迷信〉，《臺灣慣習記事》第二卷第四號（臺灣慣習研究會，一九〇二年四月二十三日）。

簡介

臺灣妖怪文化

1 「妖怪」在臺灣

雖然，臺灣近年來產生了妖怪文化的風潮，可是實際上，我們對於「妖怪」的概念尚未釐清，也無法確知「妖怪」這個詞彙在臺灣的現代情境下可以擁有何種定義。

誠然，臺灣人使用「妖怪」這個詞彙，本身具有漢語的脈絡。但是，我們也不能忽略日本殖民臺灣時期、戰後日本大眾文化進入臺灣的過程中，日語中漢字「妖怪」的概念也深深影響了臺灣人對於「妖怪」一詞的認知。

回顧過往，臺灣在清國時期，文人或官員就會在書中使用「妖怪」這個詞彙，不過頻率非常稀少，反而是「妖」與「怪」常常分別被使用[3]。在此列出臺灣在清國時期著作中出現「妖怪」一詞的幾個句子：

❶康熙時期的《臺灣府志》，有一篇〈邑厲壇祝文〉，這是官員祭祀無祀鬼神的祝文：「此等孤魂，死無所依，精魂未散，結為陰靈；或倚草附木、或作為妖怪，悲號於星月之下、呻吟於風雨之中。」

❷十九世紀的文人吳子光的文章〈鄭事紀略〉：「諜者言島中有鯨鯢長數十丈，夭矯起波間，金光熌爍，噓氣如雷鳴，風濤暴漲，隱隱有金戈鐵馬之聲不絕，舟航糜碎，溺入海盡死，晝夜哭聲震天；雞鳴風始定，魚亦不見。相譁以為妖怪云。是夕，成功生，人奇之。」

❸十九世紀[4]在臺流傳的張氏《四言雜字》（手抄本）：「生番假俚，東山一派。不著衣裳，形容古怪。出來巡捕，相似妖怪。」

雖然清國時期，臺灣文人罕用「妖怪」一詞，不過到了日治時期，日本人就開始頻繁地使用「妖怪」這個詞彙來觀察臺灣文化。

例如，日本人研究原住民文化的初步成果《蕃族調查報告書》，就會以漢字「妖怪」一詞稱呼原住民族害怕的恐怖鬼靈。我們閱讀這些文獻時，同時也要理解這只是日本人主觀的稱呼，至於原住民文化中是否有「妖怪」這個概念，值得商榷[5]。

不過，可以肯定的一點是，在日治時期，日人時常在慣習調查書、報章雜誌中，寫下「妖怪」這個詞彙，用來指稱那些發生在臺灣的「怪異現象」以及「怪異生物」。

在此，也必須先釐清，其實日語漢字中的「妖怪」，與漢語的「妖怪」概念有所差異。日本在近代以前，「妖怪」一詞的意義其實大多是「奇異、怪異」的意思。後來，哲學家井上円了[6]提出「妖怪學」的理論，希望以科學方式打破迷信，他口中的「妖怪」其實包含「怪異現象」，並非單獨指稱「怪異的、形象化的怪物」。之後，民俗學家柳田國男的學說中，才開始讓「妖怪」的定義傾向於現今我們普遍認知「妖怪是怪異生物」的概念。

臺灣的日治時期，文獻中可見的「妖怪」詞彙，其實包含「怪異現象」、「怪異生物」兩種概念。例如，

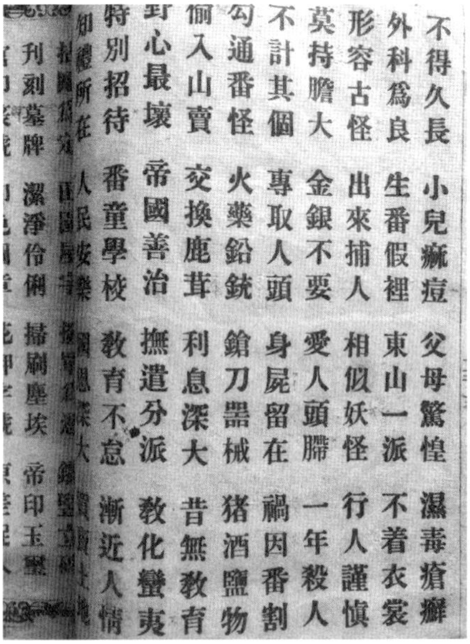
不得久長 小兒痲痘 父母驚惶 濕毒瘡癬
外科爲良 生番假裡 東山一派 不着衣裳
形容古怪 出來捕人 相似妖怪 行人謹慎
莫持膽大 金銀不要 愛人頭髗 一年殺人
不計其個 專取人頭 身屍留在 禍因番割
勾通番怪 火藥鉛銃 鎗刀器械 猪酒鹽物
偷入山賣 交換鹿茸 利息深大 昔無教育
野心最壞 帝國善治 撫遣分派 教化蠻夷
特別招待 番童學校 教育不怠 漸近人情
知禮所在 人民安樂
刋刻墓牌 潔淨伶俐 掃刷塵埃 帝印玉璽

■日治時期印刷版的《四言雜字》，斐成堂商會出版，書中文字與十九世紀手抄本略有不同。

曾景來撰寫的《臺灣宗教と迷信陋習》是早期使用井上円了的「妖怪學」面對臺灣妖異文化的書籍，書中有一段話：「妖怪是一種變化，是平常罕見的珍奇現象，甚至是令人畏懼的。」此書對於「妖怪」的解釋，其概念很明顯是偏向於「怪異現象」，而且作者曾景來也承襲了井上円了破除迷信的理念。

或者是在《蕃族調査報告書》，日人記錄鄒族聖地塔山的故事，說塔山是一座「妖怪山」。但其實這篇故事講述的內容是人類亡魂居住在塔山之中，文章中並未出現我們現在認知的「怪異、恐怖的異種生物」的妖怪存在。原因在於，日人記錄這則故事時，使用的漢字「妖怪」一詞其實是指「不可思議的怪異事物」。虛無的亡魂可以居住於現實世界的塔山，是怪異之事，而且幽靈也是一種怪物，於是日人就將此山稱為「妖怪山」[7]。

在《臺灣日日新報》中，曾有一篇報導寫到：「據來觀光者之語，察彼之大感情者，在觀總督官邸，市中家屋建築之壯麗，土地之平遠廣大，人民之饒多，物產之巨額，汽車之迅速，諸機械之精巧，蓄音器及活動寫真之不思議，日本人之妖怪變化，令人莫測端倪云云，聽者各掉舌。」[8]這篇文章中出現的「妖怪」一詞，並非指「怪異生物」，而是說日本人的器具可以展現出「怪奇而不可思議的現象」。

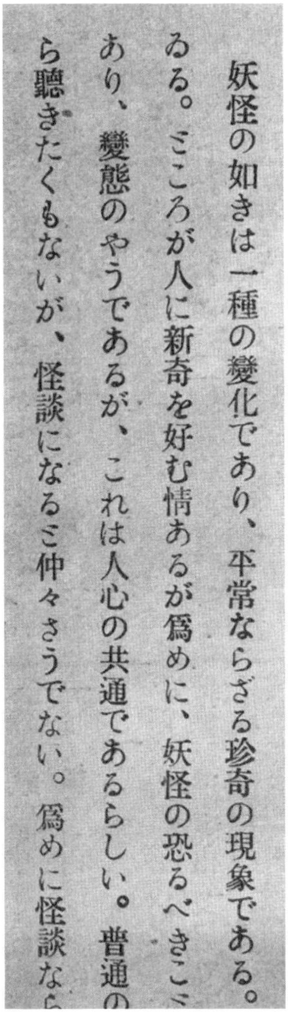
妖怪の如きは一種の變化であり、平常ならざる珍奇の現象である。ゐる。こころが人に新奇を好む情あるが爲めに、妖怪の恐るべきこと
あり、變態のやうであるが、これは人心の共通であるらしい。普通の
ら聽きたくもないが、怪談になると仲々さうでない。爲めに怪談な

■曾景來撰寫的《臺灣宗教と迷信陋習》書頁局部，談及「妖怪」。

當然，日治時期書中的「妖怪」，有時候也會具有「怪異生物、怪物、鬼怪」的概念。例如，《生蕃傳說集》的篇章〈妖怪の手〉、〈妖怪の求婚〉等故事。

日治時期初期，當時的臺灣報紙就會使用「妖怪（えうくわい）」兩字，例如〈妖怪窟（其一）〉[9]、〈妖怪は情夫より〉[10]、〈妖怪か惡戲か〉[11]……等等文章。

在日治時期，除了日本人會使用「妖怪」一詞，漢文人當然也會在文章中使用這個詞彙。例如，魏清德在《臺灣日日新報》發表的文章：「異史雲林氏曰：木石變妖怪，未開之人，往往有此怪奇迷信。」[12]這段文章中的「妖怪」一詞，主要還是延續漢文傳統上的「妖怪」詞意。另外，筆名塗墨戲樓的作者在《臺灣日日新報》的「頓狂詩」專欄曾發表漢文詩〈妖怪〉[13]，說明大稻埕朝東後街有一名寡婦家中發生妖祟異事。

同時，也有案例可以說明日治時期的漢文人受到日語漢字「妖怪」的影響。例如，羅秀惠在《臺灣日日新報》介紹鄭成功故事的文章：「其在臺灣，如鶯哥石之妖怪退治。」[14]文中提及「妖怪退治」，其實是日語中經常使用的語法。

除此之外，受到日本教育的學生，也會接收日本的妖怪觀念。例如，有一位鐵道講習所[15]一年甲組的邱姓學生在期刊《旅と運輸》發表自己的旅行經驗，文中寫到母親跟自己的談話，提及鶯歌山上的大岩石就是「妖怪」[16]。

除了以上介紹的例子之外，日治時期的文獻資料也有很多使用「妖怪」一詞的例子[17]。

到了戰後，「妖怪」這個詞彙仍然在臺灣延續其發展。有些受過日本教育的臺灣學者，承襲了日語漢字「妖怪」的使用習慣，理所當然將妖異之物稱為「妖怪」。

例如，經歷過日治時期的學者江肖梅先生，他在戰後持續整理臺灣民間故事，甚至將日治時期以日文撰寫的民間故事文章轉譯為中文。他在一九五五年出版的《臺灣民間故事》（三）有一篇文章〈貓山和鯉魚山〉，描述鯉魚山的怪異傳說：「可是這隻鯉魚並不是普通的，是隻妖怪，所以不容易抓。」並且在文末附註：「妖怪：奇怪的鬼物。」

江肖梅的這篇文章，其實原文來自於日治時期書籍《臺灣むかし話》第二輯書中的文章〈貓山と鯉魚山〉。在日文原文中，整篇文章並未寫出「妖怪」一詞，而是將這隻鯉魚精稱為「化物（ばけもの）」[18]。後來，江肖梅轉譯這篇文章的一部分時，直接將「化物」改寫成「妖怪」一詞。之所以會有這種改寫，可以推測有兩種原因：其一，江肖梅使用日語漢字「妖怪」來理解鯉魚精怪的存在。其二，本身具備漢文素養的江肖梅，使用漢字本來就有的「妖怪」一詞，來理解鯉魚精怪的存在。

此外，現代教育出版社在一九七〇、八〇年代曾經大量出版臺灣民間故事集，書中的原住民故事經常翻譯自日治時期書籍《生蕃傳說集》，並將原文中的「妖怪」保留於譯文之中。

從以上的例子可以大膽推測，日語漢字中的「妖怪」詞彙的傳承，並沒有因為日本殖民結束而斷裂，反而在戰後繼續延續下去。當然，這並非是說日治時期的漢文語境中的「妖怪」一詞不存在，事實上當時的漢文作者仍會使用漢文傳統上的「妖怪」詞意，有時候甚至會受到日語的影響。

我們可以認為，日治時期的臺灣人，使用「妖怪」一詞，本身就具有漢文語境的意義，同時之間，這個詞彙也受到了日語漢字的「妖怪」概念的融入。到了戰後，這種情況繼續延續，並且藉由兒童讀物[19]的影響力，讓更多人理解「妖怪」這個詞彙的意義。除此之外，戰後臺灣的報紙中，也會有文章使用「妖怪」一詞[20]，顯見「妖怪」這個詞彙越來越通俗。

到了一九八〇年代以後，日本漫畫大舉進入臺灣，其中也包含日本漫畫大師水木茂[21]的作品，他的妖怪漫畫在臺灣受到極大的歡迎。可想而知，這時候「妖怪」一詞又更加為人所知。之後，日本妖怪漫畫《靈異教師神眉》、《犬夜叉》等等作品，也在臺灣擁有很大的人氣。

如果要檢視日本妖怪文化對於臺灣影響何在，我認為最重要的影響在於：從日治時期開始，日本人將日語漢字「妖怪」帶入臺灣，之後臺灣人就開始熟悉使用「妖怪」一詞。

雖然清國時期的臺灣文人就會使用「妖怪」一詞，但是使用頻率非常稀少。可見「妖怪」在臺灣漢人傳統文化中，並非一種經常使用的詞彙與概念。到了日治時期，日人使用「妖怪」詞彙的習慣開始影響臺灣人，而這種影響力直到戰後依然持續，直到日本大眾娛樂文化開始大量進入臺灣，「妖怪」在臺灣終於成為家喻戶曉的常用詞彙。

臺灣人現今通用的「妖怪」詞彙，與日本文化有著千絲萬縷的關係。因此，如今盛行的臺灣妖怪文化，經常被學者認為這是「非在地」、「非傳統」、「過度日本化」的流行風潮，甚至質疑「妖怪」一詞不應該出現於臺灣民俗研究之中。

我認為學者的疑慮極有道理，畢竟在臺灣傳統民俗文化中，罕見「妖怪」的用詞。臺灣民俗語言中，稱呼妖異之物的存在，最常使用的詞彙其實是「鬼」、「精」、「怪」。

雖然「妖怪」一詞並非臺灣民俗語言，但若只是因為「非傳統」，就此排除「妖怪」一詞在臺灣的使用，我認為標準過於嚴格。事實上，臺灣文人受到日語漢字「妖怪」的影響，從日治時期就有跡可循。到了現代，「妖怪」一詞也成為臺灣普羅大眾習以為常的用語。

所以我認為，也許不應該斷然否定「妖怪」一詞在臺灣存在已久的事實，而應該可以思考，在臺灣情境下的「妖怪」一詞，究竟可以擁有何種「在地化」的定義？儘管日語漢字「妖怪」影響臺灣極深，但是橘化為枳，儘管是相同的事物，若在不同區域發展，風土環境不同，勢必會產生變化。

因此，我認為現階段使用「妖怪」這個關鍵詞來考察臺灣的妖異文化，可以成為一種有趣的觀點。

儘管如此，臺灣的「妖怪學」仍然面臨許多挑戰。例如，臺灣的「妖怪」究竟該如何定義？如何理解臺灣原住民的妖異文化？這些問題都讓我困惑萬分。

臺灣妖怪，依然藏身於重重迷霧之中。

2 簡述臺灣的妖異繪畫

日本妖異繪畫傳統悠遠，無論是室町時代《百鬼夜行繪卷》，或者江戶時代浮世繪中的幽靈，都是讓人驚豔不已的妖異圖畫。日本妖異藝術，始終讓臺灣人羨慕不已。不過，妖異創作並非他國才有，近年來，許多臺灣畫家也開始著迷於臺灣妖異文化，並且嘗試以在地妖怪作為創作主題。

或許有人誤以為，臺灣妖異繪畫是這幾年才產生的風潮。其實，這是不太精確的認知。若要追溯臺灣妖異繪畫起源，其歷史可能有百年以上。

最早，臺灣妖異圖畫出現於民間藝術，與宗教息息相關。例如，在紙錢的類別中，有一種特殊的種類，名為「外方紙」，可以制化關煞。「外方」就是指外來的凶神惡煞。外方紙最特殊的地方，便是紙錢的表面會印上特殊的版畫圖形。有別於金紙常見的神明、三仙圖案，外方紙的版畫經常是鬼怪、神怪、精怪、妖煞……等等圖形。

■今日臺灣坊間可見的「白虎」紙錢。

我曾見過金銀紙蒐藏家張益銘先生分享清代版印的白虎圖，而日治時期的畫家淺井暹發行的《臺灣土俗資料》也列出五鬼、白虎、黑虎……等等圖形，某些圖畫依然會在今日印製於外方紙上，可見臺灣外方紙的妖鬼圖畫歷史悠久。

臺灣民間對於鬼怪的想像，除了可以在「外方紙」的版畫藝術作品一窺究竟，另一種鬼怪形象的呈現，則是「十殿圖」的地獄繪畫。

十殿圖，又稱「十殿閻王圖」，描繪凡人進入冥界十殿接受審判的場景，這是臺灣常見的民俗繪畫。十殿圖除了具有警世作用，同時也可以為亡者祈福。這種地獄繪畫會被印成善書，或者製成掛圖放在喪事法會的現場，有時候廟宇也會懸掛這些圖畫。

在「十殿圖」的繪畫中，做為閻君手下的鬼差、鬼卒，近似於鬼神、陰神、鬼怪的存在。例如，國寶級彩繪師陳穎派和其家族為臺中市城隍廟繪製的十殿閻羅圖，便描繪出冥界十殿的閻君審判過程。青面獠牙的陰間差役，會依據閻君下達的判刑，執行各殿特有的懲罰。

另外，大甲鎮瀾宮保存清代水陸法會的「典刑掛軸」，也畫出了鬼差的形象。圖畫中的鬼差，頭部隆起如角，面目猙獰可怕，正在執行各種殘酷的刑罰。

妖異圖畫除了出現於宗教，另一種傳統則是日治臺灣書籍的插畫藝術。當時日本人出版許多臺灣民間故事書，書中會搭配插畫，甚至畫出妖怪模樣。例如，一九一五年出版的《臺灣昔噺》，書中的〈虎姑婆〉，就有宮本萬輔描繪的恐怖虎精。

原住民傳說，經常會有鬼靈作祟、怪物出沒的故事。若要了解日治時期的原住民傳說採錄，佐山融吉、大西吉壽合著的《生蕃傳說集》是非常經典的參考書。此書的裝幀插畫者，便是鹽月桃甫。鹽月桃甫是一位美術教育家，也是臺灣美術展覽會創立者之一，其畫作經常取材原住民圖像。因此，由他裝幀設計的《生蕃傳說集》，藝術價值不容小覷。他為書封、內頁繪製了許多幅彩色版印插圖，即是臺灣出版品中首次出現的原住民傳說插畫。

雖然《生蕃傳說集》收錄許多妖怪故事，不過鹽月桃甫插畫並沒有與妖怪直接相關的主題。若以「怪物」的角度來檢視，其中一幅插畫〈テボラン夫婦〉，畫出十分怪異的「人面鳥」形象。這幅插圖講述布農族干卓萬社一對夫婦入山之後，因為不停喊叫，就變成山中異禽。雖然目前原住民研究，未將「人變鳥」視為妖怪故事，但此幅圖畫「人頭鳥身」的異種混合型態非常奇幻，將之視為「怪物」或「妖異」圖畫，我認為也不為過。

除此之外，若將「妖怪」的字義進行復古的解釋[22]，只要是「天地之間反常的現象」都能稱為妖異，那麼鹽月桃甫很多插畫也能符合。

例如，他繪畫的〈太陽征伐〉，描述太古時候，雙日高掛空中，大地猶如火燒，人類痛苦不堪，於是原住民勇士前往征伐太陽。這張圖畫用色鮮明，勾勒出天空有兩顆太陽的「異常現象」。

鹽月桃甫另一幅〈榕樹の根〉是排灣族傳說，據說以前大海有一株巨大的榕樹，其根部四處蔓延，人們能走在大樹根部，前往其他國家。但是，有一位男子沿著樹根到其他國度之後，帶回了

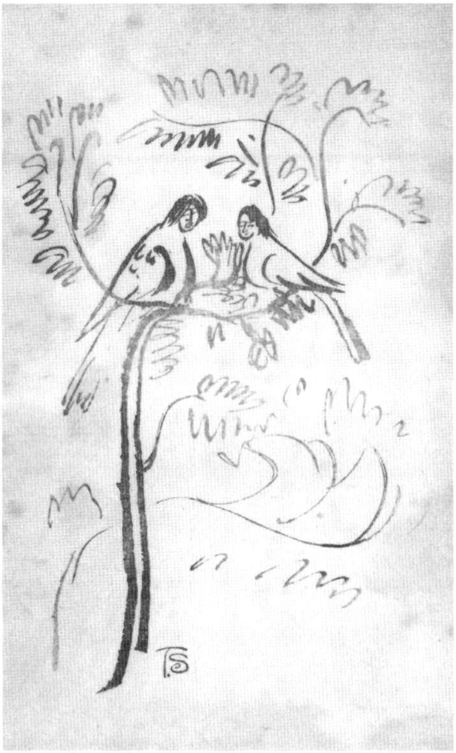

■鹽月桃甫的插畫〈テボラン夫婦〉。

一名女子，之後就將樹根砍斷。從此之後，這棵怪樹再也無法讓人前往他國。在這幅繪畫中，海中怪樹的筆觸十分大膽狂放。

除了《生蕃傳說集》之外，另一本原住民傳說故事書《蕃人童話傳說選集》也有多幅怪奇插畫，作畫者是片瀨弘。書中插畫造型質樸，充滿童趣氣息，例如在〈奇蹟と怪談〉的篇章，片瀨弘就為塔山白石的幽靈怪談、五色鹿傳說、檜精傳說……等故事繪製插畫。

此外，臺灣藝術社出版的一系列民間故事書也非常值得關注，例如《臺灣むかし話》三輯與《臺灣地方傳說集》一書，都包含許多妖異插畫。

《臺灣むかし話》第一輯作者是竹內治，第二輯作者是稻田尹，第三輯作者是鶴田郁。為這三本書裝幀、插畫者有兩人：宮田晴光（負責第一輯、第三輯）、鳥羽博（負責第二輯，也負責《臺灣地方傳說集》插畫）。

宮田彌太郎在書中繪製的〈虎姑婆〉插畫，具備粗略的「分鏡」的概念，將虎姑婆故事中的兩個場景融合在一幅圖畫之中。

另一位畫家鳥羽博，應是日治時期畫過最多臺灣妖怪的創作者，他為《臺灣むかし話》第二輯提供了〈蛇郎君〉、〈芝山巖石馬〉、〈貓山と鯉魚山〉等作品，並且在《臺灣地方傳說集》書中提供〈虎形山〉、〈龜崙嶺〉的精怪插畫。若是將鳥羽博繪畫的妖異傳說也納

■鳥羽博的插畫〈蛇郎君〉。

■陳定國繪製的《蛇郎君》書籍封面。

入，他在《臺灣地方傳說集》書中描繪的飛天巫女、月亮之刀（手指月亮就會被砍耳朵），也具有妖異玄奇的風格。

此外，做為臺灣妖怪學研究的重要書籍《臺灣宗教と迷信陋習》，書卷最後的蝴蝶頁有一幅畫，描繪了臺灣有應公廟，廟旁出現了幽靈、白骨舞蹈的畫面，筆觸詭異奇妙，是日治時期非常少見的骷髏繪畫。

日治時期書籍中的妖異繪畫，雖然創作者是日人，但這些作品很有可能影響了戰後臺灣畫家的創作。

例如，臺灣漫畫大師陳定國為《蛇郎君》繪製的書封，其構圖與鳥羽博的作品極其類似。陳定國在戰後繪製了許多民間故事的插畫，這些故事的編寫大多參考了臺灣藝術社在日治時期發行的書籍，因此可以猜測陳定國對於這些書籍中的日人插畫可能也很熟悉。

目前，對於早期臺灣妖異藝術的研究不多，期望未來會有更多相關探討，進一步建構起臺灣妖異藝術史的脈絡。

3例如：《臺灣府志》：「深山之中，人跡罕至，其間人形獸面、烏喙鳥嘴，鹿豕猴獐，涵淹卵育；魑魅魍魎、山妖水怪，亦時出沒焉。」

4參見：黃震南，《取書包，上學校：臺灣傳統啟蒙教材》（獨立作家出版，二〇一四年）。黃震南是臺灣藏書名家，他比對蒐集的各種版本的《四言雜字》，推測張氏編寫的《四言雜字》成書於一八一二年至一八七五年之間，而張氏可能是居於臺中、苗栗一帶的客家人。

5相關研究可以參考《臺灣民俗學青年論集（二）》（豐饒文化，二〇一八年）書中收錄的兩篇論文：林和君，〈臺灣泛族群民俗傳說暨儀俗信仰比較析論——以閩南魔神仔與阿美族「Salau」為例〉。范玉廷，〈從「泛靈」到「妖怪」的靈怪對轉——日人對臺灣原住民的超自然存在之詮釋初探〉。

6井上円了：生於一八五八年，卒於一九一九年。他是日本知名哲學家、教育家，以科學角度研究妖怪現象。井上円了曾在一九一一年一月來臺巡迴演講，足跡包含宜蘭、嘉義……等地。根據《臺灣日日新報》的報導，他在宜蘭演講妖怪學說，聽眾多達五百人。在一九一八年三月，《臺灣日日新報》也刊載井上円了講述妖怪研究的連載文章〈妖怪の正體〉。

7一九三四年出版的《支那・朝鮮・臺灣：神話と傳説》也有收錄這篇故事，文中的「妖怪」的讀音是「おばけ」。「おばけ」與「化物（ばけもの）」意義相近，指稱所有具有怪異性質的事物。

8〈歸山後太魯閣蕃〉，《臺灣日日新報》（一九〇五年十二月二日）。這篇文章描述當時總督府邀請太魯閣社原住民代表前來參觀官邸。

9〈妖怪窟（其一）〉，《臺灣日日新報》（一八九九年一月八日）。

10〈妖怪は情夫より〉，《臺灣日日新報》（一八九九年四月五日）。

11〈妖怪か惡戲か〉，《臺灣日日新報》（一九一〇年十一月二十六日）。

12〈讀鷺門通信誌王不池靈赫〉，《臺灣日日新報》（一九一〇年五月三十一日）。文中敘述陳承昌媳婦王不池死後靈驗，迷信男女爭叩其棺，拜求福庇，因此作者（魏清德）感嘆：「異史雲林氏曰：木石變妖怪，未開之人，往往有此怪奇迷信。」木石能夠變成怪物，這是出自《國語》的典故：「木石之怪曰夔、罔兩。」

13塗墨戲樓，〈妖怪〉，《臺灣日日新報》（一九一五年四月八日）。

14蕉鹿（羅秀惠），〈鄭成功之海神討伐〉，《臺灣日日新報》（一九〇六年五月一日）。此文描述鄭成功傳說：「其在臺灣，如鶯哥石之妖怪退治（該地有一鶯哥怪為祟，土人輒遇其害，鄭偶過此，兵士多為所噬，因以計鎗殺之，後怪遂絕）。」臺南漢文人羅秀惠文章中出現的「妖怪退治」，是日語常見的詞語。

15臺灣鐵道協會講習所：提供夜校教育課程給該協會的會員與一般鐵路職員與其子弟。

16邱傳水，〈題：旅の思ひ出〉，《旅と運輸》（一九三八年三月二日）。

17例如以下數例：〈南部瑣事：鬼亦猶人〉，《臺灣日日新報》（一九〇八年八月六日）。〈亞鉛歐鐵：山上妖怪〉，《臺灣日日新報》（一九一一年六月十四日）。〈妖怪出現の噂に人山を築く：嘉義市北門外の騷ぎ〉，《臺灣日日新報》（一九三一年一月二十七日）。〈誤傳妖怪〉，《臺灣日日新報》（一九三三年十月七日）。呂赫若，〈拉青と八卦篩〉，《民俗臺灣》（一九四二年一月五日）。

18化物（ばけもの）：近代以前，日本人稱呼「妖異之物」最常使用「化物」這個稱呼，這是江戶時代的普遍用語。如果非常簡略地爬梳歷史，可以說日本人對於妖異事物的稱呼在不同時期有不同的說法。例如，平安時代會使用「物怪（もののけ）」，江戶時代慣用「化物」，妖怪學發展之後，則漸漸普遍使用「妖怪」一詞。

19戰後出版的臺灣民間故事書籍，幾乎都是面對兒童的通俗讀物，而妖怪傳說當然也會列入民間故事書之中。

20例如：〈奇哉？水裡坑發現妖怪〉，《民聲日報》（一九四八年四月二十八日）。〈人間結下惡緣：八家將開堂審妖怪〉，《民聲日報》（一九五三年八月二十三日）。〈玄天上帝出巡風波〉，《民聲日報》（一九六五年十月八日）。

21水木茂：日本漫畫家，以妖怪漫畫聞名，名作首推《鬼太郎》系列作品。在妖怪研究領域上，柳田國男具有承先啟後的地位，不過日本妖怪文化之所以盛大開展，水木茂的地位不可忽略。水木茂藉由通俗趣味的漫畫創作，讓「妖怪」一詞流行全日本。

22漢文語境中的「妖」、「怪」的字義，在不同時期具有不同內涵。例如先秦，「妖」、「怪」的共同意義是「反常的現象、狀態」，至於「怪」也包含「怪物、異能生物」的意思。六朝之後，「妖怪」一詞開始傾向於「精怪」的釋義。而在日文語境中，「妖怪」最早也擁有「怪異、奇異」的意思。

卷壹

大航海時代

（西元一六六二年）

漢人與
西方人誌異

奇物之章

1 大蝗蟲降災厄

介紹

蝗災是非常可怕的自然災害，但是對於現代臺灣人來說，蝗災卻是十分陌生、難以想像的奇異場景。

十七世紀的時候，臺灣歷經多次蝗災，根據《熱蘭遮城日誌》的紀錄，臺灣在一六五三年到一六五五年之間，至少遭遇過三次大規模的蝗禍。當時，蝗蟲曾經鋪天蓋地席捲臺灣，讓臺灣的農業生產造成難以想像的巨大損失。

不只是十七世紀的臺灣曾經遭受蝗災，根據《鳳山縣志》，鳳山縣在康熙四十五年（一七〇六年），也曾遭遇蝗禍。當時的知縣宋永清「禱之有應」，於是就在鳳山建立了一座八蜡廟。八蜡廟祭祀的對象，即是農業的守護神。

有史以來，世界各國皆有蝗災紀錄。例如，中國的《詩經》就有提及蝗災是農人恐懼的禍害，魏晉南北朝也有許多描述蝗災的詩文，像是陶淵明詩句：「炎火屢焚如，螟蜮恣中田。」

在西方文化之中，蝗災則代表了《聖經》所描述的「出埃及十災」的其中一災。埃及法老被摩西警告，若不允許他的百姓離開埃及，就會有成千上萬的蝗蟲降災；蝗蟲過境，象徵了神的審判。

在十七世紀，荷蘭人目睹臺灣島上的蝗災之時，總是人心惶惶，懼怕天神無情降災，破壞當地農業生產。為了抵抗蝗災，東印度公司和漢人墾主曾經想要合作捕捉、撲滅蝗蟲，卻因為害蟲數量太多而不了了之。

在臺灣民間信仰中，漢人經常認為看到蝗蟲就是一種不吉利之事，甚至認為蝗蟲是來自陰間的亡靈、無緣孤魂。人們只要聽到蝗蟲以腿翅摩擦發音，渾身都會感覺不舒服。

蝗蟲的閩南話是「草螟仔」，臺南安定人則會稱之為「鬼仔螟」[1]，這個稱呼讓蝗蟲更加具有鬼怪的想像空間。

日治時期，國分直一等人在民俗雜誌《民俗臺灣》（一九四四年）發表文章〈村落的歷史和生活（下）〉，文章作者調查中壢臺地湖口地區的民譚，其中就有一則「草蜢」的條目：

「據說蝗蟲是人類的化身。也就是死人的化身。例如某戶人家有親人過世，在他們家的周圍就會有蝗蟲在那兒徘徊；據說這是死去的人惦念家裡的情形所以跑回來看看。晚上如果在屋內聽蝗蟲的叫聲或是翅膀的摩擦聲，就會馬上聯想到是死人的化身，小孩在被窩裡也會不由得打起顫來。」

雖然蝗蟲是農人非常厭惡的恐怖害蟲，但是在不同人的眼光中，蝗蟲可能也具有不同的意義。例如日治時期，日本文學家佐藤春夫來臺旅行，他從嘉義搭火車前往二八水（現今的二水），發現一隻蝗蟲從某位送行男子的草帽飛出來，然後棲身於車廂座位上，與人類一同搭上火車。佐藤春夫目睹此景，不禁感覺滑稽，並且試著從蝗蟲的視角來想像牠從何處來、又要往何處去？佐藤春夫戲稱這隻蝗蟲是一位「小小的大旅行家」，並將這段故事寫成童話形式的散文〈蝗蟲的大旅行〉[2]，是佐藤春夫最著名的兒童文學代表作。

典文

※《熱蘭遮城日誌》

◆一六五四年五月十日

傍晚，我們看見此地松果園那邊好像有一片烏雲罩在那裡，先是長長地伸展，然後寬寬地展開。這現象，幾個月前在本島北邊的雞籠[3]出現過，以後也在本島南邊出現，即非常多的蝗蟲飛來，使得天空都因而昏暗起來。

現在這群蝗蟲的一部分也闖到大員[4]來了，顯然這是我們罪有應得的神發怒的徵候。此地居民勢將遭遇飢荒，因為這麼多的害蟲必將飛遍本島，將田地上所有作物咬光光，農夫也將因而無法在他們的農地播種耕種（除非萬能的神憐憫，阻止了這群蝗蟲），像現在長在田裡的甘蔗，它們所有的頂端都必已被吃掉了。

幸虧此地附近田裡的那些穀物，在這群害蟲飛來以前，剛好採收了。

◆一六五四年五月十一日

〔上午〕約十點鐘，有非常多的蝗蟲乘陸風（看起來）從福爾摩沙集合到此地大員來，真是蔚

熱蘭遮城
蝗災過境

為奇觀，天空為之昏暗，並充滿牠們翅膀發出的響聲。約於中午，在這些房屋之間，到處有很多蝗蟲被風（風從北方相當強烈地繼續刮來）吹落下來，多到〔城堡〕裡面的水井好像鋪上一層黃紅色的布。

● 一六五四年五月二十二日

今晨，在赤崁、鹿耳門（Lackemoy）、Caya和鯨魚骨島（Walvisbeen）附近的海岸漂來很多死了的蝗蟲，也從這港道流出去。我們聽說，在海岸堆有很多死了的蝗蟲，多到中國人必須從堆到高達踝骨處的死蝗蟲中走路。

1 鬼仔螟：臺南安定鄉公所《安定鄉志》（二〇一〇年）書中，耆老施景寶說安定人會將蝗蟲稱為「鬼仔螟」，因為造成蝗害的東亞飛蝗「長得很難看，青面獠牙」。

2〈蝗蟲的大旅行〉：中譯文章收錄於《殖民地之旅》（前衛出版，二〇一六年），由邱若山翻譯。

3 雞籠：基隆舊名。

4 大員：現今的臺南安平區。

2 福爾摩沙島之魔

介紹

史初一（John Struys）出生於一六二八年的阿姆斯特丹，他在一六四七年十二月離鄉出海，前往義大利北部熱那亞（Genoa），任職製帆師（onder zeilmaker）。在一六四八年，他成為上席製帆師，隨船隊來到西非外海、馬達加斯加島等地區。之後，他加入荷蘭東印度公司的船隊，成為東印度公司的製帆師，在一六五〇年隨船隊前往暹羅，並且來到臺灣。他在臺灣停留期間，留下許多珍貴的見聞紀錄，包括島上穿山甲的描述。

對於初抵臺灣島的西方人而言，穿山甲是一種不可思議的古怪生物，奇形異狀非常駭人。當時，荷蘭人會將穿山甲稱為「福爾摩沙的惡魔」（den Duyvel van Tajovan, the Devil of Formosa）。

臺灣穿山甲是島上的特有種，從低海拔到兩千公尺的山區丘陵都有牠們的蹤跡。穿山甲是全身覆滿鱗片的哺乳動物，頭部尖狹，口內有長條狀的舌頭，可以沾黏螞蟻送入口中，也有長爪方便挖地，又名「鯪鯉」。穿山甲

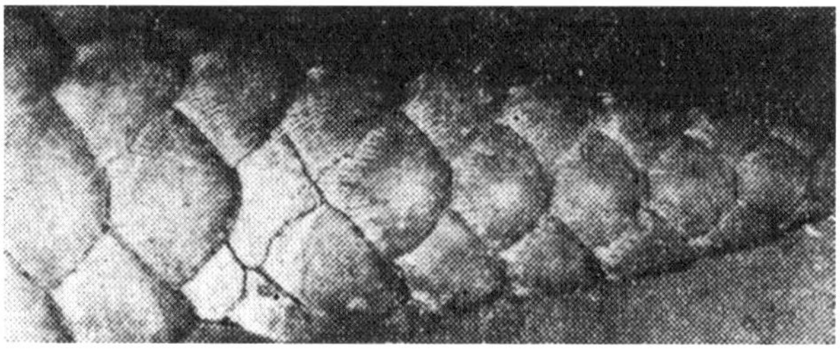

■《民俗臺灣》書中，立石新吉〈山之獸〉附錄的照片，穿山甲尾巴數來第七片背鱗被人拔除。據說穿山甲的鱗片可以避邪。

習性晝伏夜出，睡眠時會蜷曲成球狀，平常居住在地底洞穴。

清國時期，翟灝《臺陽筆記》曾經說明穿山甲的形貌，以及獵捕方法：

「臺灣多山，出穿山甲，大者二尺餘，鱗甲周密，嘴尖而首曲藏於腹下，若羞與人見者。蒞[5]彰時，里人以之餉[6]予。令覆以盆，隔夜即遯[7]去。後又有饋者，留心覘[8]其動靜。乃以前爪爬地，作穴尺許，遂將周身之甲放開，旋轉如風，一炊時[9]即地行丈餘矣。土人云，將水灌入穴中，即不能動云。」

在十九世紀末，喬治．泰勒（George Taylor）記錄了排灣族文化，據說族人認為白天看見穿山甲會很不吉利，而且如果觸摸到牠，就會馬上死亡。

日治時期，民俗雜誌《民俗臺灣》（一九四二年）有一篇文章〈山之獸〉，文中描述了當時人們獵捕穿山甲的情況。作者立石新吉是一位動物學家，他從一九三〇年開始任職於臺北帝國大學理農學部動物學教室。根據他的說明，當時穿山甲會被製成標本，也是皮革來源之一。而且穿山甲鱗片可以入藥，肉則可以療疾或者純為食用。這篇文章也提及穿山甲迷信：

「本島人皆視穿山甲為不祥之物，若有穿山甲誤入家門，則不幸之事將會接二連三地發生。他們甚至將牠視為魔物，其後更將之視為神祕之化身。穿山甲尾端以上的第七個背鱗，若結於童帽，據說能夠避邪。因此，其尾部以上的第七個背鱗為符咒之材料，村閭附近所捕獲的穿山甲，多有跡象顯示此鱗已不存在。」

根據立石新吉的調查，穿山甲的經濟價值極高，所以經常被人們捕捉販賣，其鱗肉均有用處，所以到處可見靠穿山甲致富發跡之人。

不過時至今日，臺灣民間傳說中，穿山甲也具有正面、幸運之象徵。例如，臺中的南屯老街，流傳穿山甲修練成精的民間故事。

南屯的犁頭店（萬和路、南屯路口一帶），每年端午節都會舉辦「穿木屐、躦鯪鯉」的民俗慶典，希望能藉由踩木屐的聲音，將地下的穿山甲吵醒。

據說只要犁頭店地下的穿山甲醒來，這個地區的風水就會變好，學子考試順心，商業也會繁榮。在林惠敏編著的《典藏犁頭店》（一九九九年）書中，則特別提到犁頭店地下沉睡的鯪鯉，是一隻「金色的穿山甲」。今日，講述犁頭店鯪鯉的故事書、繪本，也會描繪出「金鯪鯉」的形象。

不過，根據學者溫宗翰研究，犁頭店「躦鯪鯉」競走活動，可能源自平埔族的成年禮、歲時儀式「走標」（賽跑），後來才融入漢人文化，並且添加額外的傳說。

■日治時期的穿山甲照片，出自《日本地理大系：臺灣篇》（1930年）。

典文

※《荷據下的福爾摩沙・一六五〇年訪問福島報告》——史初一（John Struys），

翻譯：李雄揮

有一種荷蘭人稱之為「福島之魔」[10]的生物，其背部有兩呎長五吋寬，全身有鱗片，四腳都有尖爪，頭尖長，尾粗，由臀部到末端逐漸變細，好像鱷魚尾一樣。

牠只賴螞蟻為生，捕捉螞蟻的方式是射出長尖舌到蟻巢附近，從嘴中分泌厚厚的黏物，螞蟻吃該黏物後即被黏住，不能再離開。

5 莅：到。

6 餉：以食物款待。

7 遯：逃走。

8 覘：音ㄓㄢ，窺視、觀察。

9 一炊時：煮一頓飯的時間，比喻極短的時間。

10 穿山甲：荷蘭人稱之為「福爾摩沙的惡魔」（den Duyvel van Tajovan, the Devil of Formosa）。

3 屠島血案：小琉球悲歌

介紹

十七世紀以前，屏東縣外海的小琉球島嶼曾經居住一群原住民族，族性排外，視島外（包括臺灣本島）任何族群為敵人。關於此族群的記載付之闕如，目前尚不知曉他們從何時開始居住於島上，也不知島民詳細的生活概況、風俗習慣。過往的小琉球島嶼如同一座神祕國度，被迷霧籠罩。

儘管島上居民會與本島的原住民、漢人貿易往來，但島民對於外界仍然十分不信任。他們與外界貿易的過程中，經常一言不合就互相攻擊砍殺。當時臺灣島上的平埔族部落，也十分厭惡島上居民。

據說當時的小琉球名為「吐金」（Tugin）或「拉美」（Lamey）。不過，此島另外也被稱為「金獅島」（Gouden Leeuw Eiland），是因為一艘名為「金獅號」的船隻曾經停靠於島岸，結果船上的水手被當地島民殺害。從此之後，此島便被荷蘭人稱為金獅島。據說只要有外來船隻停靠島岸，都會被島民視為敵人，例如一六三一年，有一艘名為貝佛維克（Beverwijck）的船隻擱淺此島，五十多名生還者當時被島民殘忍殺害。

荷蘭東印度公司為了報復島民殺害西方人的行為，所以便在一六三三年至一六三六年之間，發動無數次的大規模征伐行動，希望能以報復性的屠殺，剷除島上的原住民。

在屠殺行動展開之前，荷蘭人也邀請本島的平埔族人參與其中。因為平埔族例如放索仔社，一直以來也視金獅島上的居民為寇讎，所以便欣然加入討伐軍行列。根據當時的紀錄，討伐聯軍陣容包含荷蘭人、平埔族人、漢族海盜。

因為聯軍勢力浩大，金獅島上的住民無法抵抗對方的猛烈襲擊，只能採取且戰且走的游擊策略。不久之後，島上的各個村莊相繼失守。聯軍每攻下一座村落，便會放火燒掉整座聚落。

最後，大多數的島民選擇逃入地下洞穴，想要躲避聯軍追擊。

島內的地底洞穴錯綜複雜，猶如一座巨大迷宮，形成天然屏障，但這座屏障卻成為了最惡毒的陷阱。聯軍對於躲入洞中的島民停止攻擊，反而在洞外築起籬笆，開始以鐵盤盛裝硫黃和煤炭，在洞口燃燒劇毒煙霧，想要燻出洞中島民。

洞穴中傳來了哀號痛苦的尖叫聲，連日哭喊，但聯軍卻絲毫不為所動。等毒氣燃燒經過了數天，聯軍才將木炭移開，等毒霧散盡之後，才進入地底洞穴中察看。

■荷蘭東印度公司船隻「威廉王子號（Prins Willem）」的縮小模型（Ship's model of the Prins Willem，荷蘭國立博物館Rijksmuseum，1651年）。此船在1650年代航行於東亞，除了是貿易商船，同時也是戰艦，船上會配備火力強大的大砲。

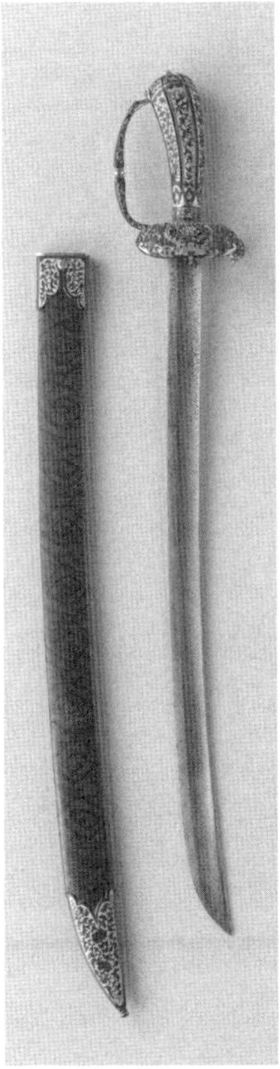

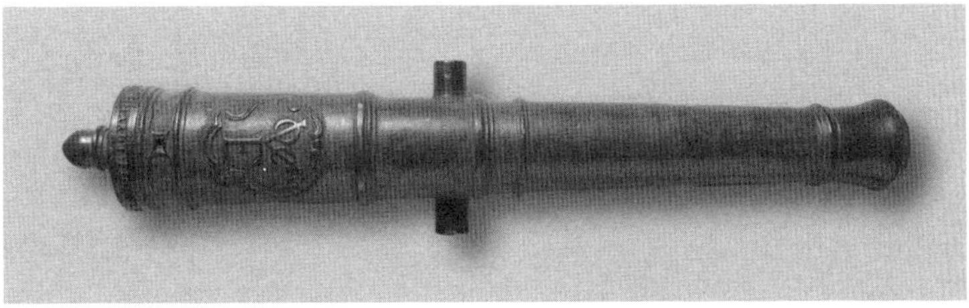

■荷蘭東印度公司的青銅大砲（Bronzen kanon，荷蘭國立博物館Rijksmuseum，1757年）。砲管上雕刻「VOC」的圖樣，屬於滑膛前裝砲，可以從砲口置入砲彈與火藥，再引燃後座上方孔洞的引線。砲彈可以是鐵、鉛、石頭……等等材質。

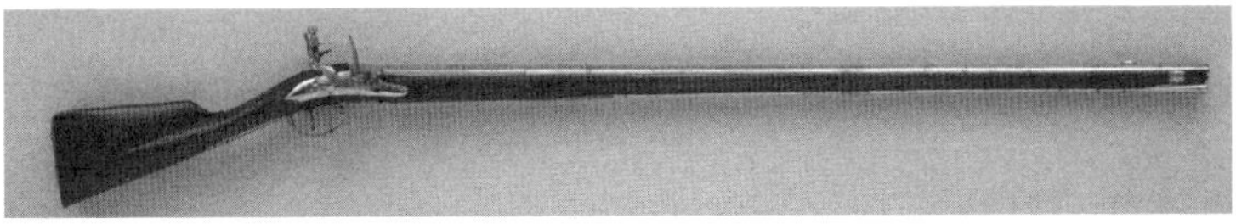

■荷蘭東印度公司人員配備的步槍（Geweer van de VOC met wapen van Amsterdam，荷蘭國立博物館Rijksmuseum，1725～1798年）。

■荷蘭東印度公司的高級官員所配備的豪華軍刀（Hanger of Johannes van Leenen，荷蘭國立博物館Rijksmuseum，1675～1700年）。

這是一場慘絕人寰的殘忍屠殺，猶如人間煉獄的畫面。

洞中密道橫躺著一具一具的淒慘死屍，或餓死，或窒息而死。洞穴中，蚊蠅四處飛舞，聯軍必須邁開腳步、伏低身軀才得以前進。通道之間，數百屍身紫脹發黑，密閉的空間傳來一陣陣難以忍受的強烈屍臭，據估計有二百至三百多具死亡屍體。

洞中尚未死亡的島民全都奄奄一息，聯軍將他們拖出洞外，清點人數有三百多人，婦女、小孩占了八成以上，剩下的則是老弱男子。因此聯軍認為，在島上叢林之間，仍埋伏著數百名身強力壯的男子，隨時準備與聯軍廝殺。

聯軍不敢掉以輕心，先將俘虜依序押解上船，分批送回安平。同

■今日小琉球島的烏鬼洞口。

■烏鬼洞的石階梯。

■烏鬼洞口立有「烏鬼洞主」的牌位。

時，聯軍也持續在島上搜索，若遇見死命頑抗的島民，則即刻槍殺對方，若是對方投降，則將他們綑綁回聯軍搭建的臨時營寨，然後送回本島。

被押解回熱蘭遮城的島民，男子淪為低階的勞役，終生配掛鐵鍊，或者被船隻載往巴達維亞城作為奴隸，或者送到魍港（現今的嘉義縣布袋鎮的沿海港口）擔任苦力。至於女人與孩童，則被分配給新港的當地人作為僕傭使喚。

不過，金獅島上仍殘存許多驍勇善戰

的島民，所以荷蘭人繼續派出軍隊前往島上征伐，據說直至一六四五年，島上的原住民才完全被消滅。

經過這一連串軍事行動，金獅島上的原住民族群就消失了。不過，這並非船過水無痕。因為屠島事件太過血腥，從此之後，這座小島開始出現許多靈異故事，甚至還有異於常人的精怪「烏鬼番」的傳聞。據說烏鬼的下巴生有魚鰓，可以在海中長期潛游，十九世紀編纂的《鳳山縣采訪冊》書中就有記錄：

「小琉球嶼……（略）上有石洞（在天台澳尾，相傳舊時有烏鬼番聚族而居，頷下生腮，如魚腮然，能伏海中數日，後有泉州人往彼開墾，番不能容，遂被泉州人乘夜縱火盡燔斃之。）」

至於在日治時期的《琉球庄管內狀況一覽》，也有提到關於「烏鬼番」的傳說：「根據傳說，島上有紅髮黑膚、身材魁梧，叫做烏鬼番族的人於天台西南方過著穴居的生活。他們經常潛入水中弄沉戎克船與竹筏，樣子像人卻又不是人。」

「烏鬼番」的傳說，究竟是真是假？或許是島上原住民被後代的人們妖魔化後的想像。

據說當初島上數百名原住民慘死其中的洞穴，就是目前小琉球西南海岸的珊瑚礁岩洞「烏鬼洞」。如今，烏鬼洞已經成為小琉球島嶼上的著名觀光景點。

※《新舊東印度誌．原住民概述》——甘治士（Candidus），翻譯：李雄揮

有一島離福島約三荷里，土語名吐金（Tugin，即Lamey或Lam-bay，今東港外海之小琉球）。我們稱它為金獅島。因為有一艘金獅號船，當船長要上岸補給時，全船人都被殺死，因而以船名命名之。

吐金經常與本島人民作戰，不允許其他地區的人民上陸。

漢人偶而會去貿易，貿易者通常都不上陸，留在戎克船上，其人民就會划船出來，以右手將要賣的東西拿出，以左手拿回所要買的東西。在交易時，雙方都非常謹慎，因為雙方各不相互信任。

※《熱蘭遮城日誌》

◆一六三六年四月十五日至十六日

我們要儘快去征伐金獅島（因為放索仔的人，正如牧師尤紐斯所報告的，能說一部份他們的語言），尤其現在是滿月的時候，很適合出征，並決定，要派中尉（約翰，Johan Jurriaansz. van Linga）當指揮官，偕同牧師甘迪留斯和一位議員一起去出征，並準備足夠的糧食，如果無法早日完成任務，他們可以留在那裡一個月，使那些〔金獅島的〕人因糧食及飲水用完或變臭，從洞穴（他們通常都躲藏在那裡面）出來時就可以落入我們的手裡，使我們成為該島的主人。

◆一六三六年四月二十三日至二十五日

下午接獲中尉和其他朋友們署期本月二十二日的來信，信裡寫說，他們於過去的星期一，即本月二十一日，全軍抵達金獅島，他們抵達時，曾經遇見約二十個該島居民，他們很狂怒地要來跟我們打鬥，差一點把我們趕跑，但當我們用四、五個優良步槍手向他們射擊，射死他們三個人，還射傷他們幾個人之後，他們就立刻逃走，再也看不見人了。乃於無抵抗的情況下進入他們的村莊，立刻把該村莊（除了有幾個要保留下來作為我方人員聚集的地方）放火燒毀，打算要在那裡停留，但注意到在該島找不到水，所以全軍又撤離前往〔下〕淡水；於撤離以前，曾經用一隻舢舨環繞該島划行一週，去尋找將來人員登陸與物品上岸的適當地方，並去看看能否找到野人（在我們環航時，應會看到很多這些野人，要向他們呼喊）來交談，想用這方法把我們的意思徹底告訴他們，但連一個願意交談的也找不到，因此我方的人打算（為要再進一步嘗試）要再一次渡往該島。

對這封信，我們立刻寫了回函，令他們把我方的軍隊立刻再帶往該金獅島，先把他們在那裡已經選好的地方，用堅固的籬笆圍起來防守敵人，然後要用盡可能的所有辦法（或把他們的洞穴釘死、堵死，或放臭煙進去，或按照他們在當地最熟習情況的人所認為最好的方法）把他們通通毀壞捉來，如果找不到水，要借用他們來信所說遍地皆是的椰子解渴。

但因下大雨刮大風，今天無法派船出航送這封信去，該戎克船須等候到明天。

●一六三六年五月一日

下午有一艘戎克船從金獅島抵達，裡面有四十二個俘虜來的該島的居民，其中有八個男人，剩下的都是婦女和小孩。從搭該戎克船回來的荷蘭人得悉（因為匆忙沒有寄信來給我們），四月二十六日，全軍從〔下〕淡水出發，在約八十個放索仔人和約同等人數的新港人的協助下，再度前往金獅島。我方的人現在已全體登陸，並已在一處適當的地方圍起籬笆，在這期間，派新港人和放索仔人出去搜尋該島的居民，發現了一個洞穴和很多居民，因此我方的人立刻去那裡，把那地方用籬笆圍起來，派四十個士兵看守，把所有的食物和水全部拿走，然後放各種可怕的煙進去使他們呼吸困難，他們終於在四月二十九日向我方的人投降，有上述的人數從該洞穴（該洞穴很大，有三個出口，其中兩個出口已予堵死）爬出來。我方的人聽說，在這個洞穴裡有很多人，大部分是婦女和小孩。這一切究竟如何，要等候不久會從那裡寄來的書信才能確實知道。

◆一六三六年五月三日

早晨再次有一艘戎克船從金獅島，又稱Lamey〔即小琉球島〕，抵達，帶來一封信，船上有七十九個俘虜，證實上述本月一日的報告。此外，從該信件還得悉，在這個洞穴裡，有婦女和小孩悽慘的哀鳴，我方的人猜想，那裡面有很多人。我方的人乃有十五分鐘之久，數次向他們宣布會饒他們的命，〔叫他們出來〕，那麼我方的人就會在兩三天內離開該島，不然，恐怕就要立刻報復他們對荷蘭人所犯的惡行；他們遂表示願意交出黃金和銀，這〔兩樣〕我們想在那裡很少，那只是他們想出來要使我方的人離開該島的詭計，在那期間，他們就要去準備一切，來對抗我方的人，或用其他方法躲藏起來。我方的人在那裡看到Beverwijck號的八門鐵炮和三個錨，也看到一個西班牙的錨和幾項荷蘭的氈帽與草帽，因此顯然也有葡萄牙的或西班牙的船在那裡遭難過。

下午又有一艘戎克船，帶一封信，並送七十九個俘虜的小琉球人來，證實上面所說的一切。也得悉，在那洞穴外，有男人躲在該島各處，隨時伺機突襲我方的人，但是，我方的人一開槍，他們就立刻逃亡，也因此偶而砍到幾個頭顱。

下午又有兩艘戎克船出航去那裡，要去運輸那些俘虜。

◆一六三六年五月七日

有一艘戎克船出航，載鹹魚前往烈嶼。下午有一艘戎克船從魍港前來，也有一艘從小琉球載二十九個俘虜前來此地，跟以前一樣大部分是婦女和小孩，並帶一封署期本月五日的信來給長官普特曼斯閣下，從該函內容得悉，這些人是從前述該洞穴裡出來的最後一批俘虜，本月四日因為再也聽不到吼叫哀鳴的聲音，我方的人乃進入該洞穴，發現，約有兩百到三百人死在那洞穴裡（因為很臭無法計算確實人數），此外還有一些被他們燒死的人，因此根據我方的人的來信，在這個洞穴裡約有五百四十個人，其中有三百二十三個人已經活著送來此地，這些人當中，只有五十三個男人，一百二十五個女人，其餘的都是小孩。

從上述來信看到，這些人因他們的頑固性格（不肯向我方的人投降）而遭受這麼悲慘的情形，真是一件遺憾的事，看起來萬能的神是為要公正懲罰這鹵莽的異教徒（因他們所犯殺死我方的人以及其他人的罪行，違反人性自然而且合理的本性，是所有人的敵人）而讓這事情如此發展的。

我方的人（以為會發現很大的寶藏）經過很認真的調查之後，只找到39.5croon[41]，這些是縫合在一些他們的珊瑚珠或其他東西上面，而遺留在我們的士兵當中的。這個島上剩下的人，推想都躲在巖礁和荊棘草叢裡，不過我方的人對此還不確實知道，只希望，主宰的神使他們也被我們捉到，如此，使這個（因他們的罪孽而嚴重汙染的）海島，得以完全清除這些汙濁之群而清潔起來。

◆一六三六年六月二日

今天長官閣下與議會決議，由於沒有米可給這些〔小琉球〕人食用（spissen：進食、餵食），又希望以較少的辛勞和費用使這些人早日成為基督徒，以及其他一些好的理由決定，所有小琉球的女人和女孩，以及十歲以下的男孩，都要分配給新港人，條件是，不得把這些人出售、出讓、或當作奴隸使用，而是要把她們當作自己人，在完全自由的情況下使用，並且要保留，（如果總督閣下與印度議會不同意如此分配，而下令要將她們送去巴達維亞），他們就必須毫無異議將她們全部歸還我們；至於那些男人，要用來做公司的工作，直到有船隻要前往巴達維亞時，就要把他們送去巴達維亞。

今晚中尉率領全部士兵，除了三十名士兵以外，從小琉球島抵達此地，那三十名士兵留在那木柵裡防守該島，該木柵用椰子樹作圍籬，約有十五到十六呎高，周圍環繞起來，他報告說，那邊的情況一切都好，讚美神，據他們所能注意到和所能聽說的，在該島上還有一些人，他深信，那些人早晚都會自願或被迫落入我方的手裡。結果將如何，有待時間分曉。感謝萬能的神，憐憫我們，賜給我們勝利，使我們那麼順利地擊敗這些粗野的異教徒，眾人的敵人。

以後從該中尉得悉的和從其他朋友聽說的，整個看起來，該島上約有一千個人，其中有五百多人落入我方手裡，而被送來此地，現在還在此地活著的有四百八十三人，即有一百三十四個男人，一百九十二個小孩和一百五十七個女人，剩下的，除了那些還活著的以外，就是那些因戰爭而被殺死的，和那些因頑固而死在洞穴裡的，這樣的人數很多，但確實人數，我方的人無法知道。

這個金獅島很漂亮地種著各種椰子樹和香蕉樹，也有很多農作物，例如anjames、oubis、milge、豆子以及其他需用食物，開發得看不到一個地方沒有播種或種植，啊，甚至於在巖礁之間也都開發了，從這情形，我方的人猜想，這些人如果這樣繼續在這島上繁殖下去，必將互相分散或排擠，不然這個島將無法養活這些人了。我方的人從幾個情況觀察到，這些人也已經有些互相爭執了，只是未嚴重到動起武器來而已，看起來，其爭執的主要原因是，有Tamavallangis族和其他族之分，據我方的人所能聽說的，Tamavallangis族是那裡最老的一族。究竟如何，我們無法確實知道，因為此地的民族沒有一族確實了解他們。

◆一六三六年六月三日

於五月三十日抵達此地的上席商務員Van Sane再度出航，前往魍港，率領兩艘戎克船，載著磚頭和六十個小琉球人，兩個兩個用一條鐵鍊互相鍊在一起，這些小琉球人要帶去那裡為建造那碉堡搬運石灰和磚頭。

11 Croon：銀（幣）的重量單位。

4 荷蘭人的尋金夢

介紹

在大航海時代，海上水手謠傳臺灣島的山中有一座黃金鄉。

在一五八二年，西班牙船長福蘭西斯（Francisco Gulle）航經福爾摩沙，在航海日誌中記錄：「來自中國的漳州人Chinchou告知：該島富良好港灣……（略）其地有金礦，島民時駕小舟攜野鹿皮革及小粒金，或極精細之工藝品運中國海岸交易。」

因此，西班牙人、荷蘭人乘船抵達福爾摩沙島之後，便千方百計想要探尋埋藏於深山黯水中的黃金礦脈。

荷蘭人在一六二四年開始在臺南建立貿易據點，在臺灣經營十年之後，統治逐漸穩定，於是就開始積極調查島中礦脈所在位置。荷蘭人甚至組成拜訪團，前往諸多原住民部落，苦心學習原住民語言，與社族長老交好，從對方話語中的蛛絲馬跡推敲金礦地點。他們甚至收買漢人行商，打聽礦脈消息。

多年探聽結果，荷蘭人得知南部的瑯嶠、北部的雞籠，極有可能是砂金盛產地。但，每當他們前往探勘，卻總是一無所獲。

儘管如此，荷蘭人依舊毫不氣餒，不斷派出調查兵前往凶險未知的深山持續探索。後來，荷蘭兵隊來到島嶼東部的哆囉滿，總算得知有關山谷中產金的情況。這個消息讓他們精神為之一振，卻因隊員多人染病，死傷

■十七世紀的巴達維亞城周遭風景（The Castle of Batavia，荷蘭國立博物館Rijksmuseum，1656年～1678年）。前景是人聲鼎沸的市場，背景則是荷蘭東印度公司的城堡。

■九份的礦坑，如今成為觀光景點。荷蘭人的尋金夢雖然破滅，但在十九世紀末，人們總算在九份、金瓜石山脈發現金礦，正式展開了臺灣島的淘金熱潮。

■荷蘭東印度公司的商人（VOC Senior Merchant，荷蘭國立博物館Rijksmuseum，1640～1660年）。他與妻子站立於岸邊，一旁還有隨從拿著遮陽傘。水面上有公司的商船穿梭，後方岸上的堡壘即是巴達維亞城。

過半，荷蘭兵隊無法再進行長途探勘，最終只好放棄目標。

儘管往後幾年，荷蘭人不斷派出人員前往險峻山間探勘金礦的消息，卻總是徒勞無功。荷蘭人雖然駐留臺灣島長達三十幾年時間，但黃金鄉的夢想只是一場空。

荷蘭人尋金的過程，在《熱蘭遮城日誌》、《巴達維亞城日記》都有提及。

關於《巴達維亞城日記》，這部文獻目前由印尼國立檔案館（Arsip Negara, Djakata）所收藏（全名：巴達維亞城所保存有關巴達維亞城及荷屬東印度各地所發生的事件日記），是研究十七世紀臺灣歷史的重要參考資料，書中記錄了巴達維亞城貿易狀況以及與臺灣交流聯繫的狀況。

在日治時期，臺北帝國大學教授村上直次郎最早注意到這份史料，並進行相關研究，也將《巴達維亞城日記》有關臺灣部分摘譯成日文，收於《臺灣史料雜纂》第三卷。

巴達維亞便是現今印尼的雅加達，位於爪哇島的西北岸。在十七世紀，荷蘭東印度公司欲擴張亞洲貿易，拓展中國絲織品、瓷器、茶葉的買賣，於是在亞洲各地建立許多商館，並且在一六一九年，於印尼的巴達維亞城設立總部，負責統合管理亞洲貿易，聯繫各地商館。當時臺灣的大員，便是荷蘭人在亞洲的商館位置。

收藏於荷蘭國立博物館的繪畫《十七世紀的巴達維亞城》（The Castle of Batavia，Andries Beeckman 作畫，一六五六年至一六五八年），忠實地呈現出當時場景。巴達維亞城在一六二〇年代以來開始築城，圖中可見位於Ciliwung河畔的巴達維亞城繁榮興盛，河邊市集薈萃，有中國人、日本基督徒、爪哇當地人、歐洲人，呈現各民族共同生活的日常風景。

典文

※《熱蘭遮城日誌》

● 一六三六年四月八日至十一日

關於黃金的情況和產地，我方的人從一個住在放索仔，經常前往瑯嶠（位於更南方的山裡，擁有十六個村落，全部都由一個酋長管轄治理，跟放索仔敵對）的中國人得悉，從上述瑯嶠再過去三日路程的山裡（那裡的人也跟瑯嶠的人敵對）有黃金，黃金不是從山裡取得的，而是從一條河裡取得的，正如瑯嶠的人很久以前佔領過他們這些敵人的一個村落，也取得一些黃金，那時候所看到的情形。因此牧師乃派一個中國人Lampack，帶一點小禮物去給瑯嶠的酋長（用這個酋長可能對產金的地方的人會有所作為），要去看看能否使他跟我們締和。這事將如何發展，有待時間分曉。

※《巴達維亞城日記》

●一六四二年

據淡水人數人（以前與少尉托馬士．培勒魯Thomas Pedel同來自淡水者）傳稱：在距淡水一日半路，名高籠（Cauwlangh）地方，有多人日日在河岸搜出相當數量之露出金（airgoudt）及砂金，該村居民有此金屬多量而珍重收藏之。又各人以打薄之金（如臺灣東海岸人）懸繫頸部或插於頭髮，不許西班牙人或中國人來至彼等村落附近。西班牙人曾發動戰爭及採取其他方法試想進入，而終不能達到目的。

※《熱蘭遮城日誌．臨時隊長Pieter Boon探金日誌摘錄》

●一六四三年五月三日

今天約於中午，隊長召喚哆囉滿社的頭目和重要人物來聚集在一起，請他們大家都喝了一兩杯西班牙葡萄酒，然後告訴他們，我們去那裡的真正原因，說我們非常遺憾，他們對我們那麼不相信，也不跟我們交易黃金，我們完全無意要剝奪他們的利益，也完全不會妨礙他們的利益，我們只是要去產金的地方，看看有多少數量，值得不值得每年去跟他們交易。

於是他們的頭領和重要人物（在詢問多次之後）回答說，大部份的黃金是在八月中取得的，那時平常會有暴風雨，但不敢也不能進去山谷的太裡面，一方面是因為那條道路又高又陡，不能通行，另一方面是因為有野蠻的森林野人，像野獸般生活，跟猴子和貓一樣攀上攀下陡峭的岩石和山，穿行於荊棘叢生的荒野，他們非常害怕那些人，那些人還經常來傷害他們，就像不久以前還來砍去他們五個人的頭顱，也因此使他們無法進一步去探查黃金的原產地。

不過他們願意，明天帶領我們去他們於八月中去尋找黃金的那條河流，於暴風雨時，在那裡找到的黃金，就像很薄、搥打得很精細的鐵。

他們也說，在Iwattan河與Pappourij[12]河之間，於大風暴雨，河水急流，海潮又倒灌之後，在海灘也會發現一些黃金像漂亮的砂子。但是他們知道的或看過的最主要的黃金或最大的黃金，是在Pappouro河邊的那個村社（位於哆囉滿社的北邊一哩多處）看過的，猜想那些黃金是那裡的居民從山裡挖出來的，因為他們的黃金有像豆子那麼大塊的，也有半個指頭大的金塊，但是那地方從此地沒有陸路可走。

以上是我們從這些主要人物所能打聽到的情形。

他們乃向隊長辭行，答應明天會有幾個人來帶領我們去他們拾取黃金主要的地方。

※《初探福爾摩沙．福爾摩沙筆記》——原著：大衛．萊特（David Wright），翻譯：葉春榮

離Middag北方約七個里格（Leagues），離海邊約四個里格處，有座Gedult山（大肚台地），此山因為難以攀登而被稱為此名。

這山像方桌，勻稱平坦簡直如藝術品，根本不像是天然形成的地形，同時它還擁有鄰近平原環繞的優點，而且刺棘（Brambles）叢生。

在南部的山腳下，有一條湍急的河流，就算是最強壯的土著（他們同時也是體格強健的男人），也不敢任意涉水而過。

若要涉水而過，他們至少要二、三十個人，手緊握著手才行。因此西班牙人開玩笑地稱此河為Rio Patientia（耐心河），因為要通過這湍急的河流不僅要大量的勞力，也需要一些耐心。

（略）

福爾摩沙東北部有著富藏金脈的礦床，周圍還有許多大理石礦（Marble Quarry）。

山麓有條蜿蜒的河流過，因而想去尋找金礦的人得至少費力二十次穿越這急湍，且由於常有落石掉落，穿越時有很大的危險性。

八月時，大雨沖刷下驚人的大量金礦，流入山麓當地居民特意建造的池子，居民再從底部淬取純度極高的粲狀物（礦石）。

12 Pappourij河：可能是花蓮縣秀林鄉的大沙溪，有待考證。

5 三十五歲之前必須墮胎

介紹

根據十七世紀的記錄，當時西拉雅族有一種奇異的懷孕習俗：婦女在三十五歲之前，不被允許懷胎誕兒。

若是在三十五歲之前懷孕了，必須進行人工流產，請女巫將肚腹中的胎兒打掉。

當時西拉雅族的婚姻習俗，男性必須入贅到女方家中，不過即使結婚也不能同住，只有當妻子在三十五歲之後懷孕生產，兩人才能正式同居。

■尤羅伯（Robert Junius），荷蘭的宣教士，此圖是他的畫像（Portret van Robert Junius，荷蘭國立博物館Rijksmuseum，1645年）。

西拉雅族的強制墮胎習俗，可能與社群內的女性地位階層、家庭組織有關，但詳細原因目前難以得知。

當時，荷蘭東印度公司不贊同西拉雅人的墮胎文化，牧師尤羅伯（Robert Junius，生於一六〇六年，卒於一六五五年）積極以宗教力量改變原住民的懷孕觀念。在一六三六年，西拉雅新港社便有五十對配偶以基督教禮儀完婚。此後，荷蘭人灌輸基督教育，將數百名西拉雅族女巫驅逐出境。

直到一六四三年，西拉雅族已有五千人以上受洗，墮胎習俗也宣告消失。

尤羅伯在一六二九年至一六四三年之間居住於臺灣，在原住民世界裡推廣西方文化與宗教，以「一手火槍、一手棉布」的方式推廣教育。尤羅伯致力於將平埔族的婚姻制度改為一夫一妻制，並禁止原住民墮胎。他也研究草藥，協助平埔族人發展農業與醫藥技術。

典文

※《新舊東印度誌．原住民概述》——甘治士，翻譯：李雄揮

如果生了小孩，通常就把小孩留在母親那裏，當孩子長大到四歲，就離開去和父親住一起。在結婚最初幾年，不可以有小孩，因為依照習俗，婦女未達三十五、三十六或三十七歲，不可以生小孩。如果懷孕了，就必須墮胎。

墮胎的方法如下：請一位尪姨來，當她來時，就躺在床上或地板上，用推的、擠壓的，直到流產，那比正常生產還痛苦。

那不是表示那些婦女較沒有母愛，而是因為尪姨教她們要那樣做。

如果婦女在上述年齡前生下小孩，就會被認為是可恥、有罪的，所以所懷的小孩必須被摧毀。

他們通常都會向我坦承已懷孕過十五、十六次，每次都墮胎。

有個婦女告訴我，她已懷孕過十七次，這次可以自然生產了。所以直到婦女達三十七、三十八歲，又懷孕，才可以讓她的小孩見到天日，不必墮胎。

6 死後世界

介紹

甘治士是一名基督教傳教士，他在西拉雅族傳教時，特別留意當地原住民文化中的生死觀念。

在訪查過程中，他得知西拉雅族耆老對於死後世界的觀念。當時的西拉雅人認為人類死後會在汙河中受苦，只有善人能夠抵達一座名為「Campum Eliseum」的極樂彼岸，也是所謂的「應許之地」（Land of Promise），而抵達彼岸的方式則是渡橋。

如果惡人想要渡橋，則會摔落橋底。

但甘治士繼續深入調查，他發現此種說法似乎只流傳在極少部分的西拉雅家族之中，並非廣泛流傳的信仰。

典文

※《新舊東印度誌．原住民概述》——甘治士，翻譯：李雄揮

他們也知道靈魂死後會得獎懲。老人特別知道這個觀念。

他們說，一個人在世時為惡，死後將會在一條骯髒污穢的河流上受折磨。在世為善者，將很容易通過該河到達彼岸享樂。

他們相信該河有座很窄的竹橋，人死後都要經過該竹橋才能到達他們稱做Campum Eliseum的極樂世界。

惡人想過橋時，橋會突然轉向，不是進入極樂世界，而是掉到髒河裏去受苦。

7 神祕的女祭師儀式

介紹

臺灣平埔族西拉雅的女祭師，在西方文獻中稱為「伊尼婆」（Inibs）[13]，漢人則稱呼「尪姨」，是具有神奇魔力的女巫師。

西拉雅族宗教的祭師皆由女性來擔任，身為女祭師的主要工作是請神以及獻祭。如果部落族人家中有困難出現、厄運纏身、壞事發

■西方人想像中的臺灣原住民宗教殿堂（公廨）：在C. E. S. 揆一《被遺誤的臺灣》（出版於阿姆斯特丹，1675年）的書中，附錄一幅描繪臺灣西拉雅族女祭師的祈神畫面。此圖是西方人擅自想像臺灣原住民的宗教崇拜，非常不切實際，卻也顯露出外國人對於臺灣原住民文化的奇異想像與濃厚興趣。

生，也會商請女祭師來到家中進行作法，祈求祝福。

此外，西拉雅女祭師也擁有未卜先知的能力，能夠預言未來，預測數日後、甚至數週後的天氣概況。

如果是真正擁有女巫血脈的祭師，則擁有特殊的靈能，可以使用靈眼分辨隱藏在暗處的邪妖惡魔。若女祭師鍛鍊出強大的咒術法力，甚至能以咒語驅逐附身於人身的邪魔。

典文

※《新舊東印度誌．原住民概述》——甘治士，翻譯：李雄揮

尪姨的公開儀式裏有兩種宗教功能：召喚神，並祭祀祂們。祭品主要獻於其廟，包括殺豬、煮熟之米、檳榔和大量的飲料，還有豬鹿之頭。獻祭後，一、兩位尪姨就站起來，以很長的祈禱文召喚其神。這時，這些女預言家轉動眼睛，跌到地上，恐怖尖叫，然後神明附身。

尪姨好像死屍般躺在地上，連五、六個人都抬不起她們來。最後她們恢復知覺，有如極端痛苦地發抖，這表示神已顯現了。同時，她們身旁的人只會叫和哭。我目擊這種儀式，但未曾見到任何他們的神，也看不到女預言家所看到的景象。

這些儀式大約一小時，之後女預言家們爬到廟頂，一人站一端，再對她們的神講很多話。最後她們脫掉衣服，在神前全裸，用手打身體，叫人帶水上來，洗全身，在眾人面前全裸。但大部分旁

西拉雅祭儀

觀者都是婦女，她們非常興奮，以致站立不住。從頭到尾我都沒看見她們的神或任何幽靈出現。這個公開的儀式在廟裏舉行。

每個房子也都有召喚並祭拜神靈的地方。如果有任何問題，他們就叫尪姨到他們的屋裏執行儀式，包括許多狂熱的典禮。

尪姨可以預言善惡，不管晴雨，都可以預期。她們會發現不潔之處，可以驅邪靈趕惡魔。她們說，許多邪靈惡魔與人住一起，尪姨用聲音和呼叫驅趕之。

她們還手握斧頭，追趕惡靈，直到惡靈跳入水裏溺死為止。

她們也在公家的路的每個地方放置祭物祭神，我不只一次把它踢倒。

卷貳

明清時代

（西元一六六二年～一八九五年）

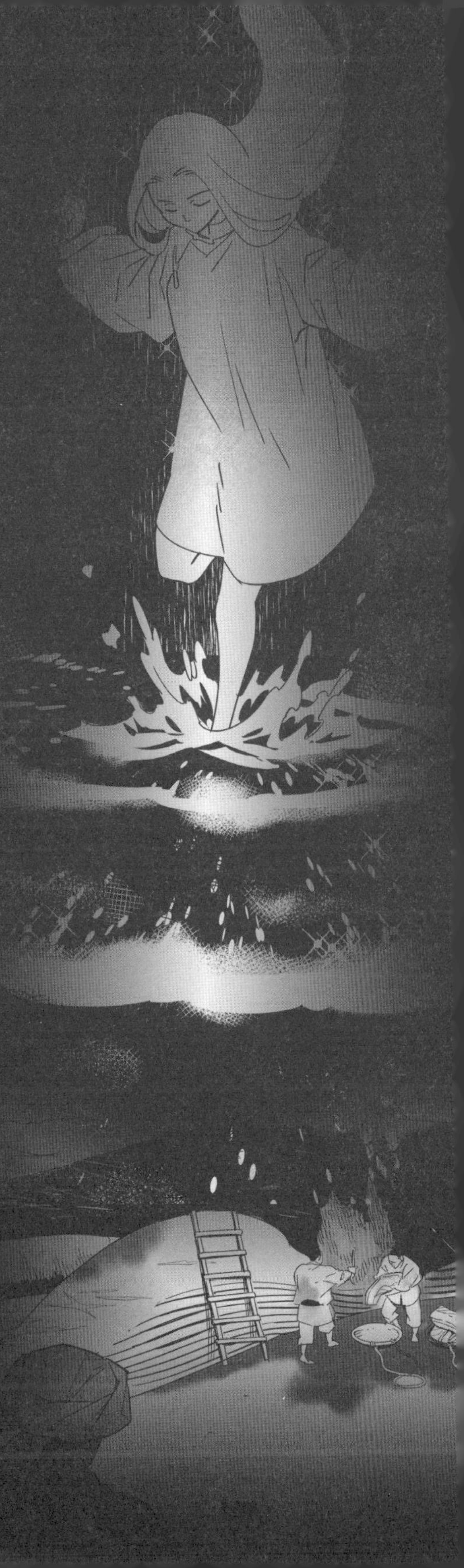

漢人與
西方人誌異

奇人之章

8 鯨靈化身：國姓爺傳說

介紹

國姓爺，生於一六二四年，卒於一六六二年，本名鄭森，字明儼，孩童時名為福松，是中國南明政權的將領。隆武帝賜明朝國姓朱，賜名成功，稱為朱成功，世稱國姓爺，西方人則稱「Koxinga」。因為受永曆帝敕封為延平王，也稱鄭延平。

鄭氏敗亡後，清朝政府視為逆賊，稱之為「鄭逆」，不稱呼他「朱成功」，而是稱呼「鄭成功」，是為了抹殺、蔑視他的南明身分。同時，臺灣民間也開始改稱他為鄭成功。

在民間傳說中，鄭成功一向是臺灣人津津樂道的英雄人物。據說他曾經一劍刺死劍潭魚精，在山中砲打鶯

■此圖描繪鄭軍與荷蘭代表談判的畫面（Dutch representatives appear before Koxinga，荷蘭國立博物館Rijksmuseum，1675年）。坐在軍帳中的即是國姓爺。

歌妖鳥，甚至殺死海上的烏龜精怪，讓牠變成宜蘭外海的龜山島。

不只是鄭成功具有傳奇色彩，他的父母也有許多奇異故事。鄭成功父親名為鄭芝龍，早年經商，後來成為海盜。據說當時勢力最龐大的海盜顏思齊死後，其轄下偌大海盜軍隊，需要推舉一人成為統領，所以眾人就將顏思齊的遺劍插立在米中，若膜拜而劍躍動，則是天授之人。輪到鄭芝龍膜拜時，其劍竟然跳躍而出，因此鄭芝龍就成為顏思齊的繼任者。

也有傳說鄭芝龍年輕時，曾逃入日本，以縫織衣物來維生。當時，有一名日本寡婦望見鄭芝龍氣宇軒昂，卻因為丟失錢財而哭泣，便斥責他男子有志當伸。隨後，女子委身於鄭芝龍，兩人生下鄭成功。

與鄭芝龍結為夫妻的日本女子是田川氏，或曰「翁氏」，民間傳說其名為「松」（マツ）。據說田川氏誕下鄭成功的過程，充滿傳奇性。當田川氏即將生產時，她夢見在岸邊與人們一同觀看海中大

■臺南的鄭成功祖廟外，立有一尊鄭成功的雕像，左手握劍柄，氣勢凜然。

■在臺南的赤崁樓庭園之中，立有「鄭成功議和圖」之塑像，呈現荷蘭人不敵鄭軍，與鄭成功簽訂締和條約之情景。

魚跳躍。當時海面發出奇異火光，似乎有一隻巨大的鯨魚雙眼睜視，讓眾人驚訝不已。

此外，田川氏產兒的故事也有其他說法，據說當時大腹便便的田川氏來到千里之濱拾貝，突然陣痛，來不及返家，便在海濱的巨石附近產下一名男嬰。如今在這座海濱，也豎立一座「鄭成功兒誕石」的立碑。

田川氏產下的男嬰被命名為鄭森，又名福松，便是日後的國姓爺、延平郡王。

因為鄭成功誕生時出現大鯨異象，後人都認為鄭成功是「東海大鯨」的化身。當鄭成功率領軍隊攻向臺灣時，據說荷蘭人曾夢到一位人物冠帶騎鯨，從鹿耳門前來。之後，鄭成功的船隊果然從此港進入，又更加印證鄭成功與鯨靈之間的關係，甚至鄭氏子孫也被認為是「鯨種」。

■臺南的鄭成功祖廟內，立有田川氏與其幼子福松（國姓爺年幼之名）的雕像。

鄭成功傳說，不只在臺灣流傳，日本人也喜愛其人其事。因為鄭成功母親是日本人，所以鄭成功就受到日本人崇敬。在十八世紀，近松門左衛門撰寫的人形淨琉璃時代劇《國性爺合戰》在大阪首演，受到熱烈歡迎，並且被改編為歌舞伎。在此戲劇中，「國性爺」名為「和藤內」，其原型即是國姓爺鄭成功。

鄭成功傳說眾說紛紜，反而讓他本人的真實面貌模糊不清。歷史上對於鄭成功面貌的描述不多，最可信的紀錄應該是土地測量師菲力普・梅（Philippus Daniel Meij van Meijensteen）[14]在日記中的描述：

「國姓爺坐在帳幕正中央的一張桌子後面，桌子鋪著刺繡得很貴重的桌巾，他身穿一件未漂白的麻紗長袍，頭戴一頂褐色尖角帽，式樣像便帽（muts），帽簷約有一個拇指寬，上頭飾有一個小金片，在那小金片上掛著一根白色羽毛。……（略）我猜他年約四十歲，皮膚略白，面貌端正，眼睛又大又黑，那對眼睛很少有靜止的時候，不斷到處閃視。嘴巴常常張開，嘴裡有四、五顆很長，磨得圓圓、間隔大大的牙齒。鬍子不多，長

■《國性爺合戰》的戲劇，在江戶時代十分熱門。此幅浮世繪由豐原國周製作，描繪1898年由歌舞伎團體「市川團十郎」演出的《國性爺合戰》的「和藤內」（國姓爺）的造型（Ichikawa Danjuro IX als Watonai，荷蘭國立博物館Rijksmuseum，1898年）。

■刊載於1663年的快報版畫，便以文字報導並附錄插圖的方式，描繪出當時漢軍殘虐荷蘭人的血腥畫面。（Verovering van Fort Zeelandia op Formosa door de Chinezen en de marteling en moord op de gereformeerde predikanten，荷蘭國立博物館Rijksmuseum，1662～1663年）

❶插圖中央是熱蘭遮城。
從左上方依順時針方向分別為：
❷荷蘭人傳教士亨布魯克（Antonius Hambroek）。
❸凡聖（D. Arnoldus Vincemius）。
❹傳教士聚集祈禱圖。
❺坎貝（D. Leonardus Kampen）。
❻彌思（D. Petrus Mus）。
❼婦女被姦殺圖。
❽鄭軍將荷人砍斷手腳。
❾荷人被虐殺於樹林之間。
❿有人被釘在樹上。
⓫孕婦腹部被切開。
⓬中國人向神獻祭。
⓭荷人被釘在木架上。
⓮鄭軍殘殺荷人。
⓯荷人被割下耳鼻與生殖器。
⓰亨布魯克與眾人被殘殺。

2
3
4
D. ANTONIUS, HANTBROEK
D. ARNOLDUS, VINCEMIUS,
1
Het Fort Zelandia gelegen op
het Iylant Tuwan
16
Het Heyligdom wert hier geschonden
in Handbroek van den Heer gesonden
15
De Neus en Oor en Manhelijkleen
Dor vreedtheit van het lijf gesneen
Baxenboy
14
Hier wordense vermoort en nor fort gejagt
Hier wordense aende Cruyssen
genagelt,
13
12
Hier offeren de Chinesen haren affgodt Ioostie
Het Eylant Formosa Lang 60 D. Meyle

Kort en Bondigh Verhael, van 't gene op het schoone F

及胸部。他說話的聲音非常嚴厲，咆哮又激昂，說話時動作古怪，好像要用雙手和雙腳飛起來。中等身材，有一條腿略為笨重，右手拇指戴著一個大的骨製指環，用以拉弓。」[15]

菲力普．梅曾被鄭軍俘虜將近九個月，在此期間，他記錄了鄭氏軍隊的情形，為當時的荷鄭戰爭提供第一手的寶貴報告。在他筆下的國姓爺，也是首次最寫實描述國姓爺相貌外觀的文章。

雖然鄭成功在民間傳說中，向來形象正義，不過實際上的鄭成功喜怒無常，對部下嚴刑峻法。菲力普．梅在國姓爺身邊的期間，他經常目睹人們被殘忍刑罰，於是在日記中記錄下當時的情形。

菲力普．梅觀察到，漢軍對於內部犯錯的部將毫無寬貸。士兵觸犯法律，就算只是輕微的竊盜罪，也要斬首示眾，殺雞儆猴。

此外，國姓爺對於非軍隊的漢人、荷蘭人，或者是俘虜，都會採取同樣嚴厲的刑罰。偷竊者將會被割去左手、鼻子以及雙耳，如果膽敢製造謠言，則會被處以釘刑；一位荷蘭通譯、一位儲備教師聊天時，說到漢人將被趕回中國，國姓爺收到密報之後便下令擒抓這兩人，用大鐵釘將他們的手腳釘在木板上，不准他們吃喝，並用牛車載著他們在新港和麻豆等地巡迴，遊街示眾，直到兩人活生生地餓死。

典文

※〈鄭成功傳〉——清．鄭亦鄒

思齊[16]死，眾無所立，迺[17]奉盤鍉割牲而盟，以劍插米，各當劍拜，拜而劍躍動者，天所授也。

次至芝龍，再拜，果躍出地。眾乃俱伏，推為魁。

※《廣陽雜記》——清・劉獻廷

鄭芝龍幼逃入日本，為人縫紉，以餬其口。餘貲三錢，縫衣領中，失去。旁皇於路以求之，不得而泣。有倭婦新寡，立於門內，見而問之。芝龍告以故，婦曰：「以汝材力，三百萬亦如拾芥[18]，三錢何至於是？」蓋其婦夜有異夢，如韓蘄王[19]之夫人也，遂以厚貲贈之而與之夜合。芝龍後得志，取以為室，即賜姓之母也。

※《臺灣外記》——清・江日昇

天明，闕說海濤中有物，長數十丈，大數十圍，兩眼光爍似燈，噴水如雨，出沒翻騰鼓舞，揚威莫當。通國集觀，咸稱異焉，閱三晝夜方息。空中恍有金鼓聲，香氣達通衢。一官[20]妻翁氏正在肚疼昏迷間，夢同眾人岸上觀大魚跳躍，對懷直沖，驚倒。醒來即分娩一男。

※《臺灣紀事》——清・吳子光

諜者言島中有鯨鯢長數十丈，夭矯起波間，金光[21]炯爍，噓氣如雷鳴，風濤暴漲，隱隱有金戈鐵馬之聲不絕，舟航糜碎，溺入海盡死，晝夜哭聲震天；雞鳴風始定，魚亦不見。相譁以為妖怪云。是夕，成功生，人奇之。

※《臺海使槎錄》——清・黃叔璥

順治辛丑攻臺灣，紅毛先望見一人冠帶騎鯨，從鹿耳門而入；隨後，成功諸舟由是港進。癸卯，成功未疾時，轄下夢見前導稱成功至，視之，乃鯨首冠帶乘馬，由鯤身東入於海外；未幾成功病卒。正符「歸東即逝」之語；則其子若孫皆鯨種也。

今鱷魚登岸而死，識者知其兆不佳。至六月，彭師戰敗歸誠，亦應登山結果之兆焉。

※《梅氏日記》——菲力普・梅（Philippus Daniel Meij van Meijensteen）

●一六六一年五月二十五日

他們要處斬罪犯時，先把罪犯的衣服脫掉，上身全裸，雙手綁在背後，橫放一根約二十公分長的木條或竹子在他的嘴裡，把木條或竹子與兩邊的耳朵綁在一起，使他不能講話。

然後幾個人吹笛子、打小鑼前導，後面跟著一個人手舉一面大黑旗，之後有一個人舉一塊罪狀牌，像告示板那樣，用大大的中國字寫那人的罪狀，蓋紅色印章，貼在一塊彩繪的木板上。隨後就是那個罪犯，由他的劊子手帶路，劊子手的手裡握著一把出鞘的大刀，刀尖向上，然後就是判官騎馬隨行。

走到刑場以後，沒有其他手續，劊子手在罪犯的脖子一壓，使罪犯跪下去或彎身，隨後一刀砍下，判官隨即盡馬所能奔跑的快速，趕回去報告處刑完畢，笛子停止吹奏，那面旗子也從旗桿取下。

劊子手左手提著首級的頭髮，右手握著大刀，在他前面一個提著大鑼的人偶爾敲一下鑼，後面一個人拿著罪狀牌，把首級拿去給國姓爺看了之後，就拿去給整個軍隊看。

（略）

因偷竊被捉的人，就會左手被砍掉，鼻子和耳朵被割掉，此類刑罰幾乎天天發生。

14 菲力普・梅（Philippus Daniel Meij van Meijensteen）：十七世紀的土地測量師，被荷蘭東印度公司委託來臺灣島進行土地測勘，在一六四三年抵達臺灣，直到鄭氏與荷蘭軍開戰，在一六六二年二月搭船離開臺灣，菲力普居住在臺灣長達十九年的時間。

15 菲力普・梅《梅氏日記》在一六六一年五月四日的紀錄。

16 思齊：顏思齊，明末的大海盜，鄭芝龍曾經是他的海軍隊長。

17 迺：音ㄋㄞˇ，於是。

18 芥：一年生草本植物，比喻極微小的事物。

19 韓蘄王：韓世忠，宋朝名將，其妻梁氏據說個性英武，是一名女中豪傑。

20 一官：鄭芝龍的別名。

21 金光：大鯨魚的閃爍眼光。

9 鴨母王

介紹

朱一貴，福建漳州長泰縣人，他在二十五歲的時候來到臺灣謀生，在鳳山縣的母頂草地「鴨母寮」（現今屏東佳冬鄉大同村）養鴨為業。據說他能夠讓鴨群如軍隊般集合、操演，飼養的鴨都比平常還要大，甚至每天「獲卵倍常」，於是人們就稱呼他為「鴨母王」、「鴨母帝」。

因為清朝政府統治腐敗，朱一貴在康熙六十年（一七二一年）豎旗起事，發動反清活動，史稱「朱一貴事件」。當年五月，朱一貴陣營攻破府城，取得勝利，並且正式登基為王，年號永和，國號大明。根據藍鼎元《平臺紀略》的紀錄，朱一貴登基時「通天冠、黃袍、玉帶，皆取之優[22]」，所以民間童謠有了這樣的歌詞：「頭戴明朝帽，身穿清朝衣；五月稱永和，六月還康熙。」

朱一貴占據府城的時間不長，清朝政府派出水師提督、南澳總兵領軍征臺，隨即在六月就收復安平。朱一貴不敵對方，只能率眾逃離府城，不久之後就被清軍捕獲。

雖然在歷史上，朱一貴揭竿起義的行動以失敗告終，但是民間對於朱一貴的傳說卻是津津樂道，當時發生的許多怪異事件也會被聯想成與朱一貴有關。例如，朱一貴起義之前，南部發生大地震，民間流傳這是傀儡山與諸羅山「兩山相戰」的結果，這件事預告了朱一貴將會發生引發驚天動地的戰亂。

鴨母王
朱一貴

在《臺海使槎錄》書中，也提到朱一貴事件發生的那一年，刺桐花未開花，此異象預告朱一貴將會掀起人世一番動盪。

此外，也有「怪僧」出現的傳說。據說在朱一貴起義之前，有一名怪僧自稱是天帝的使者，他在大街小巷散播大難將至的訊息，要求眾人在門前香案插上「帝令」的小旗。怪僧之事具有神怪傳說的性質，但是也可以推測這名怪僧也許來自朱一貴陣營，目標是為了擾亂官兵。

典文

※《平臺紀略》——清・藍鼎元[23]

大清康熙六十年辛丑夏四月，臺灣奸民朱一貴作亂。

一貴，漳之長泰人，小名祖，游手無藝，好結納奸宄[24]，為鄉里所嫉，於康熙五十二年之臺灣，充臺廈道轅役，尋被革，居母頂草地飼鴨為生。

其鴨旦暮編隊出入，愚甿[25]異[26]焉。

奸匪過者，輒[27]款筵，烹鴨具饌，務盡歡。

時承平日久，守土恬熙[28]，絕不以吏治民生為意，防範疏闊，一貴心易之。

※《平臺紀略》——清・藍鼎元

朱一貴繼入居臺廈道署。同開府庫，分掠金銀，復開紅毛樓[29]。

樓故紅彝所築，舊名赤嵌城，紅毛酋長居焉。鄭氏以貯火藥軍器。四十年來，莫有啟者。

賊疑為金銀窖，故發之，得大小砲位、刀鎗、硝磺、鉎鐵、鉛彈如山。

※《平臺紀略》——清・藍鼎元

一僧異服怪飾，周遊街巷，詭稱天帝使告臺民，四月杪[30]有大難，難至，惟門設香案，以黃紙為小旗，書「帝令」二字插案中，可免。及賊[31]至，家如僧言，故官兵見者以為百姓從賊，多慌亂，以至于敗。

※《臺海使槎錄》——清・黃叔璥

荷蘭為鄭成功所敗，地大震。鄭克塽滅，地亦震。朱一貴於辛丑作亂，庚子十月亦地震。維時南路傀儡山[32]裂，其石截然如刀劃狀。諸羅山頹，其巔噴沙如血；土人謂兩山相戰。

※《臺海使槎錄》——清・黃叔璥

朱一貴原名朱祖，岡山養鴨。作亂後，土人呼為鴨母帝。

※《臺海使槎錄》——清・黃叔璥

刺桐花：

每枝可數十蕊，一瓣包裹數鬚，似翦綵為之，爛熳若朝霞。臺郡最盛。辛丑[33]春，無一開花者，遂兆朱一貴之亂，甚奇；後遂於花時占一年盛衰。

22優：優人戲子。
23藍鼎元（生於一六八〇年，卒於一七三三年）：出身書香世家，跟隨堂兄藍廷珍來臺，其宗族隨後定居於阿里港（今屏東縣里港鄉）。
24奸宄：犯法作亂之人。
25愚甿：愚笨之人、愚民。
26異：覺得十分怪異、神異。
27輒：每次、總是。
28恬熙：安樂。
29紅毛樓：赤崁樓。
30杪：末尾。四月杪：指四月底。
31賊：朱一貴軍隊。
32傀儡山：現今的大武山。
33辛丑：康熙六十年（一七二一年），發生朱一貴事件。

10 大甲節婦祈雨

介紹

戴潮春事件是清代臺灣三大民變之一，橫跨時間一八六二年至一八六四年，影響範圍主要在中部地區。戰亂時，反抗軍包圍了臺灣中部的大甲城，水源也被截斷。危難之時，有一位老婦向天祈雨，竟然順利讓甘露降臨大甲，化解了斷水危機。

這名老婦即是後來大甲人尊稱的「貞節媽」，本名林春（史料多稱「春娘」，「娘」是單名婦女的尊稱）。林春是大甲中莊林光輝的女兒，七歲時成為童養媳，後來未婚夫去世，林春發誓守寡，專心奉養婆婆。林氏在同治三年病歿，地方感念林氏貞節與品德，也感謝她當初祈雨救城的功績，尊稱她為「貞節媽」。

典文

※《東瀛紀事．叢談》——清．林豪

大甲節婦林氏，為余姓苗媳，十二歲守節，事姑極孝。時年已七十餘，禱雨輒[34]應。及戴逆圍大甲，數斷水道，而土城內遍地皆石，不堪穿井，皆汲溪水為食，水源一斷，民心洶洶。凡三次禱雨，雨皆隨降，其應如響，民踴躍歡呼，勝氣百倍，以為有神助。乃備牲醴至城外節孝坊下致祭，拜跪甚虔，以祈神佑焉。

34 輒：每次、總是。

11 臺灣的奇術師

介紹

以前的臺灣島，有時候街頭巷尾會出現神祕的巫覡，他們擅長魔幻奇異的法術，藉由符咒等道具來預言未來，或者幫人消災解難。不過，心術不正的人，則會利用符咒祕法來施行邪術，使人生病，甚至傷人性命。

例如，在石碇堡（現今新北市的汐止、平溪一帶），曾經出現以符咒邪術行走江湖的奇術師。他們能以符咒殺人，或者以幻術迷人劫財。

除此之外，淡水曾經有婦人能以蠱毒之術下咒害人，使人腳趾到大腿都潰爛，最後痛苦而死。同治年間來臺的林紓，曾經記錄了此事，其文如下：

「余居淡水時，為前此四十五年，淡水居人寥寥然。開門即西海，海灘怪石雜立，色正黑。時有三五漁

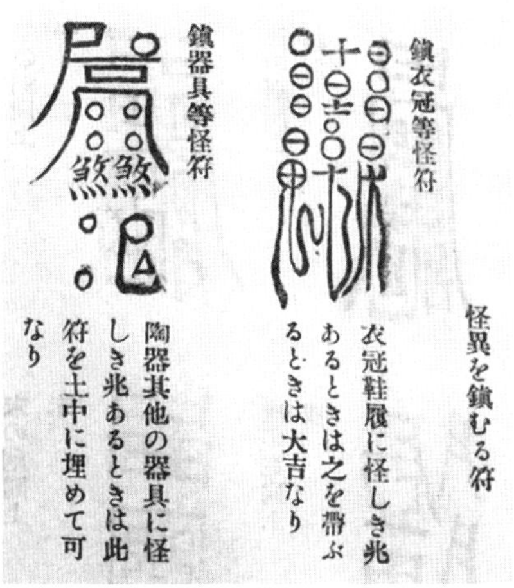

■日治時期的古書《臺灣風俗誌》（1921年），講述臺灣巫覡的篇章中，附錄許多符咒畫法，如圖中的「鎮衣冠等怪符」、「鎮器具等怪符」。

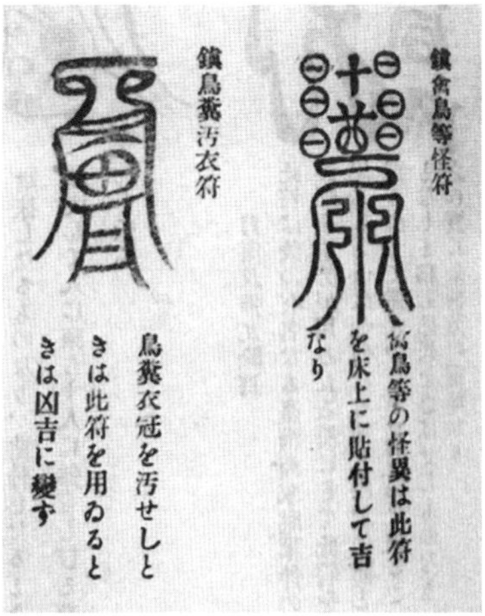

■《臺灣風俗誌》（1921年）書中附錄的符咒畫法，如圖中的「鎮禽鳥等怪符」、「鎮鳥糞汙衣符」。

舟，聚其下。極北有茅屋，時時有紅衣婦人倚扉立，婦名阿環，頗有姿首。逾數月，忽聞環病，又十日言環死，且失其一股。蓋環與鄰娼爭一男子，鄰娼不能勝，興蠱以厭之，環遂死。或言以蠱矢投湯液進之，自足趾膿潰，亡其左股而死。野蠻之人，固有非人理所喻者。此事為余目睹，初非得諸傳聞。」[35]

閩粵之地，自古以來就有蓄養蠱毒的風俗，當時的官員都會禁止這種邪術，例如臺灣總督府抄錄清代方志、官方檔案而成書的《臺灣理蕃古文書》，書中便有一篇文章〈示禁畜蠱害人〉。

不過，就算沒有符咒、蠱毒，也有其他方式可以施行法術。例如，據說娼妓之家會以檳榔汁施行魘魅之術。

舊時臺灣的特種行業，會祭拜神明「天蓬元帥」，也就是豬八戒，祂是娼妓業的守護神。之所以會有這種信仰，是因為豬八戒在《西遊記》故事裡是一名好色之徒，妓院希望藉由豬八戒身為「祖師爺」的神威來讓嫖客貪戀美色，樂不思蜀。

特種行業人士會尊稱豬八戒為「狩狩爺」、「水手爺」，早晚向祂祭拜，臺語祭文中會有一段歌詞：「祖師爺，祖師爺，跤曲曲，面皺皺，保庇大豬[36]來進椆[37]。」

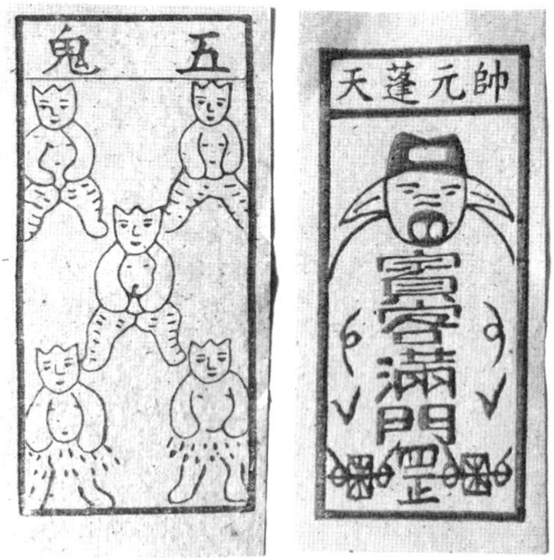

■臺灣習俗儀式會燃燒紙錢，不過除了大眾熟悉的金紙、銀紙之外，尚有不同種類的紙錢，搭配不同的儀式來燒化。圖左之「五鬼錢」，可補運，燒給眾小鬼花用，或者普度時燒化。圖右紙錢之「天蓬元帥」，是從事特種行業之人崇敬的祖師爺。

典文

※《淡水廳志．風俗考》——清．陳培桂

最盛者莫如石碇堡，有符咒殺人者，或幻術而恣淫，或劫財而隕命[38]。以符灰雜於煙茗檳榔間食之，罔迷[39]弗覺，顛倒至死。其傳授漸廣。九年夏，其魁陳某被雷殛死云。

※《清宮月摺檔臺灣史料．奏為風聞臺灣淡水縣邪匪為害請飭嚴拿以遏亂萌摺》

臣聞臺北府淡水縣有十餘年前已獲正法之邪匪陳烏開館授徒，能以符咒殺人，烏雖伏誅，餘黨復熾。

其術用食指畫符於水，或用符燒灰，拌入食物，與人飲食，其病立至。

曰釘心符，使人心痛如刀刺。

曰鎖喉符，使人食不下咽。

曰火符，使人身熱如火燒。

催以咒，則其死較易，死後身上均有紅色符紋。被害者不可勝數，惴惴然[40]，一飲一食，必加詳慎。

該匪蹤跡詭祕，難保無與外匪勾結情事。

※《東瀛識略・習尚》——清・丁紹儀

惟娼家遇客至，利其貲[41]，不利其去，潛[42]以妓口嚼餘檳榔汁濡客辮尾，客即流連不忍他適。

或數日間闊，妓向所奉土神[43]前焚香紙，默誦數語，客輒心動趨往。

言者鑿鑿[44]，當非臆造，是魘制餘習猶未絕也。

35林紓在《畏廬瑣記》書中撰寫的〈臺灣蠱毒〉。
36大豬：嫖客。
37椆（tiâu）：指豬圈，也就是妓院。
38隕命：死亡。
39罔迷：迷惘、心神不清。
40惴惴然：恐懼不安的樣子。
41貲：通「資」，錢財費用。
42潛：暗中。
43土神：娼家會祭拜天蓬元帥。
44鑿鑿：確實可信。

12 林先生

介紹

施世榜，字文標，出生於清康熙十年（一六七一年），是臺灣中部的重大水利工程八保圳（或稱「施厝圳」、「八堡圳」）的開創者。

這條水圳在康熙四十八年開始興建，建造初期，工程一直無法順利進行，於是施世榜千金獎賞解決方法。

此時，一位神祕莫測的老者突然現身，向眾人指點如何開鑿。根據這名奇異老人的說法，要用綠藤、竹片、木板等物編織出圓錐型的壩籠，放置在水圳中央，然後壩籠中要填入大大小小的石塊，作為堤堰。如此一來，就可以順利擋住水流，導水入圳，方便進行工程。

這種圓錐狀壩籠，狀如倒笱，所以被稱為「石笱」、「籠仔篙」。

之後，施世榜想答謝老先生，卻被拒絕。這位神祕老者也不表示

■林先生廟的門口。

姓名，只願意被稱呼「林先生」，隨即就不見蹤影。

這名老者，來無影去無蹤，有人認為他是一名下凡的神仙，為了解救百姓苦難而現身。也有人認為他其實是明末遺臣，才會無法留下姓名。

傳說眾說紛紜，而後人為了敬仰林先生功德，於是在彰化二水鄉取水口附近建立廟宇紀念，也就是「林先生廟」。

■現今的八堡圳。

■八堡二圳取水口。

典文

※《彰化縣志．人物志》——清．周璽

林先生，不知何許人也。衣冠古樸，談吐風雅。嘗見兵馬指揮施世榜曰：「聞子欲興彰邑水利，功德固大；但未得法耳。吾當為公成之。」問以名字，笑而不答。固請，乃曰：「但呼林先生可矣。」越日，果至，授以方法。世榜悉如其言，遂通濁水，引以灌田，號八保圳。

言彰邑十三保半，此水已灌八保也。年收水租穀以萬計。

今施氏子孫累世富厚，皆食先生之餘澤焉。

先生不求名利，惟以詩酒自娛，日遊谿壑間，有觸即便吟哦。詩多口占，有飄飄欲仙之致。惜無存，示不傳於世也。

方水圳成時，世榜將以千金為謝。先生辭弗受，亡何竟去，亦不知其所終。

今圳寮祀以為神。

嘗傳其七律云：「第一峰頭第一家，鶉衣百結[45]視如花。閒時嚼雪消煙火，醉後餐虹補歲華。欲得王侯為怎麼？奚須富貴作波查。看來名利終何益，笑起蛟龍背上跨。」其餘尚多佳句，施家子孫有能記憶一、二者。

※《陶村詩稿‧磺溪三高士詩：隱者林先生》——清‧陳肇興

詩序：名、字、里各不傳。施家築八保圳，累年不成，先生授以方略；功成，謝以千金，不受。問其名，曰：「呼林先生可矣」。今濁水圳頭有先生祠，蓋比之西湖林處士云。

先生無名字，不知何許人。
折葦渡滄海，信腳行陽春。
當時富民侯，延座列上賓。
築堤與水利，指授如有神。
功成不受賞，長揖辭金銀。

築堤興水利
指授如有神
功成不受賞
長揖辭金銀
林先生

問名嗒然笑，再問言津津。
天地我父母，埏垓[46]我鄉鄰。
不夷又不惠，能屈亦能伸。
五柳非吾徒，甪里非吾身。
孤山梅花婿，乃我有服親。

※《陶村詩稿・林先生祠》——清・陳肇興

先生不知何許人，人言逋仙[47]之子孫。
我道先生隱者徒，名且不計況利乎。
名利於公兩不有，手牽濁流地上走。
白石齒齒水粼粼，灌溉良田萬千畝。
功成長揖辭東家，黃金白璧如泥沙。
掉頭一笑渺然去，溪上還種千桃花。
花開花落自今古，先生一去花無主。
唯有荒祠對白雲，悠悠千載長行雨。

45 鶉衣百結：鶉鳥尾巴禿，像多次縫補的破衣一樣，鶉衣百結便是形容衣服破爛不堪。
46 埏垓：廣闊大地。
47 逋仙：宋林逋隱逸山林，後世尊稱「逋仙」。

奇事之章

13 王雲森渡海奇遇

介紹

在清朝康熙三十五年（一六九六年），福建發生火藥庫爆炸，數十萬斤的硫黃全毀，於是官方徵求人員來臺灣採硫。郁永河接下任務，隨行師爺則名為王雲森。

郁永河抵達臺南之後，就開始準備了採煉硫黃的器具，四月上旬先率隊以陸路的方式前往臺灣北部。至於同僚王雲森則率領其餘人員，將大部分的物資放入船中，以搭船的方式往北部和郁永河的人馬會合。

沒想到，王雲森的船隻在海中遭遇大風雨，奇險無比。根據王雲森的說法，當時風中有無數的奇異蝴蝶、黑鳥拍飛跟隨，是

■臺南運河的戎克船，照片出自《日本地理大系：臺灣篇》（1930年）。

不祥之兆，就算焚燒紙錢祈福，黑鳥也不飛去。

之後一陣風浪打來，舟船似乎即將沉沒，眾人只好向天妃媽祖祈福。幸好舟船不沉，水手趕緊將船上三分之一的貨物丟棄，減輕船身重量。

直到夜晚二更時間，望見有陸地小港，船上眾人十分欣喜，趕緊前往靠岸。不過因為沙淺不能入港，只能在港口下椗。

經過整晚的折騰，水手疲累，紛紛先去就寢，沒想到五更鼓將近天明之際，船隻又漂流出海，船舵與船首都被海浪擊碎，無法操控方向。

這時，水手靈機一動，告訴眾人，唯有實施「划水仙」的祝禱儀式，才有可能逃脫災難。

划水仙，是一種向水仙海神求福的儀式。眾施術者的雙手要持拿棍棒、匙勺，左右划動，同時嘴中呼喊有如打鼓擊鐘的聲響，凡是行船時危急，可以用此術祈禱船隻靠岸。

當王雲森眾人在即將沉沒的船隻上，以划水仙的方法祈福時，船隻果然逐漸靠岸。

後來，一陣大浪濤翻捲而來，船隻隨即碎裂，王雲森等人也跳入水中，最後順利游上海岸，死裡逃生。

典文

※《裨海紀遊》——清・郁永河

二十四日，過吞霄社、新港仔社，至後壠社。

甫下車，王君[48]敝衣跣足[49]在焉。泣告曰：「舟碎身溺，幸復相見。」

余驚問所以不死狀，曰[50]：

自初三日登舟，泊鹿耳門，候南風不得。十八日，有微風，遂行。行一日，舵與帆不洽，斜入黑水者再。船首自俯，欲入水底，而巨浪又夾之。

舟人大恐，向媽祖求庇，苦無港可泊，終夜徬徨。十九日，猶如昨。午後南風大至，行甚駛，喜謂天助。頃之，風厲甚，因舵劣，不任使，強持之，舵牙折者三。

風中蝴蝶千百，繞船飛舞，舟人以為不祥。申刻，風稍緩，有黑色小鳥數百集船上，驅之不去。舟人咸謂大凶，焚楮鏹[51]祝之，又不去，至以手撫之，終不去，反呷呷向人，若相告語者。少間，風益甚，舟欲沉，向馬祖卜筊，求船安，不許；求免死，得吉；自棄舟中物三之一[52]。至二更，遙見小港，眾喜倖生，以沙淺不能入，姑就港口下椗。

舟人困頓，各就寢。五鼓失椗，船無繫，復出大洋，浪擊舵折，鷁首[53]又裂，知不可為，舟師告曰：「惟有划水仙，求登岸免死耳！」

划水仙者，眾口齊作鉦鼓[54]聲，人各挾一匕箸，虛作棹船勢，如午日競渡狀。凡洋中危急，不得近岸，則為之。船果近岸，浪拍即碎。

王君與舟人皆入水，幸善泅，得不溺。乘浪勢推擁登岸，顧視原舟，惟斷板折木，相擊白浪中耳。

※《赤嵌集・颶風歌》——清・孫元衡

事急矣划水求仙，披髮執箸虛搖船。

牛馬其身蹄其手，口銜珠勒加鞍韉。

※《東瀛識略・遺聞》——清・丁紹儀

渡海非風不駛，又最畏暴風，相傳檣折舟傾，危不可保，惟划水仙可救。其法：在船之人咸披髮蹲舷，空手作撥棹勢，假口為鉦鼓聲，如五日競渡狀，可冀破浪、穿風疾飛抵岸，其應如響。

48 王君：王雲森。

49 跣足：赤腳。

50 曰：王雲森描述在海上的奇遇記。

51 楮鏹：紙錢。

52 三之一：三分之一。

53 鷁首：鷁音ㄧ、，古時船頭常畫有鷁鳥，鷁首為船首。

54 鉦鼓：樂器名稱。古代行軍時，擊鼓表前進，敲鉦表停止。

14 不祥的烏鴉

介紹

在臺灣民間信仰中，烏鴉被認為是不吉利的象徵。只要看到烏鴉，很有可能會發生不幸的事情。

不過，烏鴉並非全然象徵壞運。根據艋舺學者池田敏雄在日治時期的民俗雜誌《民俗臺灣》（一九四三年）撰寫的文章〈民俗雜記〉，就有提到烏鴉的迷信：

「艋舺有『一更報喜，二更報死』的說法。例如，在一更的時辰，聽見烏鴉在快分娩的時候的產房附近叫聲，出生的嬰兒必定男孩而高興。二更時候病勢垂危的病人房間附近，聽見烏鴉叫聲，病人必死無疑。」

池田敏雄也提到一句俗語：「烏仔歹嘴，心無

■臺灣民間習俗，一旦聽聞烏鴉啼叫，會逢厄運，需要燒化「歹鳥」紙錢，壓制惡煞。此為「歹鳥」的紙錢圖樣。

歹。」這句話的意思是，烏鴉雖然用嘴來報告凶事，但心腸並不壞。因為如果烏鴉真的心思邪惡，那麼就不會特地來報訊。

典文

※《苗栗縣志・物產志》——清・沈茂蔭

烏鴉：色黑，嘴扁。其聲哀鳴，能占人不祥。

15 海岸怪魚

介紹

臺灣海岸常常出現怪魚，例如在康熙四十八年（一七〇九年），臺南鹿耳門海口處，有人捕獲一尾像是馬的怪魚，腹下四鰭如四足。在《金門志》的祥異篇，據說同治年間有漁人網得巨魚，重達數百斤，雙目閃閃有光，見人則潸潸落淚，彷彿有靈。當地仕紳憐憫這條巨魚，向漁人買下之後，就將巨魚放生於海。巨魚在海港中不停迴身仰首，如同向人道謝。

此外，客家文人吳子光也記錄過一則白沙墩怪魚事件。

據說在咸豐年間，有一尾巨魚怪物在傍晚時間乘潮闖上白沙墩，臥斃沙灘，讓人們驚駭萬分。

怪魚巨口猶如寬大門扉，若將長木棍撐開其嘴，

■清代臺灣文獻中提到的海岸怪魚，很有可能是擱淺的鯨豚。此圖是日治時期在恆春海域捕獲鯨魚的照片，出自《日本地理大系：臺灣篇》（1930年）。

白沙墩巨魚

進入巨魚胃腸一觀，則會訝異魚肚之內猶如碩大房屋。肉壁散布著手鐲、髮辮以及人類的骷髏，可見船難溺斃之人，都會進入怪魚肚腹。

典文

※《重修臺灣府志．雜記．災祥》——清．范咸

四十八年夏，鹿耳門獲大魚一（狀似馬，脊上有鬃，長三、四丈，其尾如獅，腹下四鬐[55]如四足。居民獲其一，或曰即「海馬」也？）。

※《金門志．祥異》——清．林焜熿、林豪編纂

九年……（略）十一月，漁人網得巨魚，重幾百斤，目閃閃有光，見人則淚潸潸下；紳士林章梗鳩貲[56]買而放於海，至港中迴身仰首者三，乃逝。

※《臺灣紀事．紀臺地怪異》——清．吳子光

咸豐中，白沙墩有巨魚乘暮潮入，臥斃沙灘上。魚長十餘丈，高二丈許，大稱是，黑質鱗鬣作刺蝟狀，巨口如闢雙扉；或舉木杈置其口，取道入魚乙[57]深際，空洞若房室，可容數人起立，中有臂釧[58]、辮髮及骷髏等物，蓋舟沉人溺死者輒被毒口吞噬，楚辭所謂葬江魚腹中者此也。

其肉腥臊不可食，通身流黃金汁，臭味惡而遠聞，犬豕避之。有黠者取肉少許試煎，果獲油無算。遠近傳播，沿海十餘里，人爭屠割魚肉，輦[59]載以去，至數十日乃盡，童叟疲乏。

又有取魚脊骨為臼、為橋梁者，稱利用焉。

55 鬐：通「鰭」。
56 鳩貲：聚集貲財。
57 魚乙：魚腸。
58 釧：手鐲。
59 輦：運載。

16 婦女產蛇

介紹

在光緒十五年（一八八九年），臺北艋舺某一戶宰豬屠戶的妻子產下數十隻小蛇，讓鄰里議論紛紛。之所以會發生這種怪事，人們都認為某甲殺生過多，才會有這樣的報應。

典文

※《臺陽見聞錄．產蛇》——清．唐贊袞

光緒十五年，艋舺街某甲宰豬為業，某氏懷孕十月，屆期忽產小蛇數十頭，長不及尺，蜿蜒而動。

見者莫不驚訝，遂以桶盛之，棄諸溝壑，蛇始蠕蠕然竄入水中而沒。

一時道路相傳，謂甲殺生過多，有此果報。

17 戰事預兆

介紹

戴潮春在臺灣作亂時，據說他的祖父戴天定之墓傳來鬼哭聲，彷彿為子孫哀泣。並且，各地也出現各種異兆。例如，向來混濁的中部滂水溪（濁水溪）忽然變清，深山中「水火同源」的火焰熄滅三日。

與戴潮春戰亂有關的怪異事件，除了鬼哭、水清、火熄之外，也有八卦樓預言事件。據說楊桂森曾預言彰化東門的八卦樓不可開啟，否則會有災殃，後來果然一語成讖。多年之後，戴潮春為了塑造叛亂的正當性，曾經假造楊令讖文，放置於八卦樓。

典文

※《東瀛紀事．災祥》——清．林豪

戴逆[60]祖名神保，《彰化縣志．行誼傳》作戴天定，稱重修文廟，凡經費出入皆經手襄辦，與其子松江均有勞焉。松江即戴逆父也。

逆將作亂時，天定之墓夜聞鬼哭，逆未信，自往聞之，果然。

後戴逆祖墳為羅冠英所發掘，鬼神豈前知之而無如何耶？

※《東瀛紀事．災祥》——清．林豪

嘉彰分界處有澇水溪，源出內山，流急而濁。若濁者忽清，則地方有變[61]。壬戌春，水清三日，未幾，變作。

※《東瀛紀事．災祥》——清．林豪

火山在嘉義謂之水火同源。相傳地方有事，則火息。戴逆未變之前，火息三日云。

（按：火山有四穴：一為風穴，上半年風自外入，下半年風從內出；一為霧穴，每清早時，雲霧從穴中吐出；其二穴即水火同源也。）

※《東瀛紀事．災祥》——清．林豪

彰化東門有八卦樓，相傳前邑令楊桂森所建。嘗讖云：「八卦樓開，必有兵災。」故門閉十餘年。

後有某令強啟之，不匝月[62]而漳泉分類械鬥，令仰藥[63]死。民愈神[64]楊令之說。至是戴逆揑造讖文，密置樓下，使人掘得之，詐稱楊令遺讖，其語云：「雷從天地起，掃除乙氏子，夏秋多湮沒，萬民靡所止。」

按：〈洪範傳〉所謂詩妖[65]，殆此類也。

後有解之者曰：「雷謂縣令雷以鎮，言天地會從雷令而起也，乙氏子謂孔觀察也。夏秋謂副將夏汝賢與秋司馬，皆死於賊。萬生即潮春小名也。以一愚民而敢於造逆，厥後該逆雖欲為民而不可得，言靡所棲止也。」

然則戴逆之捏造以惑愚民，適以自讖矣，似之。

60戴：即戴潮春，字萬生，彰化四張犁人，原籍福建漳州府龍溪縣，引發臺灣內亂。
61變：災異。
62匝月：滿一個月。
63仰藥：服毒自盡。
64神：動詞，感覺很神異而相信。
65詩妖：動亂預兆的鄉里謠讖之語。

18 天星預兆

介紹

以往臺灣人認為，若天空有大星、異星出現，就是象徵大禍將臨。例如在光緒十年（一八八四年），東北天空出現凶星，就預言了當年法軍攻臺戰事。

典文

※《臺灣采訪冊・祥異》——清・陳國瑛等人

乾隆三十七年七月某夜，有星散曜，自西北而東南，入於銀河，光芒百丈。河內大小星，半在曜內，其色倍明。

夜半，人起視之，共相駭異。或曰：「此彗星也，主災死。」

道光乙酉八月既望，有星天中如帚，初出自子丑時，繼乃在亥戌酉，其曜起於東南，而氣沖西北，闇淡無光，錟約二尺有奇。人曰「彗星」也。

上弦日，當月色漸騰輝，其星遂隱曜，若有若無，至望後，月出漸晚，則酉刻微芒可見，而不甚光曜。至來年春，尚有之，未知何時消滅。是年遂有嘉、彰、淡、閩、粵之釁。

※《臺灣采訪冊．祥異》——清．陳國瑛等

道光九年[66]己丑冬十月十三日甲戌四更初，有星大如斗，光芒自南而北，墜於北礁外海中，聲響如雷，有餘音。

又據漁人云：「親睹墜及海面，裂為兩星，聲響如雷，旋碎海中，流光四散，聲猶虢虢，片刻方止。」

※《嘉義管內采訪冊．打貓東頂堡．災祥》

光緒甲申年[67]九月間，凶星現於東北，後應法夷侵臺。

66道光九年：一八二九年。

67光緒甲申年：一八八四年。

19 鄭女墓

介紹

鄭女墓，俗稱「小姐墓」，據說位於恆春山麓，或者楓港附近。「鄭女」據說是鄭成功之女兒，或說是其妹，傳說紛紜。民間傳說，每年的清明節一年一度，山中會飛出數百白雁，來到墓前悲鳴，夜宿蘭坡嶺，隔日再飛回山中。

典文

※《海音詩》——清．劉家謀

詩序：五妃墓在仁和里魁斗山。鄭女墓俗呼小姐墓，鄭成功葬女處。在鳳邑瑯嶠山腳。每歲遇清明節，烏山內飛出白雁數百群，直到墓前悲鳴不已。夜宿於蘭坡嶺，其明日仍向烏山飛去。一年一度，俗謂鄭女魂所化，其然歟？

魁斗山頭弔五妃，鄭娘芳塚是耶非。

年年瑯嶠清明節，無數東來白雁飛。

※《恆春縣志．雜志》

鄭延平女娣[68]墓，在楓港海岸山上。天朗氣清之日，泛槎[69]海上，望而見之。及登山尋訪，則渺矣無蹤。其山之仙耶？其鄭之仙耶？

68 娣：妹。

69 泛槎：乘坐木筏。

20 男人懷孕

介紹

清代臺灣文獻中，有時候會記錄男子懷孕生產的怪事。例如，曾有男子懷孕，從腎臟位置產下猶如小型犬羊的怪物。或者在恆春的白沙莊（屬於現今的屏東縣恆春鎮德和里），有一名漁夫名為孔菽，某年腹痛懷孕，並且生產出一枚怪異的白卵。

典文

※《斯未信齋雜錄・退思錄》——清・徐宗幹

郡城有男如孕婦生產者，自腎出，如犬羊狀，但細小耳。

※《恆春縣志・雜志》

育卵：

南門白沙莊有孔菽者，縮首踽跚，善入水捕魚為業。忽患腹痛，如婦人之有朕兆然。或痛或癒，如是者十月。

一日痛愈甚，大便磊磊然，覺有一物從而出焉。視之，有白卵一枚。痛遂癒，喜極復駭極，拾石數擊不碎，抱巨石破之。卵殼厚半寸，中惟清水一滴。

適有賣檳榔者見而驚曰：「胡至是？」乃出紙拭其水以去，孔亦不諏[70]其故。

宋時，有男子誕兒者，是可並傳。

70 諏：詢問。

21 黑輪旋風

介紹

臺灣清國時期，在彰化地區突然出現旋風，碩大猶如黑輪，扶搖直上，將油車與一名婦女捲到半空中，往東南而去。不久之後，婦人落地，毫髮無傷。

據說彰化城的東城門本來傾斜一邊，經歷黑輪旋風，反而扶正。

典文

※《斯未信齋雜錄．退思錄》——清．徐宗幹

海外時有怪異，某年彰化起旋風，黑如輪，扶搖而上，將油車并一婦人攝至空中，奔東南而去。東城本攲[71]側，風過而扶正。婦人旋落地，亦無恙。

71 攲：音ㄑㄧ，傾斜不正。

22 歐隴湖奇事

介紹

在金門的歐隴湖，曾經浮現一座小山丘，形狀如同鯉魚。這座湖不只曾發生這種怪事，在更早之前，據說在明朝萬曆年間，此湖曾經鳴沸三日三夜，彷彿預兆將有大事發生。果然後來金門一位鄉人林釺榮獲探花，是歷來金門士子之最。

典文

※《金門志．舊事志．祥異》——清．林焜熿纂，其子林豪續修

雍正十一年，歐隴[72]湖中忽浮一小渚[73]，高四尺、闊丈餘、長十丈餘，形如鯉。四旁水深，洞不可測。

相傳萬曆間，是湖鳴沸三日夜，里人林釺生。後釺登探花，拜閣學。

72歐隴：現今的金門后壟。

73渚：小洲，水中小陸地。

23 異子

介紹

根據《金門志》記錄，金門後浦（現今的金城，位於金門西南邊）有一位婦女產下一子，此子背後竟然另有人形。不過，此子出世不久就死亡，其母亦亡。

典文

※《金門志．舊事志．祥異》——清．林焜熿纂，其子林豪續修

後浦王姓家有婦產一子，背亦有人形，旋死，婦亦死。

24 小琉球的無名火

介紹

在嘉慶十六年（一八一一年）的六月十八日夜晚，屏東外海的小琉球，突然出現奇異大火，經過大風吹送，大火渡海而來，延燒於海濱。

當地居民皆驚恐大喊，以為即將被大火燃燒而死。可是最後卻是毫髮無傷，只是感覺火氣燥熱。被小琉球大火所波及的房屋耕田，也無大礙。

典文

※《臺灣采訪冊‧祥異‧小琉球火》——清‧陳國瑛等

距鳳東港十餘里，巨浸茫茫中，有一嶼曰「小琉球」，無山石，廣袤約計十里許，平坦可種藷蕷，又宜種西瓜，大如斗，附近貧民結廬居之，皆矮屋低簷，恐四面無山、或風吹而去也。海多鹵古石，鹹水之所結，甚利，船觸輒碎，欲渡者只用竹筏。

嘉慶十六年六月十八夜，海中突有火起，始則星星數點，或浮或沉，繼則漸高漸起，已數千萬點矣。既而合為一堆，赫赫炎炎，氣薰蒸甚，俄而大風拂拂，送火從小琉球來。居人驚惶奔走，無處逃生，自分必死於是矣。火至，人皆仆地，且覺火氣蒸人，甚於酷暑。數刻，火退，起視茅舍依然，而薯葉被火，焦赤如霜葉，然不甚災。

又聞沿海一帶居民，夜見火光驚起，遙見火中如千軍萬馬，雜遝飄飄而來，過小琉球，逾時始沒。

或云嘉慶十四年五月間事。

25 大肚山人多癭疾

介紹

人們相信地氣怪異，可能會讓人生病。客家文人吳子光觀察到臺中的大肚山區居民，脖頸常會生出癭瘤，無法用藥物順利醫治，懷疑原因是地氣之異。

山居之民容易生癭疾，似乎是漢人文化圈常見的說法，例如晉朝《博物志》書中有云：「山居之民多癭腫疾，由於飲泉之不流者。」

典文

※《臺灣紀事・卷一・臺事紀略》——清・吳子光

大肚山以內，居民頸多癭[74]疾，如附贅懸疣，醫藥無一效者，此地氣之異也。

74 癭：脖子上的囊狀瘤。

26 三陽同天

介紹

根據吳子光的紀錄，在道光二十九年（一八四九年），臺灣曾出現三陽同天的奇異景象。

若以科學的角度來看，天空確實可能出現「三個太陽」的奇景，這種狀況名為「幻日」，是一種大氣光學現象。因為太陽一部分被天空中的卷雲遮住，卷雲中的冰晶折射太陽光，才會產生天空出現多顆太陽的錯覺。

典文

※《臺灣紀事．卷一．紀臺地怪異》——清．吳子光

二十九年冬，薄暮，有三日並出如品字，良久始沒。

考之史冊，十日並出，兩日並出，三日夜見，日再中，及日食或食盡，或不盡如鉤，或數日並行，皆紀異也。時三日現形，論者以為日乃人君之象，故禮曰天無二日、民無二王；今天象若斯，固占驗家所深忌。

27 海面波光如明珠

介紹

在無光暗夜，據說拍擊海面會出現奇異的閃閃螢光。例如，郁永河在一六九七年來到臺灣，橫渡臺灣海峽的旅程中，某一夜他坐在船舷上，想起朋友告訴他：「在海上如果夜黑看不到任何事物，可以拍擊水面來看看四周。」郁永河依言而行，一擊打水面，水光四濺，猶如十斛明珠傾灑到水面上，光彩熒熒，很久之後才熄滅。郁永河對於此奇景，驚嘆萬分。

在十八世紀初期來到臺灣的孫元衡，也目睹此景，在他的名詩〈海波夜動燄如流火天黑彌爛亦奇觀也〉，生動地描述了水波晶瑩閃爍的畫面。

在十九世紀，來到臺灣的宣教師馬偕博士，曾經到宜蘭傳教。當他要從南方澳南下時，他在搭船的過程中，曾經親眼見識到海面珠光熒熒的奇觀，並且記錄於《福爾摩沙紀事》（*From Far Formosa*）。馬偕的描述，情景十分美妙，讓人難以想像。其文如下：

「在我們的右邊有長滿樹木的山脈，又高又長，像是數座豎立的黑牆，而左邊是一片廣闊無際的海水，頭上是閃閃發光的星星，下面也有水母、沙蠶和滴蟲這些海洋的孩子們在發著光。我曾在孟加拉灣及阿拉伯海的輪船航道上看過極美的景物，但從沒見過像那一晚所見到那樣美妙的發著磷光的情形。坐在船上，身體低得與

海波夜動 燄如流火
夜珠十斛誰拋得
欲掬微聞龍氣腥

海面幾乎一樣的高度，我用手把像似果凍的水球撈起，我的手指就像是燒紅了的鐵棒，有熔了的火球一顆顆的滴下去。還有無數夜裡發光的粟粒狀小生物，以如閃電般的速度上到水面就又竄射到四處，就像打鐵匠手中的鐵鈷四射的火花一般。船伕每搖一次槳就有火光四射。我們的小船就像在閃耀的光上滑行，並且不斷的穿越琥珀和金子的光芒之中一樣。」

典文

※《裨海紀遊》——清・郁永河

少間[75]，黑雲四布，星光盡掩。憶余友言君右陶言：「海上夜黑不見一物，則擊水以視。」一擊而水光飛濺，如明珠十斛[76]，傾撒水面，晶光熒熒[77]，良久始滅，亦奇觀矣！

※《赤嵌集・海波夜動燄如流火天黑彌爛亦奇觀也》——清・孫元衡

亂若春燈[78]遠度螢[79]，坐看光怪滿滄溟。
天風吹卻半邊月，波水杳然[80]無數星。
是色是空迷住著[81]，非仙非鬼照青熒。
夜珠十斛誰拋得，欲掬[82]微聞龍氣腥[83]。

75少間：不久之後。

76斛：音ㄏㄨˊ，古代計算容量的量詞，十斗為一斛，宋明之後改為五斗為一斛。

77熒熒：火光閃爍的樣子。

78春燈：元宵節花燈。

79度螢：流螢飛舞。

80杳然：渺遠的樣子。

81住著：佛教術語，猶執著。

82掬：兩手捧物。

83龍氣腥：海中生物特有的腥氣。

28 藉屍恐嚇

介紹

臺灣在清國時期，有一種惡劣的恐嚇手法，名為「藉屍恐嚇」，造成社會上的不安。

當時地方上的遊民、流丐，無依無靠，或貧或病，很容易死於非命，或者自盡輕生，陳屍路畔。這時候，某些羅漢腳、惡棍，會將這些意外喪命的無名屍首作為敲詐民眾的工具，恐嚇路邊的民家，要求收取金錢，引發事端。

有一些無良官吏會與這些無賴漢流氓夥同，冒親誣告，隨意編織罪名。如果發現無名屍體，奸惡差保會先將屍體放置於田園、屋角，然後再向業主進行勒索，需索無度。

因為不堪其擾，一般小康民家為了消災解厄，經常賠錢了事。不過，如果是貧家被勒索，

■臺南的大南門碑林，收藏一座禁止「藉屍恐嚇」的石碑，名為「嚴禁棍徒藉屍嚇騙差查勒索碑記」。

對於家中經濟將是雪上加霜，境遇悽慘。

當時此種惡習極為嚴重，清朝政府嚴厲禁止這種惡德的恐嚇手法，並且立碑為文。例如，在臺南市南門公園內的大南門碑林，收藏一座相關石碑，名為「嚴禁棍徒藉屍嚇騙差查勒索碑記」。當時的臺灣府知府鄒應元受到商民陳情，才會立碑，禁令防杜羅漢腳藉屍恐嚇。

此外，虎尾的德興宮收藏一座「嚴禁奸保蠹差藉屍圖詐碑記」的石碑，也記錄此事。這座石碑是在乾隆四十七年（一七八二年）立碑，由諸羅縣知縣冷震金進行告示。

典文

※《嚴禁棍徒藉屍嚇騙差查勒索碑記》

乾隆三十二年八月

福建臺灣府正堂加五級、紀錄十次鄒，為呈懇嚴禁棍徒移害事。

據商民李文興、鄭德盛、黃秉淵、陳隆盛、黃泉源、李崑源、許尚德、鄭永豐等具呈前事，詞稱：

「興等客寓臺郡，經營生理[84]，感沐鴻仁，共慶春臺。抵因城埠市鎮，人民雜處，多有遊手好閑，不事生業，賭蕩之徒，日作流丐，夜宿廟觀，流落疲病，卒于路旁，市民共施棺木，地保為其收埋，往往有之。近有無賴棍徒，混號羅漢腳，竟將疲病流丐，黃昏暮夜，抬背嚇騙，稍不從欲，丟鎮門首。一經嚷鬧，多提號燈，藉稱打聽差查，紛擁瑣索，延擱而死，街鄰多受差擾。郡中街衢，概係磚石，萬一乘夜丟擲，磕擦成傷，死者莫辯，貽害更非淺鮮。南河一街，共有七十餘家，每家年給保長費錢四百八十文，又年給支更工錢九百六十文。原為客寓生地，供費安業。似此棍徒肆橫，藉端洩毒。暮夜之間，保長離街窵遠[85]，更夫照顧不及，恐受貽累，家家防此，幾無寧夜。人本安堵，棍徒擾之。合就呈明，仰懇電察，清查究逐，恩給明示嚴禁，街衢安靜，雞犬得寧，商民戴德。」上具等情到府。

※《嚴禁奸保蠹差藉屍圖詐碑記》

●乾隆四十七年七月

特調臺灣府諸羅縣正堂、加五級、紀錄五次冷，為嚴禁奸保蠹差藉命需索、噬累無辜之惡習，以安莊民，以杜擾累事。

照得人命重情，無過謀故、鬥殺；然亦只吊到鄉保、傔佑、証見數人，訊明釁由，便可定案解勘。

至若因病路斃，以及服毒、自縊、投水畢命，此皆游手失業，或因逃亡無依，或因貧迫短見。彼既生失其正，因而死喪非命，孽由自作，於人何尤？無如奸惡差保於此等人命，覓利居奇，詐偽百出；每於未報官前，將屍移置田頭、屋角，妄指業主傔佑多名，百般需索。飽其索，則暗為銷除；拂其慾，則明示開報。愚民畏累從索，在小康之戶，猶得糶粟賣畜，以應需索；家本貧乏，則割肉療饑。其苦慘情狀，有不堪言！

甚至此處圖詐已完，又暗令無賴將屍抬移別處，日久屍變肉腐，臭穢難聞！

若冀之，故習依然？抑且擇般而噬，以住遠隔，開作近僯。更或埋後，串謀棍徒，冒認屍親，指傷告究，任意羅織。差保藉票喚為藏金之穴，里民視告名為剝膚之痛：索酒食、講差禮，敲桌打椅、拳腳交加，擲碗碎盃、虎狼威嚇。小民魄散膽落，不惜挖肉做瘡，饜其誅求；否即擅拘私押，異常蹧踏。以自盡之人命，禍無辜之生靈；此等流弊，言之殊堪髮指！合亟示禁。

為此，而仰該保各庄民知悉：嗣後凡有前項身屍，該附近庄民不必驚懼；告知庄耆，轉報甲頭查驗該屍有無傷痕，具結報縣。無事經投保差，本縣訊明甲頭，如何免驗，即批示收埋，以杜差擾需索諸弊；如該屍另有傷痕，須緝兇究辦，亦即據寔報明。

84 生理：生意。
85 窎遠：遠隔。

29 中元節放水燈

介紹

農曆七月，漢人認為這是「鬼月」。據說在這一個月，鬼門會開啟，陰間的百鬼千魂能夠前往人世。在這個期間，有子孫祭祀之鬼魂會返家接受香火供養，無緣鬼魂則遊蕩四處。故人們舉行放水燈、設食祭祀的普度活動，希望能夠安頓無人祭祀之鬼。農曆七月的普度，稱為「中元普度」或者「盂蘭盆會」。

例如新竹的義民廟，每年農曆七月都會舉辦中元祭典，由十五聯庄信徒輪流舉辦，是臺灣知名的廟會活動之一。在祭典中，會施放水燈，希望邀請水中的孤魂野鬼前來共享美食。

另外，基隆老大公廟的「雞籠中元祭」，也是臺灣非常知名的鬼月慶典。農曆七月初一，老大公廟會依循古禮敬告天地，舉行「開龕門」儀式，作為中元祭序幕。在祭典的過程中，基隆市街花車遊行、望海巷的放水燈，經常熱鬧滾滾，人潮洶湧。

七月放水燈
一派繁華眼欲迷
瑜伽接引向西溪

典文

※《潛園琴餘草簡編・觀盂蘭放水燈》

——清・林占梅

一派繁華眼欲迷，瑜伽接引向西溪。
燈光燦爛千家共，人語喧呼百戲齊。
直使水神驚耀蚌，重教鱗族詑燃犀。
今宵暫弛金吾禁[86]，歸路頻聞報曉雞。

■基隆老大公廟。

■老大公廟神位虎側（右邊）之門，即是龕門（鬼門）。

■沙鹿普度會場中，鎮守群鬼的大士爺糊紙塑像。

■臺中沙鹿的普度會場。

86金吾禁：金吾衛，掌管治安的警衛，也負責宵禁。

30 必麒麟的觀察

介紹

必麒麟（William Alexander Pickering，生於一八四〇年，卒於一九〇七年），英國人，是十九世紀的著名探險家。他在一八六三年抵達臺灣，旅行臺灣的七年之間，留下許多珍貴的紀錄。

必麒麟曾經在著作中提到，臺灣山中的原住民會獵取人頭，並將頭顱內的腦漿混入烈酒。除此之外，必麒麟並不認為原住民是食人族，他反而舉例漢人會吃食處刑罪犯的肝臟，藉此獲得罪犯生前的勇猛能量。

典文

※《歷險福爾摩沙（*Pioneering in Formosa*）．福爾摩沙的開拓者．拜訪山區原住民》87

——必麒麟（W. A. Pickering）

住在西部的漢人相信山地原住民長著尾巴，模樣像猿猴，還會吃人。

長尾巴的想法當然是無稽之談，至於吃不吃人，倒是值得爭議的。事實上，山區原住民十分熱衷獵取人頭，能將敵人的首級帶回部落，是一名勇士的偉大功績。一旦獵得人頭，其家屬和族人便會設宴慶賀，將死人的腦漿混入烈酒裡，一飲而盡，據說這種酒可增加力量，變得更為英勇。

除此之外，我並不認為臺灣原住民是食人族。

即便有上述那種行為，漢人也不能蔑視原住民，而自視中國文明高尚，漢人社會中也流行一些可怕的行為，例如罪無可赦的罪犯被處予死刑後，劊子手會將死者的肝臟挖出來，過油煎烤，切成小塊狀，自己吃了一口後，把剩餘的賣給觀眾，他們相信吃過這種肝臟，可以感染被砍頭之罪犯的大膽勇氣。

一八六八年，在臺灣府附近，有一位不幸的基督教徒被一群漢人暴民扯成碎片，最後他的肝臟還被人吃了。

87《歷險福爾摩沙》（*PIONEERING IN FORMOSA, Recollections of Adventures among Mandarins, Wreckers, & Head-hunting Savages*），作者W.A.Pickering（必麒麟），譯者陳逸君，前衛出版社在二〇一〇年五月出版。

31 紅頭嶼的財寶

介紹

喬治・泰勒（George Taylor），曾任中國海關稅務局職員，一八七七年在澎湖的漁翁島擔任燈塔看守人，在一八八二年調任於臺灣南部的南岬（鵝鑾鼻）。同年六月，擔任A級二等燈塔員的泰勒任職於南岬燈塔。他在一八八七年十一月離職時，已是主任燈塔員。

南岬燈塔，即是現今墾丁的鵝鑾鼻燈塔。

喬治・泰勒居住南臺灣期間，勤學當地語言，精通漢語、原住民語，除了積極融入當地原住民社會，更參加南岬附近部落的聚會、儀式，蒐集諸多阿美族、排灣族的傳說故事，研究範圍包含自然史、歷史、語言學、地理學，並且將自己的旅遊見聞寫成文章。

■現今的鵝鑾鼻燈塔。

典文

※《一八八〇年代南臺灣的原住民族：南岬燈塔駐守員喬治泰勒撰述文集・臺灣的原住民族》[88]——喬治・泰勒（George Taylor）

中國商人相信，很久以前，紅頭嶼是海盜的大本營，他們認為島上埋藏許多金銀財寶。

88本文是喬治・泰勒在《中國評論》（*The China Review*）第十四卷（一八八五年至一八八六年）所發表之系列文章，原題為“Aborigines of Formosa”。

32 恐怖的大章魚

介紹

十九世紀，西方人史蒂瑞（Joseph Beal Steere）曾經搭乘德國縱帆船「美麗號」（Fairlee）來到澎湖群島，因為機會難得，他便踏上西嶼一遊。藉由他的雇傭「旺仔」翻譯，與當地人溝通。當時他在西嶼採集了許多貝殼與珊瑚，以及參觀當地人以花崗石建蓋的寶塔型燈塔。

此後，他便搭船前往馬公，並且在馬公聽到漁民講述「大章魚」的可怕威脅。據說，海邊的大章魚會抓取岸上的豬，甚至連小孩都不放過。

澎湖馬公南端的「山水」，其地名由來就與「土婆（章魚）抓豬」相關。以前「山水」的名稱是「豬母落水」、「豬母水」，由來如下所述：在很久以前，當地有許多養豬人家，有一天母豬帶著小豬散步海岸，突然海裡伸出章魚的觸手，將小豬抓入海中，而母豬也跳入海中要拯救小豬，但是最後卻是同歸於盡。所以，人們便將此地稱為「豬母落水」，在日治時期才改名「山水」。

此外，在山水的西側岸上，有一座海蝕洞，每當風吹過，就猶如母豬的淒厲叫聲，所以也被當地人稱為「豬母洞」。

臺灣民間傳說中，與恐怖大章魚相關的故事並不多，山水的大章魚傳聞十分罕見。不過在蘭嶼的達悟族，也有流傳怪物章魚的傳說。據說遠古時代，椰油部落海邊躲藏一隻巨大的惡魔章魚，這隻怪物喜愛捕食在海中游泳的小孩。某次，大章魚又抓走一名男孩，其父親非常傷心，決定為子報仇。父親找來一個大陶鍋，放入燃燒的木材，推入海中。飢餓的大章魚誤認鍋子是獵物，立刻將它抱緊。沒想到鍋子慢慢變熱，不久之後，大章魚就被滾燙陶鍋燙死了。父親終於殺除這隻海中怪物。

■日治時期地圖中的「豬母水」（日軍攻臺戰鬥地圖，1895年）。

■椰油部落的環島公路的壁面上，繪製了一幅描述椰油部落起源的壁畫，其中也講到食人章魚的故事。

章魚怪魔

典文

※《福爾摩沙及其住民：十九世紀美國博物學家的台灣調查筆記》

——原著：史蒂瑞（Joseph Beal Steere），翻譯：林弘宣

我到達馬公之後，立刻表示要購買我所需要的東西，於是很快地就有了各色各樣的活貝殼、珊瑚及各種特殊的魚類來供我挑選。

我把購得的各式物種裝進一個大酒精罐中來保存，那個酒精罐是我特地帶來的。除了這些東西之外，漁民還帶給我一條巨大的章魚，牠伸展開來的觸角，長達十英尺（約三公尺），可以和雨果（Victor Hugo）在《海上苦力》（*Toilers of the Sea*）中所描述的那條相媲美了。

當地人說這種章魚很危險，有時候會把豬、甚至小孩吸進大海中，必須要有兩個漁夫同心協力，才能捕獲這種大章魚。

他們用船鉤勾住大章魚，然後撕裂牠的一、兩隻觸角，把牠弄殘，才有辦法將牠拉到船上。我買下了一條大章魚，發現牠被捕獲兩、三個鐘頭之後，仍然活著，只是動作遲鈍而已。漢人會食用這種大章魚，但我嚐過好幾次，總覺得牠並不適合文明人的口味。

奇物之章

33 巨黿放海

介紹

黿（音ㄩㄢˊ），是鱉科動物中體型最大的種類，被漢人認為是一種吉祥的生物。

據說在在苗栗的後壠港，曾有一隻巨型黿現身，頭顱沉重，身材非常寬大，意外被漁夫捕抓到。

路人一見到這隻巨黿，皆害怕失色。

捕獲這隻巨黿的漁夫，將牠用大車載往貓裏（苗栗古名）的市街中，市集裡的人都對這隻巨黿很好奇，甚至食指大動，想一嘗此黿箇中美味。

當時有一位名叫劉修堂的舉人在貓裏市中，目睹此景，心生憐憫，便籌措金錢將此巨黿買下，並且也掏錢募集數十名健壯男子，一同抬起此黿，放生到海裡。

當巨黿順利下水，即將游離之前，回首左右顧望，彷彿有靈，感恩劉生，許久之後才悠然沉沒於海面之下。

典文

※《苗栗縣志・志餘・記事》——清・沈茂蔭

次年，後壠港漁者捕得一巨黿，頭大如五石匏，身橫二畝許。道傍見此者，咸惝[89]也。

漁人用牛車數輛，輦[90]運至貓裏[91]市中；人將依鄭子公異味故事，食指躍躍動矣。時劉修堂孝廉[92]在貓，睹而心惻，急贖以金，募健兒十數輩舁[93]黿致之海。黿屢回首左右顧，微示銘感意；久之，乃蠢蠢入水而沒。

89 惝：害怕的樣子。
90 輦：音ㄋㄧㄢˇ，運載。
91 貓裏：苗栗的古代稱呼。
92 孝廉：清朝時代對於舉人的雅稱。
93 舁：音ㄩˊ，抬舉、扛抬。

34 古磚的預言

介紹

明朝年間，有一位和尚在廈門挖掘到一枚古磚，古磚背面印著突起的兩朵圓花，正面刻有四行古隸字。古磚上的文字，據說預言了國姓爺敗亡的未來。

典文

※《重修臺灣府志・雜記・叢談》——清・范咸

明崇禎庚辰，閩僧貫一居鷺門。夜坐，見籬外陂陀有光，連三夕，怪之。因掘地得古磚，背印兩圓花突起，面刻古隸四行。其文曰：「草雞夜鳴，長耳大尾。干頭銜鼠，拍水而起。殺人如麻，血成海水。起年滅年，六甲更始。庚小熙皞，太和千紀。」凡四十字。閩縣陳衎盤，生明末，著《槎上老舌》一書，備記其事；至國朝癸亥，四十四年矣。

識者曰：「雞，『酉』字也；加草頭、大尾、長耳，『鄭』字也。干頭，『甲』字；鼠，『子』字也。謂鄭芝龍以天啟甲子起海中為群盜也。明年甲子，距前甲子六十年矣。庚小熙皞，寓年號也。前年萬正色克復金門、廈門，今年施琅克澎湖，鄭克塽上表乞降，臺灣悉平。六十年海氛，一朝盪滌，此固國家靈長之福，而天數已預定矣。」異哉！[94]

※《臺陽見聞錄．古磚》——清．唐贊袞

明崇禎庚辰，閩僧一貫居鷺門，掘地得古磚，上有隸字四行，文曰：

「草雞夜鳴，長耳大尾。干頭銜鼠，拍水而起。殺人如麻，血成海水。起年滅年，六甲更始。庚小熙皞，太和千紀。」凡四十字。

至國朝康熙癸亥，四十四年。識者曰：

「雞，酉字也，加草頭、大尾、長耳，鄭字也。干頭甲字，鼠子字也。謂鄭芝龍以天啟甲子起海中為群盜也；後甲子距前甲子六十年矣。庚小熙皞，寓年號也。」

94《重修臺灣府志》的敘述，引自王士禎《池北偶談》書中段落，清國時期的臺灣文人經常引述這段怪異故事。

35 鳳山石讖

介紹

很久以前，在臺灣南部鳳山，有一座奇石突然裂開，石頭中有讖文書寫，預言未來鳳山地區將有閩人居住。

典文

※《臺灣府志．外志．雜記》——清．高拱乾

石讖，傳聞鳳山有石忽開，讖云：「鳳山一片石，堪容百萬人。五百年後，閩人居之。」俄而復合。

※《重修臺灣府志・雜記》——清・范咸

鳳山，相傳昔年有石忽自開。內有讖云：「鳳山一片石，堪容百萬人。五百年後，閩人居之。」又傳：佃民墾田得石碣，內鐫[95]「山明水秀，閩人居之」八字。

95 鐫：雕刻。

36 三保薑

介紹

據說在鳳山縣，有物產名為「三保薑」，乃是久遠以前鄭和太監來臺，將奇薑種植於岡山之上。三保薑傳說可以醫治百病，不過所在地點，無人知曉。

典文

※《臺灣府志·外志·雜記》——清·高拱乾

三保薑，鳳山縣地方有之。

相傳明太監王三保植薑岡山上，至今尚有產者。有意求覓，終不可得。樵夫偶見，結草為記；次日尋之，弗獲故道。有得者，可瘳百病。

37 七美人花

介紹

據說在明朝年間，有海盜襲擊七美[96]，居民驚慌四散。當時，有七名女子在樹林中撿拾柴木，被海盜發現，想要對她們意圖不軌。她們慌亂奔逃，卻始終無法逃離海盜追捕。那時，她們恰巧躲至一處古井旁，萬念俱灰，心知絕對無法逃離賊寇魔爪。她們為了保全清白名譽，相繼跳入井中殉節。

之後，不知何時開始，井邊陸續長出七株奇樹，會綻放鮮豔的花朵。若是隨意摘折花樹，就會生病。人們咸信花樹是七名女子魂魄的化身，對此樹十分崇敬。

據說這七株樹，春天時只開花不結果，花色呈

■七美人塚今景，石碑刻有歷史緣由，碑前則放置妝鏡、梳子、口紅、手鍊……等供奉物。

■七美的鷹塔，據說是為了紀念一名受虐婦女。

米黃色。也有傳說，不是長出七株樹，而是長出了七朵花，並且因為其中一名女子有氣喘，所以其中一朵花開得比較不好看。

根據學者的研究，七美人塚內的植物，其稱呼為「一葉萩」、「葉底珠」或「市蔥」。

在日治時期，一九〇九年曾在此地安置「七美人立碑」，一九二五年則立有「七美人塚」的石碑。第二座石碑是在巡察部長的指示下建碑，碑文敘述明朝嘉靖年間有七位烈女投井完節。

片岡巖在一九二一年出版的《臺灣風俗誌》，也有一篇文章〈魂花〉，描述海濱奇花乃是七位投井女子的魂魄所化身。在一九二七年四月五日的《臺灣日日新報》，則有一篇文章〈七美人の墓〉，講述此井只剩下水灘，而一旁生長的七株奇樹是「一葉萩」。

七美除了有七美人傳說，聳立在七美島上的「鷹塔」，也有故事。據說是一名受虐婦女，死後化身為一隻美麗的鷹鳥，此塔便是為了紀念此事。

典文

※《澎湖廳志・物產》——清・林豪

八罩而南為南大嶼，海濱僻處有花數株，莫知其名，開時色頗絢爛。有折之者，則病作。或云前朝人避亂居此，遭海寇，有女子七人投井死，此花產於井中，殆魂魄所化也。近時農人鋤地者，嘗得磁器之屬。

96 七美：舊名「南嶼」、「南大嶼」、「大嶼」，是澎湖群島最南端的一座離島。日治時期，屬於望安庄、大嶼庄。一九四九年，澎湖縣長劉燕夫改名為「七美」。

38 吞霄港的奇異鐵船

介紹

通霄，舊名為「吞霄」，名字來自於道卡斯族的「吞霄社」（Tonsuyan）。昔時，南勢溪水可以停泊商船，吞霄港是苗栗重要的貨運集散地。十八世紀時，諸羅縣令周鍾瑄北上視察時，途經吞霄，曾經賦詩一首〈吞霄觀海〉：「浩渺無因溯去程，仙槎客泛正須評。輕浮一粒須彌小，包括恆河色界清。世外形骸杯可渡，空中樓閣[97]氣噓成。情知觀海難為水，更有紅輪[98]向此生。」這首詩歌為當時的吞霄海岸風情留下了見證。

雖然吞霄港曾是重要商港，但因為南勢溪逐漸淤淺，港口無法容納大船出入，所以航運地位漸漸不如以往。

■十九世紀中國的小型港口（Havengezicht in een Chinese stad，荷蘭國立博物館Rijksmuseum，1879～1890年）。碼頭前停靠許多舢舨船。

據說在十九世紀中葉咸豐年間，這座港口曾經有怪事發生。有一艘無人駕駛的巨大鐵船漂移靠近。這艘神祕鐵船並非中國船，詢問在吞霄當地居留的西洋老者，對方也搖頭說，西洋並無此種怪異鐵船，不知其來歷。

神祕鐵船內空無一人，毫無一物，不知道是何年何月何國所製作。

典文

※《苗栗縣志・志餘・紀事》——清・沈茂蔭

咸豐初，吞霄[99]港口有鐵船隨風潮入，擱淺壩上。船首尾計九十餘步、闊三十餘步、高三丈許。渾身皆鐵，無一板相間雜者，船式詭異。詢諸老洋客，謂此不特中國所無，即東西洋諸國以十數，亦未見也。尤奇者，船中並無一人一物存，不知何代何國所製。

97 空中樓閣：海市蜃樓。
98 紅輪：夕陽。
99 吞霄：現今苗栗的通霄。

39 蚌珠之光

介紹

西屏山，位於恆春半島的小丘陵，從貓鼻頭綿延至龜山。西屏山西南側的紅柴坑，因為曾經遍地都是臺灣樹蘭（木材紅褐色，俗稱紅柴），故有此名。據說在這裡離岸十數丈的海面上，夜晚常常發出晶瑩亮光，燃燒如火焰，光芒又圓又大，讓人們非常驚異。

眾人傳說，這是可望不可及的巨蚌之珠，也是極為珍貴的夜明珠。

典文

※《恆春縣志．雜志》

蚌珠，西屏山紅柴坑[100]海面，離岸十數丈，夜常有光，熊熊如火，圓大如斛[101]。

鄉人棹竹筏至其處，光如故，若在海底。望之不甚深，撈之則不逮，若有大蚌在其旁焉。

100 紅柴坑：位於屏東縣恆春鎮山海里。
101 斛：音ㄏㄨˊ，古代計算容量的量詞，十斗為一斛，宋明之後改為五斗為一斛。

40 蜈蚣腹下有光

介紹

在十八世紀擔任巡臺御史的黃叔璥，巡行臺灣，對於各地風土民情十分熟悉，並且記錄於書中。他在〈赤嵌筆談〉的篇章中，曾經描述蜈蚣能夠發光，尤其在夜間會青光閃閃，閃爍如同螢火，而且還會發出像是琉璜的毒氣。以腳踩之，光芒就會一直閃耀。

發光蜈蚣的故事，在臺灣民間故事中也會出現，胡萬川、林培雅編輯的《臺南市故事集（一）》（二〇一二年）就有提及。林培雅采錄了居住在安南區的邱進先生講述的故事〈出外人〉，這個故事中就出現了發出青光的蜈蚣精。

〈出外人〉故事梗概如下：一名出外人借住員外家，員外正在煩惱新房子無法住，出外人自告奮勇住進去。到了晚上，果然有一隻青燐燐的妖怪跑進來。出外人以計謀砍掉了妖怪的頭，才發現是一隻蜈蚣精，而且得到一顆會發光的蜈蚣珠。接下來，出外人解救了蜈蚣精洞口內的海龍王女兒，海龍王就用寶葫蘆、浮在水面的草鞋、呼叫海龍王的手帕跟他交換蜈蚣珠。最後，出外人藉由這些寶物的功能，獲得官位與許多錢財。

典文

※《臺海使槎錄・赤嵌筆談・物產》——清・黃叔璥

蜈蚣，腹下有光，夜間青熒，閃爍如螢，毒氣如琉璜。以足踏之，光熠耀不絕。

41 珊瑚樹之光

介紹

翟灝，山東人，在乾隆五十七年（一七九二年）奉派至臺灣，曾任南投縣縣丞、鳳山縣事等職。翟灝居臺期間，所見所聞都寫入《臺陽筆記》，書中描述許多臺灣奇事、怪景、異物。

嘉慶八年（一八〇三年），翟灝丁憂離臺。他來到澎湖，見到海中物產珊瑚，而且此珊瑚極為碩大，華美壯觀，讓他嘖嘖稱奇。而且據說大珊瑚附近有魚龍守護，無法輕易用鐵網撈取。

澎湖海底有大珊瑚和怪物守護者的傳說，在當地民譚也有流傳。薛明卿《澎湖搜奇》（一九九六年）與姜佩君《澎湖民間傳說》（一九九八年）皆有提及，其故事梗概如下：

據說澎湖群島附近的深海，有一座海底龍宮。龍宮中除了有偉大的龍王鎮守，也有一位美貌非凡的龍女。因為龍王對於女兒管教甚嚴，所以龍女總愛離開龍宮，前往馬公附近的四角嶼宮殿中遊玩。

某日，一位來自漁翁島的年輕漁夫，意外發現四角嶼島上的宮殿，並且與龍女相知、相戀。

但是，龍種與人類不應結合，龍女的禁忌行為讓龍王勃然大怒。因此，龍王便對龍女、漁夫施加詛咒。他將龍女變成了一座金珊瑚，並讓漁夫變成醜陋怪異的妖鱷，想要拆散他們。

但是，妖鱷依然深愛龍女，時時刻刻待在金珊瑚身邊。只要有貪心的人們想要開採金珊瑚，妖鱷就會現身嚇阻，保護龍女。

典文

※《臺陽筆記．珊瑚樹記》——清．翟灝

癸亥[102]秋，丁父憂[103]，由海路歸，至澎湖守風兩閱月。

每當浪定水平，五色燦爛，詢之漁人。曰：「此海中石也。君得無覓大觀[104]乎？距此三十里，西嶼[105]有珊瑚二株，廣可四圍，長數丈許，水百尺深，赤色，下有魚龍[106]守護，鐵網不可取也。」

遂命舟人催棹鼓楫[107]而往，至則急流無停泊處。

舟人曰：「客識之乎？水色之深紅而不變者，珊瑚之光芒也；海口之燦爛而有章[108]者，寶氣之分鍾也。」

今而知荒怪之說，非盡附會；耳目所到，不止

■澎湖化石館中的潘氏澎湖鱷化石仿製品，原化石出土自澎湖漁翁島內垵海岸。

傳聞。向之疑，未免少見而多怪焉。嶼旁有小樹，深紫色，葉細小如檜柏，以石為根。喜而攜歸，蓋珊瑚之變而未成者。離海水則枯枝漸零落，今無復存矣。因為之記。

102 癸亥：嘉慶八年（一八〇三年）。
103 丁父憂：遭逢父親喪事。
104 大觀：形容景物壯觀。
105 西嶼：漁翁島。
106 魚龍：澎湖當地民間傳說，守護在大珊瑚旁邊的怪物是一隻醜陋的大怪鱷。
107 催棹鼓楫：加快划槳速度。
108 章：光采。

42 媽祖棍

介紹

古早時代，水手駕船橫越臺灣海峽，充滿許多凶險。他們不只要面對惡劣的天氣、巨大的浪濤，也要提防大海中神出鬼沒的妖物魔怪。

因此，水手崇敬媽祖天妃，希望海上女神能夠庇佑舟中眾人安然無恙。而且船中會配備一種神棍，名為「媽祖棍」，只要大魚水怪靠近船隻，就要使用媽祖棍擊打船舷。水怪驚怕媽祖神力，立即就會逃離而去。

日治時期，鶴田郁《臺灣むかし話》第三輯（一九四三年）有一篇文章〈媽祖娘娘之歌〉，故事描述少女媽祖織布的時候，可以靈魂出竅，前

■日治時期的民間文學集《臺灣むかし話》第三輯（1943年），畫家宮田晴光（宮田彌太郎）繪畫的媽祖娘娘。

去拯救遠方遇難的船。不過有一次靈魂出竅時，她被家人叫醒，她醒來時滿臉悲傷，因為方才她正在拯救即將淹沒的船，她足纏兩條船纜，雙手也牽住兩條纜繩，甚至口中也咬住一條船繩，將船隻拖往岸邊。眼見即將成功，卻被突然喚醒，讓她無法順利救人。經過這次失敗經驗，媽祖雖然遺憾，卻又更加堅定救人之心。

典文

※《裨海紀遊》——清・郁永河

海神惟馬祖最靈，即古天妃神也。凡海舶危難，有禱必應，多有目覩神兵維持，或神親至救援者。靈異之跡，不可枚舉。

洋中風雨晦暝，夜黑如墨，每於檣端現神燈示祐。又有船中忽出爝火[109]，如燈光，升檣而滅者，舟師謂是馬祖火，去必遭覆敗，無不奇驗。

船中例設馬祖棍，凡值大魚水怪欲近船，則以馬祖棍連擊船舷，即遁去。

109 爝火：火炬。

奇地之章

43 古橋仙境

介紹

從十八世紀乾隆年間，臺灣開始廣泛流傳一篇奇文〈古橋岡詩序〉，作者不詳，或說是鄭成功諮議參軍陳永華所著。這篇文章描述，據說在一六八三年之前，有一位樵夫因緣際會，在岡山頂發現一座被古橋樹環繞的神祕巨室。他從石門進入，別有洞天，猶如仙境。樵夫返家之後，想要再尋找此地，卻是無法找到原路。

根據《阿蓮鄉志》（一九八五年）的推測，這座神奇石洞其實是「十八洞天」中的「石門洞」。但因為在日治時期，大崗山山鳴，之後洞口就陷沒消失。

典文

※《重修福建臺灣府志・雜記・叢談》——清・范咸

〈古橋岡詩序〉：

鳳邑治有岡山，未入版圖[110]時，邑中人六月樵於山，忽望古橋挺然岡頂。向橋行里許，到其處，則有巨室一座。

由石門入，庭花開落，階草繁榮，野鳥自呼，廂廊寂寂。壁間留題詩語及水墨畫蹟，點染蒼苔，鑱存各半。

比登堂，一無所見，惟隻犬從內出。見人搖尾，絕不驚吠。

隨犬曲折，緣徑恣觀[111]，環室皆徑圍橘樹也。雖盛暑，猶垂實如碗大。摘啗[112]之，瓣甘而香。取一二置諸懷。

俄而斜陽照入，樹樹含紅，山風襲人，有淒冷氣，輒荷樵尋歸路。遍處誌之。

至家以語，其人出橘相示，謀與妻子共隱焉。

再往，遂失其室，並不見有橋。

※《臺陽見聞錄．大岡山》——清．唐贊袞

大岡山在鳳山縣治北三十五里，狀如覆舟，天陰埋影，晴霽則見。上有仙人跡，龍耳甕在焉。

相傳郡有大事，此山必先鳴。

110 未入版圖：臺灣在康熙二十二年（一六八三年）入清版圖之前。

111 恣觀：恣意觀察。

112 啗：吃。

44 奇山與仙嶼

介紹

傳聞臺灣有一座奇山，名為繡孤鸞（別名「秀孤鸞」），山中皆是菊花。而且，海中有一處神仙島嶼，島上有著奇花異草、珍禽馴獸。

根據《雅堂文集》的推測，秀孤鸞可能是臺東大山，是原住民生活之地，也可以譯作「秀姑巒」。至於浮嶼，似指龜山。但是，以上說法有待考證。

典文

※《彰化縣志．雜識志．叢談》——清．周璽

繡孤鸞，山麓皆菊花，有能結實者。

老番不知幾百歲，相傳海中有一浮嶼，上皆仙人所居，奇花異草，珍禽馴獸，每歲初冬，則遣一童子，駕獨木小舟到繡孤鸞，遍采菊實。

番有從童子至其處者，歸則壽數百歲，猶依稀能憶其概。

或童子不來，欲自駕舟往尋，終迷失水路，莫知其處，惟隨童子往返者，登舟瞬息即到。山無城市，祇有人家，至今相傳，以為仙山云。

※《臺陽見聞錄．秀孤鸞》——清．唐贊袞

宜蘭縣有秀孤鸞。其山多菊花，能結實。相傳海中一浮嶼，皆仙居，每歲冬初，遣一童子駕獨木舟到秀孤鸞採菊實。

有老番從童子至，其處無城市，有人家，異獸珍禽，瑤草奇花，滿目繽紛。歸則壽數百歲，猶依稀能憶其概。

或童子不來，往尋之，則迷路不得其所。

45 火山發光

介紹

據說，臺灣中部有火山的存在，終年冒煙。有人說火山即是位於南投草屯鎮的九九峰周遭，但是確切位置無人知曉。

典文

※《臺灣府志・外志・古蹟》——清・高拱乾

火山：在諸羅縣貓羅貓霧大山之東野番界內。其山上晝常有煙、夜常有光，但人跡鮮到，亦止傳聞如此。

※《東征集・卷六・紀火山》——清・藍鼎元

臺灣火山有二焉，皆諸羅境內。一在半線[113]以北，貓羅、貓霧二山之東。

晝常有煙，夜有光。生番所宅，人跡莫至，吾聞其語而已。

一在邑治以南，左臂玉案山之後。小山屹然，下有石罅[114]，流泉滾滾亂石間，火出水中，無煙而有焰，焰騰騰高三、四尺，晝夜皆然。

試以草木投其中，則煙頓起，焰益烈，頃刻之間，所投皆為灰燼矣。

其石黝然，堅不可破。石旁土俱燃焦，其堅亦類石。

信宇宙之奇觀也。

113 半線：現今即為彰化地區。

114 罅：音ㄒㄧㄚˋ，隙縫。

46 埋金山

介紹

林道乾，出沒於十六世紀東亞海域的大海盜，個性狡詐陰險，智謀出眾。

據說林道乾曾被俞大猷派海兵追剿，林道乾選擇遁入臺灣，進入打鼓山港。傳說當時林道乾恣意殺戮當地人，將人類膏血混合石灰做為船縫修補的黏著劑。

打鼓山，又有打狗山、壽山、柴山……等等別名，位於高雄西側海岸，南北長約六公里。民間傳說林道乾之妹曾經在此山埋藏黃金寶藏，所以又稱為「埋金山」。

在日治時期，李獻璋編輯的《臺灣民間文學集》（一九三六年）收錄黃石輝〈林大乾兄妹〉、李國琳〈林道乾與十八攜籃〉，都提及林道乾傳說。根據黃石輝的文章，當時林大（道）乾兄妹逃到打鼓山上，其妹自願自殺，讓魂魄看守十八亞籃的銀子。

典文

※《重修臺灣府志．雜記．叢談》——清．范咸

明都督俞大猷討海寇林道乾，道乾戰敗，艤[115]舟打鼓下山。恐復來攻，掠山下土番殺之，取其血和灰以固舟，乃航於海。餘番走阿猴林社。

相傳道乾有妹，埋金山上，有奇花異果。入山樵採者摘而啖之，甘美殊甚；若懷之以歸，則迷失道。雖識其處，再往則失之。

※《重修鳳山縣志．兵防》——清．王瑛曾

打鼓山海吼，則將風雨。

久雨時，吼聲自下漸上則未晴，自上漸下則將晴。

鼓峰騰雲，則雨立至。傀儡山凌峰插漢，多煙雲蒙蔽。若清晨山霽淨明，一塵不染，一、二日內必雨。

鳶飛鳴則主風，宿鳴則主雨，亦奇驗也。

※《臺灣志略》——清．尹士俍

埋金山，明都督俞大猷討海寇林道乾，道乾遁入臺，艤舟打鼓港。相傳其妹埋金山上。時有奇花異果，入山樵採者或見焉。若懷歸，則迷路不得出。疑有山靈呵護。

115艤：使船靠岸。

47 銀山產銀礦

介紹

臺灣島內，有一座銀山，山內埋藏銀礦財寶。曾經有人進入山中，順利尋得銀山之寶，但卻迷路深山中，只能將財寶丟棄車外，才能走出山外。

典文

※《赤嵌集・聽海客言，寄嘲北莊友人》——清・孫元衡

道是求仙歷險艱，半思利涉半躋攀[116]。
千條岐路迷銀礦[117]，一片晴雲想玉山。
貪把龍涎乘莽葛[118]，競驅墨豹逐蜂巒。
非關海客談言妄，縱到瀛洲未肯閒。

※《臺灣通志・物產・雜產類（附考）》——清・蔣師轍、薛紹元等人

銀山，有礦產銀，又有積鏹[119]，皆大錠[120]，不知何時所藏？曾有兩人入山取之資用，後挽牛車至其地恣取滿車，迷路不能出，盡棄之，乃得歸。旋亦失其故道，不能復入。

116 躋攀：攀登。

117 孫元衡註：言有銀山，昔人求之，得入，薄有所取，累日不得歸路，乃棄金記路而返，急喚伴侶偕往，舊徑又迷惑矣。

118 莽葛：獨木舟。

119 鏹：音ㄑㄧㄤˇ，古代串錢的繩索，泛指錢幣。

120 錠：音ㄉㄧㄥˋ，製成塊狀的金屬。

48 劍潭傳說

介紹

劍潭，位於劍潭山東側，基隆河一處彎曲的水域。因為水域深廣，故稱之為潭。目前劍潭的位置，大約是在八二三砲戰紀念公園前方。

傳說，劍潭有一株茄苳樹，荷蘭人曾經將一柄劍插入樹中。根據翁佳音考證古地圖，認為荷人試圖砍伐的林地「馬那特森林」（Marnats bos）靠近劍潭，傳說中荷人插劍於樹，此說法可能並非空談。

後來，傳說經過演變，人們開始認為潭底有荷蘭古劍，所以潭中才有劍光浮耀。

劍潭除了有荷人插劍的故事，也傳說潭底有怪物棲息。例如，清朝詩人陳維英在〈劍潭夜光〉提及水底有龍，是寶劍化身，當時的文人也習慣在詩歌中想像劍潭龍影。到了日治時期，民間開始談論劍潭魚精，並且認

■日治時期的劍潭風光，山上可見劍潭寺屋簷。

■劍潭今貌。

■搬遷至大直的劍潭古寺門口。

■日治書籍《臺灣地方傳說集》（1943年），鳥羽博繪畫國姓爺擲劍水中，殺死魚精。

為國姓爺行軍至此，以寶劍屠殺魚精。

如今，劍潭有龍怪、魚精的說法仍盛行，不過卻是魚精故事最為通俗，甚至衍生出魚精乃是「鯉魚精」的新說法。劍潭傳說，經過數百年來的「加油添醋」，顯得更加神祕。

典文

※《諸羅縣志》——清．周鍾瑄

劍潭，在大浪泵社[121]二里許，划蟒甲[122]以入。登岸數百武，有潭；潭之畔有加冬樹，高聳障天，圍合抱。相傳荷蘭開鑿時，插劍於樹，樹忽生皮，包劍於內，不可復見。

※《淡水廳志．古蹟考》——清．陳培桂

劍潭：在廳治北一百三十里，深數十丈，澄澈可鑑。

潮長則南畔東流而北畔西，退則南畔西流而北畔東。
每黑夜或風雨時，輒有紅光燭天。相傳底有荷蘭古劍，故氣上騰也。
或云樹名茄冬，高聳障天，大可數抱，峙於潭岸，荷蘭人插劍於樹，生皮合劍在其內，因名。

※《淡水廳志．古蹟考》——清．陳培桂

劍潭寺：即《府志》云「觀音亭」。在劍潭山麓。
乾隆三十八年吳廷誥等捐建。
寺有碑記述：「僧華榮至此，有紅蛇當路，以筊卜之，得建塔地。大士復示夢有八舟，自滬之籠可募金，果驗。寺遂成。」

121 大浪泵社：現今的臺北延平區、大同區。
122 蟒甲：獨木舟。

49 鐵砧山的國姓井

介紹

臺灣中部大甲的鐵砧山，是國姓爺傳說盛行之處，除了有插劍得甘泉、田螺斷尾能活的傳說，也傳聞每年清明節之前，兵魂化聚成的群鷹都會從南部鳳山飛來，為國姓爺哭泣。

典文

※《臺灣中部碑文集成・國姓井碑記（光緒十一年）》

臺北府新竹縣大甲鐵砧山國姓井，相傳鄭成功駐兵處，被困乏水，以劍插地，得甘泉，大旱不涸。

年年清明前，有群鷹自鳳山來聚哭，不至疲憊不止，或云兵魂固結而成；山麓田螺，斷尾能活，謂當時螺殼棄置者。均著奇異。

※《苗栗縣志》——清・沈茂蔭

鐵砧山：一名銀錠山。在三堡，距城南五十里。高數十丈。山上有井，當日鄭成功舉兵於此，水多毒，以劍插地，得甘泉，今相傳為國姓井。（封域志・山川）

國姓井：在鐵砧山巔。相傳鄭成功屯兵大甲，以水多瘴毒，乃拔劍斫地，得泉。味清洌；旁有小碣，鐫此三字。（古蹟考）

50 風洞插旗

介紹

恆春半島的四重溪，位於屏東縣，據說在嘉慶年間被原住民發現四重溪附近有溫泉，後來漢人稱此地為「出湯」。日治時期，此地開始發展溫泉業，號稱水質第一，是當時極為知名的溫泉勝地。

石門則位於四重溪東北方之處，因為四重溪貫穿其中，兩岸有虱母山、五重溪山斷崖，易守難攻，成為一座天然要塞。

據說在石門有一座「風洞」，國姓爺當年為了討伐原住民，在此地插上軍旗。一旦風吹鄭軍旗，旗尾若指向何處的原住民部落，便會帶來災害。後來拔旗而去，卻沒有夷平洞穴，所以風洞終年出風。據說今日恆春著名的「落山風」，便是來自此處。

■四重溪的石門，照片出自《日本地理大系：臺灣篇》（1930年）。

到了一八七四年，日軍為了懲戒殺害琉球人的原住民，出兵臺灣。日軍進攻牡丹社的過程中，在石門發生嚴重流血衝突，所以此地又被稱為「石門古戰場」。

典文

※《恆春縣志．雜志》

風洞，即四重溪石門。

據采訪錄：「為鄭延平插旗之所。風吹旗尾，尾向何方，即何方之番有災害。後去旗，未夷其洞。今之落山風，自洞中來。」

又曰：「洞在八磘灣深山，古木參天，荊棘滿地。至其地者，不知所禁，或大聲言語，風即大作。以後，無論民、番皆不敢往。」

今由局專人尋訪，石門尚有平地一塊，謂即延平紮營之所。八瑤灣已如牛山之濯濯矣，欲得所謂風洞者，竟如海上仙山。相傳已久，不可不書，以明其訛。

51 仙人井

介紹

據說在恆春半島有一座仙人井，此井在大石山（大尖石山）山腳下，泉水甘美，而且可以治療疾病，龜仔角社的人都會飲用此水。若有刀火傷者，也能用井水洗滌，洗過之後就可以痊癒。因為仙人井上，有靴履足印，是久遠之前的仙人留下的足印，所以才將此井名為仙人井。

典文

※《恆春縣志．雜志》

仙人井，在縣南二十五里大石山下。其泉仰出，味甚甘。龜仔角番[123]取飲於此，且可癒疾，並刀火傷者，洗之即癒。井上石紋，如靴、如履、如赤足者，不一。相傳謂仙人足跡，故名。

123龜仔角番：龜仔角（現今的恆春社頂）原住民。

52 毛蟹井

介紹

在恆春半島的龜仔角社，也就是現今的社頂地區，有一處毛蟹井。毛蟹井的井口有一座奇異蟹石，泉水從蟹口噴灑出來，因此命名。

只要用此井水洗滌，凡是膿瘡、毒傷、刀傷、火傷，都能痊癒。

典文

※《恆春縣志．雜志》

毛蟹井，在龜仔角社。

井口有石如蟹，有毛有螯。從嘴出泉，清洌異常。瘡毒、刀、火等患，一洗即癒。

53 八卦井

介紹

在恆春半島的龜山，有一座八卦井，井水清冷甘甜，受人喜愛。

在天氣晴朗無雲的時候，樵夫與牧牛童子有時候會發現這座水井。不過，若是有意找尋此地，則是徒勞無功。

典文

※《恆春縣志・山川》

龜山，在縣城西十四里。自西屏綿亙而來，斷而復起，高數十百丈。其山章形如龜伏，故名。縣城四方，乾兌為罅，得此屏障之。上多草木，有井泉，甘而冽。樵夫牧豎[124]，於無意中得飲此泉；若有意求之，則反迷井之所在。鄉人以其能變動焉，名曰「八卦井」。

※《恆春縣志．雜志》

八卦井，在龜山。其泉甘洌。

天朗氣清之候，樵夫、牧豎適或遇之。倘有意往尋，則反迷其所。

《易》曰：「變動不居，周流亦虛」，其井有焉。

124 牧豎：牧牛的童子。

54 女靈山

介紹

在恆春半島有一座仙山，名為女靈山。

據說，曾有樵夫相約入山，遇到一名老者，老者與樵夫共享異茶，樵夫訝異茶香濃烈，私自將茶葉帶走，卻迷路於山中。最後，樵夫必須將茶葉丟棄，才能順利出山。

又傳說，女靈山上有一處泉水，能與海潮共同漲落。

又傳說，十七世紀時，因為戰亂，有一名女子避難山中，卻不幸墜崖身亡。後來，凡是有人迷路於此山中，必有女子魂魄引導出山，所以才名為女靈山。

典文

※《恆春縣志．雜志》

女靈山，在縣東北，去楓港三十五里。

高數千丈，山石突兀，大木參天，饒有海上蓬萊之觀。

據采訪云：「昔有樵者相約入山，至一處，峰巒迭翠，花草迷離，有老人摘樹上茶，款留瀹茗，香沁心脾。樵者私攜茶出，迷不得路。老人莞爾笑曰：『此非人間所有，飲之則可，取之則不可。』樵者乃棄茶而歸。當時偕往者三五人，現在楓港尚有得飲其茶之人，清癯矍鑠，百倍精神。」此一說也。

又云：「山上石泉一穴，積而為池，廣畝所。清流蕩漾，雖大旱不竭，與海潮同漲落，日以為常。四岸泥濘沒脛，牛不敢飲於池。中有大樓纜一條、船舵一扇，歷久不朽。與武夷、瓊州等處懸崖皮板相類。又寧古塔城西海限山，萬峰翠中，有池周八十餘丈，亦每日二潮，與海水相應，可與並觀。造物之奇，其故真有不可臆測者。」此又一說也。

又云：「國初延平之役，有女子避兵其上，迷不得歸，遂卒巖下。後有至其地者，亦失所返；女子導之出，謂女靈山。」

或云：「女子李姓，土人女與李口音相似，若附會漢之李陵，斷無其事。」此又一說也。

海外蠻荒甫經開闢，野老流傳無足深考。

55 澎湖海底古城

介紹

澎湖虎井嶼的東南外海，自古以來就有沉沒古城的傳說。

據說海底沉城由紅色磚石建成，可能是因海嘯或地震等天災而沉入深海之中。

連橫在《臺灣通史》說：「澎湖虎井嶼之東南，有沉城焉，天空浪靜，望之在目，繚垣相錯，周可數十丈。漁者常得其磚，色紅堅若鐵。然當沒水鑿之，上生蠣蚌，似千數百年物。」

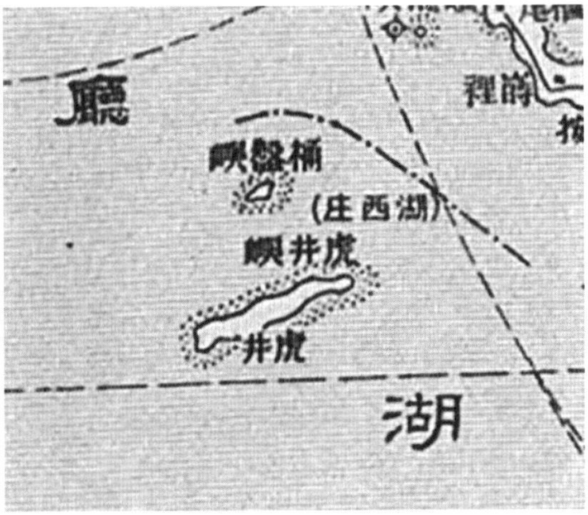

■日治時期地圖中的虎井嶼。

典文

※《澎湖廳志．規制．城池》——清．林豪

虎井嶼東南港中沉一小城，周圍可數十丈，磚石紅色。

每當秋水澄鮮，漁人俯視波底，堅垣壁立，雉堞[125]隱隱可數。有善水者沒入海底，移時，或立城堞上，或近城趁魚蝦之屬，言之鑿鑿。但不知何時沉沒，滄桑變易，為之一慨。

125 雉堞：城上的短牆。

56 巨楓樹

介紹

傳說在恆春半島山中某處，有一株巨大的古老楓樹，中空的樹木內可以住人，巨大的樹根猶如橋梁。

如此巨大的樹，是否真的會存在？日治時期，佐山融吉、大西吉壽著作的《生蕃傳說集》（一九二三年）有一篇講述排灣族大樹傳說的文章〈榕樹之根〉，其故事如下：

據說很久以前，大海之中有一株非常巨大的榕樹。巨榕的根部四處蔓延，人們可以走在大樹根部之上，前往其他國家。當時臺東地區有一個名叫「佳窩倫」的男子，他沿著根部前往其他國家，甚至帶回一名女子。他回社之後，為了不讓女子離開，就將樹根砍斷，稀有的巨榕樹從此之後就消失了。

■鹽月桃甫為《生蕃傳說集》（1923年）的文章〈榕樹之根〉繪製的版畫，筆法狂放大膽。

巨楓樹
高不知幾十丈許
週圍約二三里之闊
根起處如橋

典文

※《臺陽筆記·大樹》——清·翟灝

臺陽鳳邑之南，有瑯璠[126]山，生番所居。軍工匠入山取木，夜則止宿其地，無房舍居民，皆各帶米糧，就木屑起爨[127]焉。山內有大楓樹一株，高不知幾十丈許，週圍約二三里[128]之闊。樹老中空，只有外皮一層，枝半零落。軍匠就宿其中，三十餘家炊煙[129]從枝端出，不知其樹中有人也。根起處如橋。

余乙丑年歸里，有人自鳳山南路來者，詢之，樹之蓊鬱[130]一如舊云。

126 瑯璠：屏東縣恆春，又名琅嶠，排灣族語音譯。
127 爨：以火煮燒食物。
128 里：清代臺灣尺度尚未標準化，若依照清末規定營照尺來計算，一尺大約等於零點三二公尺，十尺為一丈，一百八十丈為一里。換算下來，當時一里為五七六公尺。文中的「二三里」，大約是一點一至一點七公里之間。
129 炊煙：燒煮食物所冒出的火煙。
130 蓊鬱：茂盛的樣子。

57 魔海漩渦：落漈

介紹

臺灣海峽的黑水海域，稱為「黑水溝」或「黑水洋」，傳說海中央有著墨黑色的長形水域，故有此名。自古以來，臺灣流傳著許多關於黑水溝的神祕故事。

例如，在澎湖的湖西鄉，耆老口中的民間故事，講述國姓爺率領船隊前來臺灣，途經澎湖沿海的時候，船上備用淡水已經飲盡，士兵們口渴難耐。這時，國姓爺靈機一動，將隨身寶劍丟擲下海，寶劍沉入海水的瞬間，海面上同時也形成一條黑色的帶狀水域，綿延百里，形狀就有如長形的寶劍一樣。而水域中的海水，也成為淡水，可以安心飲用。

除了國姓爺寶劍的故事之外，黑水洋附近自古以來也流傳著巨大漩渦的故事，名曰「落漈」。

萬水朝東之處，弱水的盡頭，即是落漈。這是一座恐怖的巨大海渦、迴旋洋流。其中一種說法是，水流在此處會垂直

■航海時，船上必須備配羅盤才能辨明方向。這是十九世紀的中式羅盤（Chinese Compass，荷蘭國立博物館Rijksmuseum，1850～1899年），盤面包含天干、地支，共同組成二十四個方位。

往下如巨型瀑布，直抵海底的最深處。若船隻意外被漩渦扯進，則會墜落萬丈以下的黑暗深淵，進入深海的盡頭，九死一生，再也無法返回。而且這座巨大漩渦的確切地點，無人知曉。

因此，行船黑水洋的人們，對於落漈總是恐懼萬分，深怕陷入「趨下而不回」的落漈深淵。落漈傳說，早期見於《元史》：「西南北岸皆水，至澎湖漸低，近瑠求則謂之落漈。漈者，水趨下而不回也。凡西岸漁舟到澎湖以下，遇颶風發作，漂流落漈，回者百一。」在清代臺灣文獻中，也經常出現相關描述。

落漈的傳說，從元、明、清以來，始終是來往兩岸的船夫的夢魘。水手航行時，經常祈禱船隻莫要捲入落漈海底。但是，據說有一位名叫洪銓的人，他遇上落漈，結果順利逃離死亡厄運。

洪銓的事蹟，記錄於《澎湖廳志》。某年，洪銓因兵勇身分，而被編入臺灣島上的軍營，因此要從廈門配船前往臺灣。沒想到東渡之時，海船卻不幸遇上颶風暴雨，帆船槳舵損壞，因為遭遇「落溜」（落漈），迷失於大海。

後來，洪銓乘坐的船被風潮吹至一處無名之港，海岸堆疊眾多船隻殘骸。沙灘上皆是遍地的銀白錢幣，而且銀幣被潮水琢磨得像是薄葉一樣，與數不清的白色骷髏交錯並列。

島上有奇異大鳥，在沙灘上也羅列了諸多大蚌貝殼，殼中的玉珠碩大猶如棋子。但如果走在沙灘上不小心踐踏到這些蚌貝，雙腳就會被惡蚌夾住，再也無法脫身。

日子一天一天過去，洪銓與同伴仍然困在這座怪島之上，船上備用的糧食也都吃完了。接下來，一行人如果餓了，就會去海邊採集可以吃的東西作為食物。

自從遇難以來，不斷有同伴相繼遭遇怪事而喪命，或者因為飢餓而死亡。

所幸，洪銓在行囊裡攜帶藥丸，就以這些藥丸止飢。本來這些藥丸，是洪銓要敬奉給母親，沒想到此時，卻成了救命藥丸。

十幾天過去了，洪銓與剩下的同伴五、六人都沒有在島上看到任何人。眾人愁眉苦臉，本來已經心生絕望，此刻，竟然望見水面上有一艘船隻經過，眾人連忙高喊救命，總算幸運得救。

典文

※《裨海紀遊》——清・郁永河

雞籠山下實近弱水，舟至則沉，或名為萬水朝東。其勢傾瀉，捲入地底，滔滔東逝流而不返。

※《觀海集・海船雜詩》——清・劉家謀

山影迷茫水接天，
鳥飛不到柁樓邊。
海風一夜吹頭白，
落溜爭禁十二年。

【作者註：海船遭風順流而東曰「落溜」。昔有落溜者，閱十二年，水轉西流，始得出。】

※《澎湖廳志．人物．鄉行》

洪銓，紅羅罩社[131]人，性矜高而盡孝。少充臺灣營伍，嘗由廈門配船東渡，中流遭風折舵，飄至粵境之南，水趨下，所謂落溜也。風忽轉，潮亦盛發，隨風潮吹至一港。海濱多壞舟，沙際皆白鏹[132]，為海潮磨盪，薄如葉，與白骨錯列。大鳥狀奇異，見人不飛。沙際多大蚌，其珠大者若棋子，或誤踐之，足為所鉗，立斃，故登岸者必謹防之。銓與同輩舍舟上岸，循海覓路。行糧既盡，採海物為食，日有死者。銓在廈時製有丸藥，攜歸將以奉母，日嚥數丸，得延喘荒山灌莽間，與奇禽異獸為伍。同伴尚五、六人，行十餘日，無民居。遙見海上夾舺船，號而求救。船下杉板救之，乃罄所有歸於夾板，得載以歸。

131 紅羅罩社：位於澎湖。
132 鏹：金銀、錢幣。

58 獅子喉吐煙

介紹

高雄林園鄉的山上，有一處奇異的洞竅，名為「獅子喉」，形狀有如猛獅張口。傳說如果獅子喉吐煙，則山下的東港必有大火災禍。

典文

※《鳳山縣采訪冊．地輿二．諸山》——清．盧德嘉

獅子喉（山上闢一竅，徑六尺許，作獅子張口勢。土人云：其喉若吐煙，則東港必遭回祿[133]。此理殊不可解。）

133 回祿：火災。

59 烏鬼地名

介紹

南臺灣有許多地名，包含「烏鬼」的詞彙，例如烏鬼井（臺南）、烏鬼橋（臺南）、烏鬼埔（高雄）……等等。這些地名中的「烏鬼」，其實是當初西方人帶來臺灣的黑奴。

在大航海時代，與歐洲人一同踏上臺灣島的黑奴，大多是印尼、菲律賓……等等來自東南亞地區的南島原住民。在臺灣漢人眼中，這些被歐洲人役使的黑奴，看起來都是皮膚黝黑的異邦人，因此就有了「烏鬼」的俗稱。

對於黑奴的管理，荷蘭人會以嚴刑峻法來管束他們。例如在《熱蘭遮城日誌》文獻中，一六三七年四月二日的紀錄：「首先，Francisco van

■日本長崎的出島，曾經規劃為外國人居留地（1641～1859年之間），也是荷蘭商館所在地。此圖擷取自《出島的貿易站》（The Trading Post at Dejima，荷蘭國立博物館Rijksmuseum，1840年）。圖中描繪荷蘭人與黑奴（烏鬼）行走於出島的街道上，其中兩名黑奴正在努力搬運貨物。

Mallebaer，公司的奴隸，因他的粗心大意，上個月二十六日在他的囚房失火，使與他接連的四、五個茅蓋房屋，公司職員的住宅，被大火燒毀。對此，為要驚嚇所有粗心大意的黑人，並作為他們的儆例，要予嚴厲處罰，乃宣判予以烙印，並終生戴鐵鍊工作，隨即執行這宣判。」

■此圖繪製於日本長崎，是五名荷蘭人用餐的畫面（Five Dutch Men having a Meal，荷蘭國立博物館Rijksmuseum，1790～1810年）。其中一張椅子刻有VOC的圖樣，五人也許都是荷蘭東印度公司的人員。餐桌的兩邊，各有黑皮膚的爪哇僕役服侍，一名僕人手捧一大碗的雞蛋，一名僕人正在倒酒。

■荷蘭人奴役的黑奴，包含印度、印尼、緬甸……等地的奴隸，因為皮膚都較為黝黑，漢語會有黑奴、黑人、烏鬼、鬼奴……等等貶稱。此圖擷取自《出島的貿易站》（The Trading Post at Dejima，荷蘭國立博物館Rijksmuseum，1840年）。圖中描繪日本出島街道上赤腳走路的爪哇女僕。

儘管荷蘭在臺灣引進黑奴，但勞動力仍然缺乏，於是當時也招引大量漢人來臺灣開墾，協助進行農耕、經濟發展。例如，當時一位中國漢人銀匠Peecko前來臺灣謀生，不過因為屢次犯下造假事件，試圖謀取暴利，被荷蘭人發現後，荷人判他綁柱之刑，並且將他驅逐出境。

■臺灣廟宇的柱子墀頭，經常會有「憨番扛廟角」的裝飾塑像，所謂的「憨番」，其造型很有可能就是隨著白人來到臺灣的黑膚苦力「烏鬼」。在臺中均安宮墀頭的憨番剪粘造型，虬髯壯漢大眼圓睜，扛起廟簷一角，形象鮮明。

典文

※《重修鳳山縣志・輿地志》——清・王瑛曾

烏鬼埔山：

在縣東北十五里，與橫山綿續。相傳紅毛時，為烏鬼聚居於此，今遺址尚存。樵採者常掘地得瑪瑙珠、奇石諸寶，蓋荷蘭時所埋也。

※《重修臺灣縣志》——清・王必昌

烏鬼井，在鎮北坊，水源極盛，雖旱不竭。烏鬼，番國名，紅毛奴也。其人遍體純黑，入水不沉，走海若平地。先是，紅毛命烏鬼鑿井，砌以蔴茶[134]，亦名蔴茶井。今改甃磚甓。舟人取水，咸取汲焉。

134 林茶：林投，葉緣多莿。

60 金娘仙姑

介紹

在乾隆五十一年（一七八六年），林爽文事件發生，是臺灣歷史上的三大民變之一。

林爽文陣營中，有一位將領莊大田，其子莊天畏患病，莊大田尋求上淡水社[135]的巫覡金娘的幫助。金娘擁有畫符醫病的巫禳法術，於是順利救治莊天畏，也幫助治療營內病人。

眾人驚嘆金娘法術高超，堅信金娘神力，尊稱「仙姑」，莊大田也延請為女軍師。每逢戰事，金娘便手持一把劍，誦咒打鼓，借助鬼神之力為軍隊祈福助威。

因為金娘擁有奇妙法力，神威赫赫，故被林爽文封為「一品柱國夫人」。

但是不久後，金娘被清軍捕獲，認為她是一位「詭托畫符」的女妖，於是將她押送北京，對她嚴審行刑。

《欽定平定臺灣紀略》記錄此事：「番婦金娘，向習畫符治病，林爽文糾之入黨，偽封為女軍師一品夫人。詭稱能以符咒召役神鬼助戰，不受鎗砲；每於賊中鳴鼓持劍，口念咒語，以誑賊眾。」

典文

※《臺案彙錄甲集．附錄：紀莊大田之亂》

五月戊寅（十二日），常青督將士三千人親赴南潭，莊大田聞風先遁。

常青獲番婦金娘、賊目林紅[136]以歸。

金娘，下淡水番婦，習符咒，為人治病。莊錫舍攻鳳山時，請為軍師，臨陣令其誦符咒祈神祐，軍中皆稱曰「仙姑」。

鳳山再破，皆推仙姑之功。

林爽文偽封「一品柱國夫人」。

林紅者，無他技能，與番婦私[137]，每迎敵，隨番婦左右而已。

莊錫舍既投誠，番婦歸大田。會大田遁走，錫舍誘林紅、番婦同行，遂擒之以獻常青，檻[138]送京師伏法。

135 金娘被捕後，口供自稱來自「上淡水社」（現今屏東萬丹），不過其他文獻經常記為「下淡水社」。

136 林紅，鳳山男子，據說與金娘發展出姊弟戀情。

137 私：同居。

138 檻：音ㄐㄧㄢ、，囚車。

61 西拉雅的「向」

介紹

「向」，是西拉雅語的音譯，象徵阿立祖的神威法力，作法術名為「作向」。

不過，「向」的意涵也很多元。例如，「向魂」即是靈魂、鬼魂。作過向的壺中之水，名為「向水」，具有祖靈之力。如果壺體裝了向水，則成為神靈的代表。完成「開向」之後的向水，則能夠祈福保平安。

典文

※《小琉球漫誌》——清．朱仕玠

往時北路老番婦能作法詛咒，謂之「向」。先試樹木立死，解而復蘇，然後用之；否則，恐能向不能解也。不用鎖鑰，無敢行竊，以善向故也。

田園阡陌，數尺插一杙[139]，以繩環之，山豬麋鹿，弗敢入。

漢人初至，誤摘果蓏啖之，唇立腫，求其主解之；輒推託而佯為按視，轉瞬平復如初。

或取石置於地，能令飛走。喝之，則止。

139 杙：音ㄧˋ，小木樁。

62 靈箭奇事

介紹

在臺灣中部，大肚社原住民的長老名為「大眉」，射術極為精湛。據說，每年春天要耕作的時候，族人都會請大眉拿出靈箭。只要大眉的靈箭射過的耕田地區，莊稼就會大豐收，而且野鹿、野豬都不敢去侵害田地。

典文

※《臺灣府志・外志・雜記》——清・高拱乾

靈箭：諸羅縣大肚社番首名大眉者，每歲東作[140]時，眾番請大眉出射，其箭所及之地，稼輒大熟，鹿豕不來損傷。箭所不及者，稼被殘損，罔獲[141]。

140 東作：春耕。

141 罔：沒有。罔獲：沒有收穫。

63 月亮黑影的由來

介紹

猴猴族，臺灣原住民族。他們原本與泰雅族人混居，後來與對方發生嫌隙，才遷移到南方澳地區。此族群的紀錄很稀少，是十分神祕的原住民族。馬偕曾經在一八九二年拜訪過此族，並留下相關的記載。

例如，關於猴猴族的墓葬習俗，他在日記中如此記錄：「以前這族埋葬亡故者的方式是在地上挖洞，亡者坐著，旁邊放著他的器具、菸草和菸斗。當墓穴快要蓋滿時，所有家屬要立刻奔跑回去家中哭泣。」此外，馬偕也記載了猴猴人對於月亮黑影的看法。

典文

※《馬偕日記》——原著：馬偕，翻譯：王榮昌、王鏡玲、何畫瑰、林昌華、陳志榮、劉亞蘭

◆一八九二年五月九日

南方澳人的來源（南風港）：

在南方澳的後山有個原住民村落叫做「猴猴社」。那裡生產橘子、桃子、柚子、柿子、梅子，還有麵包果，他們稱為Pat-chi-lút和Ka-ná，一種可食用的水果。

當地人和生番本來非常友好，直到發生前者在慶典上給後者狗肉的事。大家都知道了這事，並發誓復仇，開始打鬥。

猴猴仔的人必須清出並搬到蘇澳北邊三哩處。在那裏許多人因瘧疾等病而死，然後找到了南方澳的現址，在那建立村落延續至今。

從那時起，已經五十年過去了，他們和生番之間仍沒有進行任何的和解。

現在，那裏有十一戶人家是猴猴村民的後代，其餘則來自噶瑪蘭的其他村落。

關於月亮表面的黑影，所有村民以下面敘述的方式解釋：生番們殺人。（一位六十六歲的老婦A Pí Tu Kit說）一位祖先有個大約六歲的男孩被生番們砍頭，少年是出去放風箏的。他的父母親祈求月亮（Bu-lân）下凡，並取走他們這無頭男孩的衣物等等上去變成英靈等等，讓整個世界都可以看見並知道他們的悲傷。

64 喬治・泰勒的阿美族紀錄

介紹

英國人喬治・泰勒（George Taylor）在一八八二年來到臺灣南岬，擔任南岬燈塔（鵝鑾鼻燈塔）的燈塔員，之後在一八八七年離職。

喬治・泰勒居臺之時，記錄了南部原住民（如阿美族、排灣族）的文化，包含風俗、信仰，以及傳說故事。

他在〈臺灣的原住民族〉文章中，描述阿美族流傳的創世神話，據說阿美人最早的始祖是從竹子內誕生。此外，文章中也提到阿美人的迷信，例如他們認為地震之所以發生，是因為有豬靠在鐵棒搔癢。阿美族也有地底人的傳說，不過詳情如何，喬治・泰勒沒有進一步解釋。

此外，喬治・泰勒也曾見過阿美族女祭師作法的現場，她們會使用珠子、竹片作為法術工具。

地震則是一隻豬，靠在一支插在地上的鐵棒搔癢導致者。

※〈臺灣的原住民族〉（Aborigines of Formosa），《中國評論》（*The China Review*）第十四期（一八八五年至一八八六年）——喬治・泰勒，謝世忠、劉瑞超譯

＊

雖然沒有什麼清楚的創世觀念，但卻有住在地底下人類的傳說，另也有用口語以外方式溝通的人群存在之籠統說法，這是南臺灣關於原始書寫系統唯一的線索。

＊

阿美族女祭師或女巫在占卜上的傑出表現，遠近馳名，她們的巫術工具，包括了不同顏色的珠子或竹片。將它們拋向空中，藉由控制落下的位置，人們判定神靈以此來與女巫進行溝通，女巫再將獲得的資訊，轉告給俗世的探問者。不過，一般只在問題比較輕微時，才採用此法。

對於整個部落都關注的議題，被挑選出的女祭師，就會由頭目陪同，退隱到一處偏僻的洞穴或峭壁邊，產生宏亮回音地點，就是神靈的住所。女祭司在那裡扭動旋轉身體，使自己進入一種恍神狀態，然後昏厥過去，就在此一狀態中，直接與天神交談。

65 喬治・泰勒的排灣族紀錄

介紹

喬治・泰勒居住於恆春半島，除了與阿美族接觸，也與排灣族人進行交流，並且很有可能精通排灣族語言。喬治・泰勒與族人的關係相當友好，甚至被邀請參觀族內女祭師的儀式。

典文

※〈臺灣的原住民族〉，《中國評論》第十四期（一八八五年至一八八六年）

——喬治・泰勒，謝世忠、劉瑞超譯

雖不能因此就指其太過迷信，排灣人對女祭司的確相當的信賴，在各種重要時刻中，都會找她們諮詢。族人對鬼有堅定的信仰，認為鬼即是在特定時間中，處於一種中介狀態的精靈，因此是現世世界與另世世界間適當的媒介。族人對後世的觀念相當模糊。他們認為天堂在北方，而且是一個很棒的獵場，充滿了這個世界裡各種令人愉快的事物。他們所理解的地獄，比較像是一種精靈會所，也不認為在那裡會受到非常嚴厲的懲罰。

該族沒有上帝或偶像，對最高神也無任何明確的概念。他們比較相信命運，咒語不是用來祈禱或祈求的，而是從精靈處，獲得關於未來的預測。女巫或女祭司，對於意義模糊的事，非常在行，這也使她們的神諭總是渾沌不清。他們相當重視預兆，其中又最忌打噴嚏。如果一個排灣人要走二十哩路，即使已走了十九哩，若聽到噴嚏聲，他還是會掉頭回家。這是在戶外，若在屋內，打噴嚏就一點都不算什麼了。他們也有模糊的輪迴信仰，亦即，因輕微罪刑而給予的小懲罰，會使某些靈魂進入特定動物中，並在其中停留一段時間。狗和家禽是精靈的暫時居處。雖然對於販售家禽無顧忌，但他們自己卻不吃此類肉品。豬肉原本也禁止食用，不過，就和許多其他傳統的限制一樣，近幾年與中國人融混的結果，豬肉的禁忌也被打破了。

※〈臺灣的生番女祭司〉（Savage priestesses in Formosa），**《中國評論》第十四期（一八八五年至一八八六年）——喬治．泰勒，謝世忠、劉瑞超譯**

一位住在臺灣最南端的生番[142]頭目最近告訴我，他的么女在某天將被接納成為女祭司。他非常歡迎我參觀儀式。

剛好手上有些業務就在同個方向途中，因此決定利用這個機會去見識生番的奇特魔法。

我常聽聞那些魔法，但到今天為止，即便曾有外人表達興趣，也不易獲得同意在場觀看。

我及時抵達目的地家屋，發現大約已有三百名生番在此聚集等待，直到最老的女巫（或女祭司）認為該進場了，她才會開始扮演儀式的領導者。終於，在一整群老少女巫的圍繞下，儀式主持者抵達會場。

有些年輕的女巫，可能會被生番們認為很美麗，但老女巫大概是我所見過最醜的老太婆。最年長者是位典型的女巫，她超過八十九歲，古怪又衰老，令人感到反感。她的鼻子幾乎碰到下巴，此外，還留有鬍鬚，臉上有痣，眼睛濕爛，不斷咕噥著和自己說話。然而，所有人對她的態度是又敬又怕，甚至發抖。

過了一段時間，部落裡的儀式司祭出現在場中，除了平常腰間的圍裙之外，紅色的鹿皮外套，使他有別於其他人。他對女巫們發表了簡短的談話，並清理了儀式場地。

初始，頭目的一位年輕兒子來找我時，即懷著滿心愉悅裝滿了他所帶的空瓶子和醃肉罐，很明顯地，當下他又帶著同樣的想法而來。這幾天這位青年擔任我的嚮導和保鏢，藉此也可免除一些其原本的工作重擔。他悄悄地走到我身邊說，儀式就要開始了，待會兒即會解釋場上正進行中的事。此刻，所有年輕又美麗的女巫蹲成一排，我們站在居高臨下這一端的位置，仔細地看著儀式的進行。

我注意到每一女孩前面都有一個小籃子，根據嚮導以及我所能看到並辨認出者（因為嚴禁觸摸），籃子裡裝著如下物品：一把刀尖彎成新月狀的小刀、一塊蜂蠟、一些比普通豌豆大的橢圓形紅色石頭（就我所知，可能就是紅寶石）、一些番石榴葉、一段幼童的脊椎骨、一截幼童的小腿骨，最後，還有一大堆看起來又醜又髒不知是什麼的小東西。

經過一段時間後，最年長的女巫發出信號，於是老女巫們開始設法使年輕女孩進入恍神狀態。此一作法彷如專業催眠師，所有的動作和擺弄等等，都以最標準的方式進行。

此時，年輕女巫開始吟唱一種曲子，這首曲子我恐怕無法做適當的描述。然而，對我而言，這是整體表演中，最有趣的一個部分。

我的嚮導告訴我，曲中的歌詞，是神靈傳授給那些女孩的，而且是用未知的言語表達。歌曲聽起來令人感到愉快，雖然有點神祕，但卻非常悅耳。

先是一人接唱另一人的疊句，隨即再繼續合唱。如此的安排，係為呈現出最完美的和聲。這首歌曲是小調，它的合音真的非常優美。

女孩們蹲下，從籃裡拿出一些東西擺在裙子下方，再用雙手交握緊緊抓住小刀，曲子繼續詠唱，手部則不停在膝蓋之間敲打。除了新進女巫外，每名女巫都有八至九個紅色小石頭，年老女祭司們以蜂蠟摩擦這些石頭，再將之擺在各屬主人面前。

整個儀式的目的，是為了向神靈再乞求一些紅色石頭給新的女祭司。在魔法施作期間，石頭會無形地從天空中落下來，代表神靈接受了新女祭司的入門。

萬一沒有獲得石頭，該名女孩就被視為不適合擔任女祭司職務。

在詠唱和催眠進行一段時間之後，女孩開始昏昏欲睡，她們頸部的肌肉似乎也僵硬起來了。老女巫非常機警地使每個人的臉都朝向前方，絕不能讓她們的頭歪向左右邊，旁觀者若看見任何一個失誤，老女巫就會迅速前去修正。

大約在同時，許多年輕女巫開始很痛苦般地發出呻吟，並幾乎全都在流淚，臉上滑下一串串淚滴。老女巫忙著把番石榴葉放進女孩們手中。報導人告訴我，現在是神靈差不多要離開的時候了。

女孩因離別而流淚，甚至請求神靈將自己帶走，但神靈告訴對方路途遙遠，崎嶇危險，不適合人類的腳足行走，所以只能將她們留下來。

女孩一個個進入想像中的恍神狀態，此時，歌曲由年長女巫們精力旺盛地唱著，其中有些歌詞稍不同於前。

老女巫們又開始於年輕女孩身上做一些動作，然後在前面蹲下，伴隨著身體慢慢地搖擺著，曲子也變得有更多的單音出現。突然間，女孩們全都跳起來，擦了擦眼睛，每個人都在自己裙下發現一、兩顆由無形之手放在那裡給新祭司的紅色石頭。所有巫術物品全部放回籃子裡，儀式到此全部結束。

生番徹底地相信紅色石頭是從天上掉下來的，無論多少錢，他們都願意拿出來下注，打賭女祭司可以在任何時間地點，透過無形之手，獲得她的紅色石頭。

我並不想要查驗真偽，因為如果一名女巫失敗了，那些因被欺騙而憤怒的生番們，大概會殺光所有女巫吧！

無論如何，在祭司或女巫的專業工作時刻中，以及在進行狩獵、捕魚、或遠征戰鬥之前的固有信仰，生番們總會去徵詢神靈關於事成與否的指示。就我所知，多數情況下的回應，都非常曖昧模糊，所以，就因術語的模稜兩可，才會留下漏洞讓女巫可以創造出藉口。

族群裡最漂亮的女人，會被選為女祭司，但事實上，做為一名女祭司，日常生活與一般人並沒有什麼不同。她可以結婚，也擁有女性該享有的自由。

頭目為所有參與儀式的生番族人，提供食物和酒，這是傳統的習慣。當女兒被接納為女祭司時，父親必須承擔大夥慶祝的開銷。

戰爭開打前或遠征狩獵前的巫術儀式，會在山區某個隱密地點進行。那裡有回音，外人沒有任何理由可以在場。回音被當作是神靈的聲音，所有傳回音之處都是神聖的，那裡的石頭不可移動，草皮也不能弄壞。

儀式中，若有人傷寒感冒，都可能引起不悅。若有任何人打噴嚏，就得負擔整個儀式的開銷，或者就會被當場殺掉。

儀式開始之前，部落司祭會警告大家不要打噴嚏，並說明處罰的內容。女祭司完事之後，整群人便坐下來吃一頓好料的，有豬肉、米飯、魚、蔬菜和三酒（samshu），這些菜餚皆以中國的碗盛裝，再置於草地上。

接下來，老少們都高興地喝著米酒跳舞。

此時，我離開了處在快活狀態中的族人。他們不僅就像是文明國家中任何一個村民那樣的盡情、單純與和睦，甚至比許多文明村民所能想像到者還要質樸、平和。

※**〈臺灣原住民的民俗傳說〉**（Folklore of aboriginal Formosa），**《民間故事期刊》**（*Folklore Journal*）**第五期（一八八七年）——喬治・泰勒，謝世忠、劉瑞超譯**

一聽見噴嚏聲，無論距離路途終點多近，都要馬上折返，因為「所有的事情裡，就屬噴嚏最不吉祥」。即使在屋內，有人打了噴嚏，其他人就會低聲唸著咒語。就像蘇格蘭高地的老婦人，在擠牛奶之前，會將鉗子放在火中，以示帶有宗教上的熱忱。

左邊聽見某種鳥類的鳴叫聲，代表有致命的不幸發生，聽到的人，必須要折返。白天看見穿山甲（armadillo），僅是不吉利，若觸摸到牠，就會馬上死掉。死亡也與聖珠（pulatsoo）的處理不當有關。

觸摸鄰居的食物（girnel），會導致眼睛發炎，要避免全盲，就得不斷地獻祭。鄰居的穀物，也同樣受到保護。

一個人作了不愉快的夢，就必須整日待在家中，不得出門。

狗在晚上叫吠，就得尋求女祭師協助，否則家中不久會出人命。

公雞在日落啼叫，代表不幸的預兆，必須馬上把雞帶到路口殺掉。母雞晚上咯咯叫，也不吉祥。

如果聽到回音，接著就會出現狂風暴雨。每個人均須安靜地通過高聳峭壁和凹陷的懸崖，因為那裡住著死去頭目的靈魂，且附近地區都是他們的田園，一般不能越界進入。

要小心提防熊、豹及百步蛇（bulong snake。譯按：排灣族稱百步蛇為vulung、bolon、或bulun），「不是有熊撲上路人，差點壓死他嗎？這位受害者摔倒時，熊不斷地摸弄對方身體，若發現還有生命徵兆，就會再咬他。受傷路人幸運回過神後，斷續保持著不動姿態，直到這頭野獸離去」，「豹不是可以用尾巴將牛纏住並弄死牠嗎？」還有，「自從一個文蟀（Bangsuit）的家族煽動神靈，剝奪了百步蛇變成人的法力之後。百步蛇不就成了人類永遠的敵人了嗎？」

喝酒之前，一定要先灑幾滴在地上，以撫慰祖靈。

所有的人都怕鬼，婦女在天黑後，沒有理由大膽出門，而年輕男子卻認為，夜裡單獨走進森林，是在考驗勇氣。

142 生番：喬治．泰勒拜訪的原住民是排灣族，所謂「臺灣生番」（Taiwan savages），應該是指「排灣族的生番」（Paiwan savages）。

義

卷參

日本時代

（西元一八九五年—一九四五年）

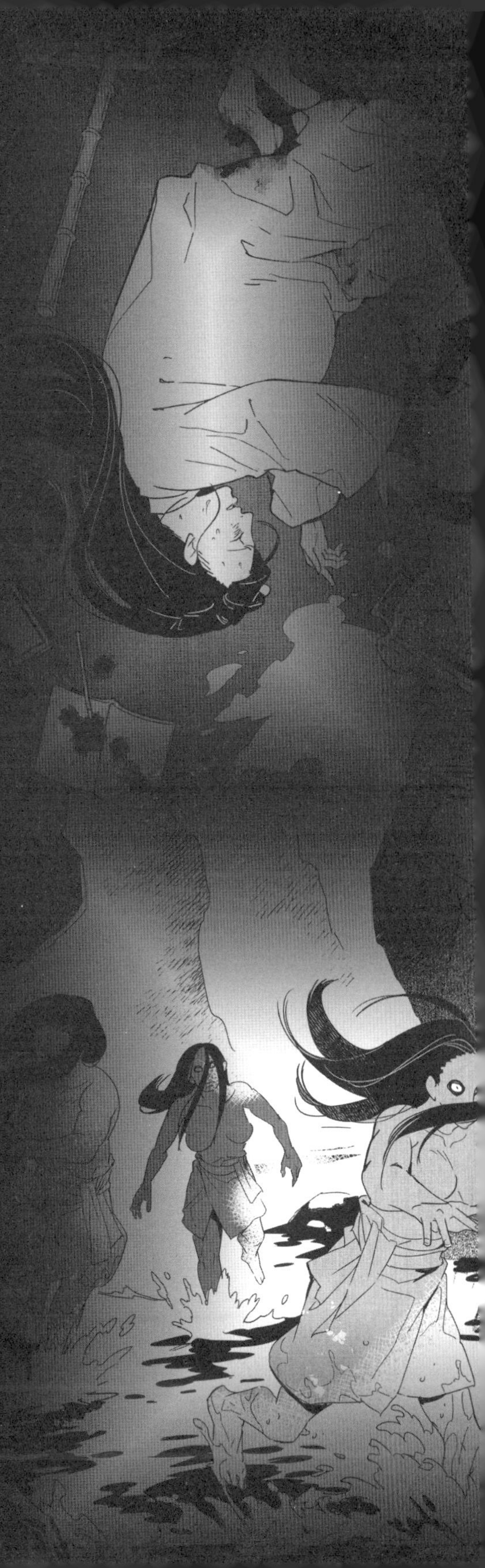

漢人、日本人與西方人誌異

奇人之章

66 奇女子：陳三姐

介紹

中國隋末傳說有一位俠女，名曰「紅拂女」，機智貌美，與李靖、虯髯客並稱為「風塵三俠」。而臺灣島曩昔，也有一位英姿颯爽的奇異女子，任俠仗義，氣宇非凡，門下食客無數。連橫曾以傳奇雋永的筆法，描述這一位隱藏在臺灣歷史中的神祕女子。

據說在十九世紀中葉，嘉義地區有一名奇女子，人稱「陳三姐」，又尊稱為「查某三頭」。她個性豪爽倜儻，每當仕紳名流往來於嘉義，必定會登門拜訪陳三姐的宅第。陳三姐善於交際應酬，揮霍金錢毫無顧忌。因此，陳三姐的家宅裡時常聚集許多雞鳴狗盜之輩，甘願為陳三姐效勞。

倜儻任俠
度曲知音
陳三姐

陳三姐膽識過人，連橫舉一例說明。某夜，陳三姐被歹徒尾隨，她不慌不忙回眸顧視，笑說：「我是三姐，你不認識我嗎？如果缺錢，直接跟我說就好。」並將髮上釵子送給對方。雖然最後歹徒被陳三姐門客綁來，但陳三姐既往不咎，一笑免罪，那名歹徒最終甘心居於陳三姐的門下。

陳三姐一身豪氣，也對音律有所研究。後來，結識琵琶好手張成勳，並與對方共結連理。

在一八六二年，戴潮春起兵叛亂，燹火連天。後來，嘉義城被叛軍包圍，當時陳三姐夫婦也受困城中。不過，叛軍首領名叫嚴辨，以往曾受過陳三姐的恩惠，於是暗中將食物遞送給城中受困的陳三姐。陳三姐收下了嚴辨送來的食物，並且將多餘的飲食，分送給守城的士兵們。

儘管戰亂，陳三姐夫婦最後也順利脫困，保全生命。經歷許多動亂之後，陳三姐夫婦遠遁他方，偕老終生，不知所蹤，因而成就了一篇縹緲特異的傳奇故事。

典文

※《雅堂文集．書陳三姐》——日．連橫

戴潮春之役，嚴辨[143]以數萬之眾攻嘉義[144]，嘉人嬰城守[145]，陷圍三月，糧盡援絕，至食草根，啖豆粕[146]，不足搗龍眼核為粉，煮粥充饑。而城中有一女子若無事者。噫！是何人？則嘉人士所稱為「查某三頭」者也。

女陳姓，稱三姐。臺人謂女曰「查某」，主人曰「頭家」，女行三[147]，故謂之「查某三頭」。性倜儻[148]，任俠。雖居平康，而粧飾若大家豐範。

嘉為衝要之地，游宦士商往來者，多主其家。三姐善酬酢[149]，能得客歡。顧視金錢如無物，揮霍自喜。

群無賴之寄食門下者常數十人，頤指氣使，奉命惟謹。

一日，三姐赴廟觀劇。及晚獨歸，有賊尾[150]之。

三姐回顧笑曰：「若[151]不識汝三姐乎？若[152]無錢，何不言？」出釵與之。

至家，語[153]其事。群無賴大怒曰：「我輩日受三姐恩，未得一報，今乃有人敢驚及三姐，是我輩之恥也，不如死！」一哄而出，未幾[154]捕賊至，反接[155]而跪於地，將創[156]之。

三姐曰：「彼惟[157]不知我，故敢盜。今既來，可免之。」其人叩頭謝，遂居門下。

三姐善度曲[158]，工琵琶。有北港豪商讌[159]其家，未座一少年衣服樸素，言語謹訥[160]，偶取琵琶彈之。三姐聞之，驚曰：「是絕技也！」

請客再彈，為鼓平沙落雁之曲。三姐大說[161]，願受教。客未許。詢之商，蓋其伙伴，張成勳也，泉州人。

商乃謂之曰：「三姐愛琵琶，汝其教之！」客曰：「諾。」

居有頃[162]，三姐忽語客曰：「儂[163]閱人多矣，未有如君之誠者。儂亦久厭風塵，君如不棄微賤，願奉箕帚[164]。」

客愕然曰：「羈旅之人，未能自立，胡敢聞嘉命[165]？苟三姐果欲下嬪[166]，其何以謀溫飽？」

三姐曰：「儂計之熟矣。今儉奩中物，尚值數千金，君以此權子母[167]，亦可無衣食慮。」

三姐復為納資武營，補千總[168]。

已而[169]，潮春[170]舉事，全臺俶擾[171]，諸無賴各糾黨徒，稱股首[172]，際會風雲，乘時起矣。

嚴辨者，劇盜也，曾犯法，三姐解之。至是攻嘉義。聞女在圍中，夜詢城兵曰：「三姐無恙否？」曰：「憊矣。」曰：「何憊？」曰：「城中乏食數日，三姐何能獨全？」辨乃以梁肉[173]置囊中，介[174]城兵密致之[175]。

女受供，有餘則犒城兵，故無患。

三月圍解，總兵林向榮帥師規彰化，駐斗六，成勳從。潮春圍之，援絕。

成勳偶出壁，隔濠一人以手招之曰：「此險地，公胡不去？」成勳曰：「無計可去爾。」其人曰：「今夜遲[176]公於此，公亦好自為。」遂縛竹渡之。

問其名，不答。

視之，則三姐所免之賊也。

越數日，屯番內變，向榮及弁兵[177]盡沒，而成勳與三姐遂偕老焉。

143 嚴辨：戴潮春部屬。
144 嘉義：嘉義縣。當時的嘉義縣與現今不同，當時的範圍包括如今的嘉義市，以及臺南市、雲林縣的一部分。
145 嬰城守：環城固守。
146 豆粕：豆渣。
147 行三：排行第三。

148 倜儻：超凡不群。
149 酬酢：筵席中主客互相敬酒，也泛指交際應酬。
150 尾：尾隨。
151 若：你。
152 若：如果。
153 語：音ㄩˋ，告訴。
154 未幾：不一會兒。
155 反接：將兩手反綁身後。
156 創：傷害。
157 惟：因為。
158 度曲：依照曲調節拍歌唱，或者指製作樂曲。
159 讌：宴請。
160 謹訥：老實，不善談吐。
161 大説：説，音ㄩㄝˋ，大悦。
162 有頃：不久。
163 儂：我。
164 奉箕帚：拿掃帚灑掃，引申為「嫁人」。
165 嘉命：美好的安排，指婚事。
166 下嬪：下嫁。
167 權子母：以資本經營，進行借貸職業。
168 千總：清朝官府發給臺灣義民的職位，以「義民箚付」的證明書，聘用為把總、千總等基層武官職位。
169 已而：不久之後。
170 潮春：戴潮春在一八六二年，起兵叛亂引發戰爭。
171 俶擾：騷亂。
172 稱股首：分階級高低，組織成黨。
173 粱肉：美食佳餚。
174 介：藉由。
175 密致之：祕密給陳三姐。
176 遲：原指歇息，此處是指「安置」。
177 弁兵：基層官兵。

67

黃蘗寺的神僧

介紹

黃蘗寺，傳說原本是陳永華的故居，鄭氏王朝覆滅之後，無人居住，之後修建成寺廟。

臺灣民間傳說，陳永華死後，諸多天地會的義俠隱居於黃蘗寺，托缽為僧，將這間寺廟作為反清復明的根據地。連橫撰寫的文章〈書黃蘗寺僧〉，描述了寺中神僧的故事。

據說在乾隆年間，黃蘗寺不慧禪師，天生有神力，武藝高超，被人們稱為神僧。雖然不慧禪師表面上是僧人，但其實他的真實身分是天地會的抗清義士。之後，不慧禪師的祕密身分被察覺，他感覺事已至此，天命定數，無能為力，便將天地會藏匿的糧草、器械都燒毀，將起義資金都贈給好友蔣元樞，請他善用資金，造福臺灣黎民百姓。隨後，禪師慷慨赴義，被押送到北京，斬首於市。

■在臺灣的反清復明人士，有時會潛遁空門。除了掩飾之外，也因他們不服從清國「剃頭令」，因此乾脆削髮為僧，避免剃髮之辱。此照片是十九世紀末，一名漢人理髮師正在替男子剃髮理容。（荷蘭國立博物館Rijksmuseum，1879～1890年）

典文

※《雅堂文集．書黃蘗寺僧》——日．連橫

黃蘗[178]寺，在臺南鎮北門外。乾隆間，有僧不知何許人，逸其名，居寺中。善技擊，能蹴[179]庭中石，躍去數丈。素與官紳往來，而知府蔣元樞尤莫逆。

一日，元樞奉總督八百里密劄[180]，命拿此僧，不得則罪。潛訪[181]之，知為海盜魁。恐事變，且得禍。乃邀僧至署，盤桓[182]數日。欲言又止。僧知之，曰：「竊公似大有心事者。大丈夫當磊磊落落，披肝見膽，何為效兒女子態？」曰：「不然。事若行，則上人不利，不行，吾又不能了，故踟躕[183]爾。」出劄示之。僧默然良久曰：「不慧與公有前世因，故一見如舊。今願為公死，但勿求吾黨人。不然，竭臺灣之兵恐不足與我抗。」曰：「省憲祇索上人[184]爾，餘無問。」僧曰：「可。」命招其徒至，告曰：「而歸取籍來。」徒率眾肩入署。視之，則兵卒、糧餉、器械、船馬之數，一一付火。元樞大驚。

僧曰：「我祖為鄭氏舊將，數十年來，久謀光復。臺灣雖小，地肥饒可霸。然吾不猝發者，以閩、粵之黨未勁爾。今謀竟外洩，天也！雖然，公莫謂臺灣終無人者！」又曰：「公遇我厚，吾禪房穴金百餘萬，將為他日用，今舉以贈公，公亦好速歸；不然，荊軻、聶政之徒將甘心於公也！」

元樞送至省，大吏訊之，不諱。問其黨，不答。刑之，亦不答。乃斬之。

是日，有數男子往來左右。監刑者慮有變，不敢問。

待決時，一黑衣長髯者努目[185]立。

僧叱曰：「小奴尚不走。吾昨夜諭而速改惡，毋妄動。今如此行跡，欲何為？勿謂吾此時不能殺汝也！」其人忽不見。

事後，大吏問獄吏，何以許人出入？曰：「旦夕未見人。且僧有神勇，桁楊[186]輒斷，幸彼不走爾。」聞者愕然！

178 蘗，音ㄅㄛˋ。
179 蹴：踢。
180 劄：公文。通「札」。
181 潛訪：祕密探查。
182 盤桓：逗留。
183 踟躕：心情猶豫。
184 索上人：索求不慧大師。
185 努目：怒目，眼球突出。
186 桁楊：音ㄏㄤˊ ㄧㄤˊ，古代夾頸項、腳脛的刑具。

68 廖添丁

介紹

廖添丁，出生於大肚上堡秀水庄（現今的臺中市清水鎮秀水里），生於一八八三年，卒於一九〇九年。

廖添丁是日本時代的江湖風雲人物，據說擁有高超武藝，身手矯捷，善於變裝易容，喜愛劫富濟貧。臺灣民間向來認為廖添丁是一名抗日英雄，尊稱他為「義賊」。

根據總督府官方檔案，當時廖添丁犯案地點遍及臺中、臺北……等地區，除了竊取財物、恐嚇取財之外，他也會偷竊警槍、佩劍，甚至搶劫林本源家[187]，行徑非常大膽。在一九〇九年十一月，日警決心逮捕廖添丁，於是串通廖添丁的數名同謀，獲知廖之行蹤。最後廖添丁發現同謀楊林背叛，雙方發生爭執，被楊林以鐵鍬擊死。

根據官方紀錄，廖添丁劫財對象不分貧富，只是一名竊盜犯、殺人犯。但是，廖添丁事蹟經過報紙大篇幅報導之後，臺灣民眾得知日警總是無法將廖添丁繩之以法，於是大眾開始謠傳廖添丁神出鬼沒的本領，甚至認為他是「劫富」的義賊，也是一名專門對抗日本警察的正義之人。

廖添丁神通廣大的能力，並沒有因為他去世而被人遺忘。廖添丁死後，《臺灣日日新報》經常出現有關他的靈異傳說，民眾認為他「生時兇猛，死後必為雄鬼」，於是祭拜其墓，祈禱病癒平安。據說廖添丁鬼魂甚至

義賊廖添丁
劫富助貧行俠義
全島第一有名聲

會幫老婦人討債，現身於欠債人夢裡斥責對方。

目前可考早期的廖添丁小說是廖漢臣撰寫的《臺北城下的義賊廖添丁》（一九五五年），當時也有梁松林編寫的歌仔冊《臺灣義賊新歌廖添丁》（一九五五年），之後電影、電視劇、民謠說唱經常改編其人其事。在一九七〇年代，廣播主持人吳樂天開始在廣播節目中講述廖添丁故事，讓臺灣大眾更加著迷於廖添丁無所不能的義賊傳奇。

典文

※《臺灣日日新報．捕獲兇犯》，一九〇五年三月二十八日

臺中人廖添丁，今年甫弱冠，而犯盜罪已四次。曾在監視中逃走，潛匿於八甲庄七十五番戶陳金英之家。

去年八月廿一日，與枋橋人張富局謀，奪取該地土城庄九十番戶茶商江眄旺之金三千餘圓。翌月廿七日，在大稻埕媽祖宮口為官所見，將逮捕之際，添丁出庖刀一柄，誤中同謀者張富，而黨羽興仁街人徐戇毛亦負重傷，其時張富雖當場被獲，而添丁終獨脫法網，晏然[188]無事。由是以所盜三千餘金，日供嫖蕩，並攜大稻埕歌妓阿乖，高飛臺中一帶。未幾亦為當道所捕，至中途又被脫。

爾來潛伏北投附近，銷聲匿影，幾無知覺者。去年杪見官司漸息，乃稍稍露頭面，復與楊發、曾慶宗諸盜犯，謀偷六館街當店豐源號，及鍾厝街陳玉清等金器數十件，嗣又往南街廣慶記與大龍峒王慶忠諸家，盜竊金器。畢竟天網恢恢，疏而不漏。本月廿四夜，在大龍峒王阿和家中，被警官捕獲，現正在斟酌調查，且其時藏有小銃一枝，及尖利小刀、日本鋸、日本剪刀諸物云。

187 林本源家：或稱板橋林家，臺灣知名大家族，是日治時期臺北的三大富豪家族之一。

188 晏然：安然、平靜。

69 臺灣的巫覡

介紹

連橫在《臺灣通史》書中提及數種臺灣巫覡，雖然他抱持著反對的態度，認為他們「惑世誣民」，不過連橫也對這些巫覡進行簡易的分類與說明。

文章中，連橫描述「王祿」擁有怪異的魔術，能夠「剪紙為人，驅之往來」，乍聽之下非常神奇。連橫在《臺灣語典》則進一步說明「王祿：謂市中賣術者，如命卜之流以術詐人也。」連橫認為「王祿」其實只是「以術詐人」。

王祿，臺灣俗語稱為「王祿仔」，這是走跳江湖的術士、藝人的別稱。在臺灣的

■《民俗臺灣》創刊號（1941年），書中文章〈童乩的研究（上）〉附錄的尪姨（紅姨）照片。

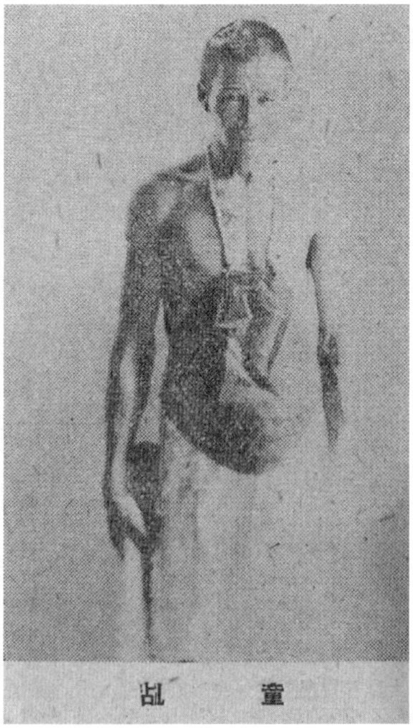

■《民俗臺灣》創刊號（1941年），書中文章〈童乩的研究（上）〉附錄的童乩照片。

「王祿仔」，會在各個庄頭推銷藥品，為了聚集人潮，經常以雜技、力技、口技、魔術、唸歌說唱……等等表演來吸引大眾目光。

有時候，「王祿仔」為了推銷行氣散、傷藥粉等等商品，甚至會讓表演團中的某一人先骨頭脫臼，然後幫他接骨復位，並敷以傷藥，再讓其人表演拳腳功夫，展示藥粉神威。除此之外，「王祿仔」可能習有幻術，能以障眼法進行不可思議的戲法表演。

還有一種臺灣巫覡，稱為「符仔生」，或稱「符仔仙」、「符法師」。他們擅長使用符咒，進行驅邪押煞之術。清國時期與日治時期的文獻紀錄，對於「符仔生」大多抱持負面態度，認為他們能以幻術惑人，進行詐騙行為，甚至能夠傷人致死。

典文

※《臺灣通史．宗教志．道教》——日．連橫

臺灣巫覡凡有數種：

一曰「瞽師」，賣卜為生，所祀之神，為鬼谷子，師弟相承，祕不授人，造蠱壓勝，以售其奸。

二曰「法師」，不人不道，紅帕白裳，禹步[189]作法，口念真言，手持蛇索，沸油於鼎，謂可驅邪。

三曰「紅姨」，是走無常，能攝鬼魂，與人對語，九天玄女，據之以言，出入閨房，刺人隱事。

四曰「乩童」，裸體散髮，距躍曲踴，狀若中風，割舌刺背，鮮血淋漓，神所憑依，創而不痛。

五曰「王祿」，是有魔術，剪紙為人，驅之來往，業兼醫卜，亦能念咒，詛人死病，以遂其生。

※〈臺灣之迷信〉，《臺灣慣習記事》（第二卷第四號），明治三十五年四月二十三日發行

——日．臺灣慣習研究會原著，臺灣省文獻委員會編譯

在臺地僻遠之山庄，常行所謂「邪法」，乃屬魔法之類也。其魔法師，稱「符仔生」，島民懼之如蛇蠍，傳曰：

（一）將燒紙符之灰，混於煙草、茶、檳榔使喫食，忽覺迷罔，顛倒至死。

（二）在紙符上書寫咒詛之文，在他人之屋前或屋後燒化，其家人必罹病，或異死。

（三）用木或草擬製人形，深夜攜至山野縛在樹上，用釘釘之，燒化紙符，則其所針對之人，必死，名為「釘咒」。

（四）用幻術進入人家，其家人不能察覺，又得使其家人魔睡。（於淡水廳志所記，在石碇堡地方有以幻術，姦婦女，掠財者，是此乎？）

（五）燒紙符，投入盛水之器內，瞑目念咒語，雖不步行自能到遠隔之地。

189 禹步：道士作法時的特殊步伐，傳說是夏禹所創。

70 呂祖廟燒金

介紹

臺南流傳諺語「呂祖廟燒金，糕仔忘記拿」、「揹籃仔，假燒金」，這些話的意思是「認為他人表裡不一、言行不一」。不過，這些俗語最早的源頭，其實來自於府城一樁情色奇案。

據說在清國時期，有一名屠夫勾搭人妻，在呂祖廟幽會，後來事跡敗露。因為這件偷情醜聞，讓呂祖廟聲名狼藉，從此荒廢。

關於此事的早期文獻，可見於日治時期的報刊。例如，趙鍾麒（筆名鍊仙）在《三六九小報》第十五號、第十六號發表〈呂廟燒金〉

■明代顧繡《八仙慶壽掛屏》中的呂洞賓畫像。

（一九三〇年），文中描述屠夫與人妻偷情始末。連橫也在《三六九小報》發表的〈雅言〉（一九三二年）敘述女尼暗中將呂祖廟作為冶遊的歡樂場，引誘婦女前來，導致眾人訾議，傳出「呂祖廟燒金，糕仔味記提來」的諺語。官府知情之後，便將女尼逐出，改為「引心書院」。

之後，鄭明（筆名廢人、明）在《臺灣新文學》發表的〈呂祖廟燒金〉（一九三六年），則以白話文小說形式寫此故事，而且結尾更加詳細描述尼姑與屠夫的悲慘結局。這篇小說概略如下：據說臺南有一位陳先生，本來在關帝廟教書，但因為收入不好，受到鄭先生邀請，離城去工作。某日，他的妻子帶女兒到呂祖廟燒香祈福，離廟之後，因為忘記將敬拜菩薩的糕仔拿起來，於是返廟去取。這時，一位來自興化的屠夫恰巧看見婦人，為之傾倒。於是，屠夫賄賂呂祖廟的尼姑啟明，藉由她的牽線，總算能與對方偷情。後來，鄭先生察覺此事，發信請陳先生返回府城。陳先生聽從鄭先生的建議，決定嚴懲惡人。他先讓妻子認罪，再藉由妻子引誘屠夫，趁屠夫不備之時，用刀割掉屠夫的舌頭。然後，陳先生再前往呂祖廟，殺死尼姑啟明，並將舌頭塞在尼姑口中，栽贓屠夫強姦不從，因而殺害尼姑。最後，官府逮捕屠夫，讓其伏法。此後，當地就流傳「呂祖廟燒金，糕仔忘記拿回來」的故事。

戰後，連曉青編著《清代臺灣三大奇案》（一九五五年）將這件故事列為奇案之一。書中，吳劍虹撰寫的〈呂祖廟燒金〉將原先的故事加油添醋，編織成更加戲劇化的小說結構。

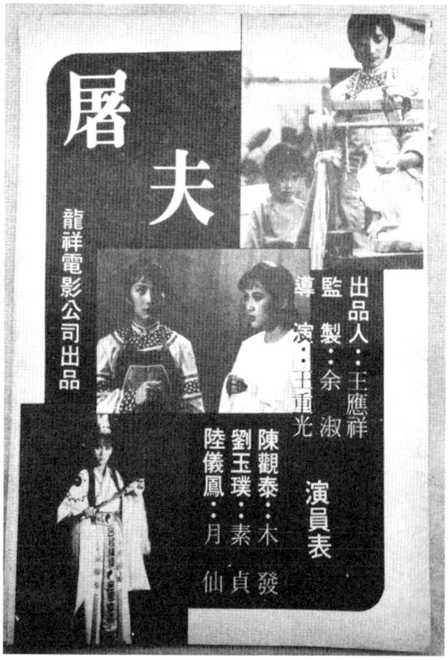

■1984年上映的電影《屠夫》，當時的雜誌刊登的電影介紹。

呂祖廟燒金

揹籃仔
假燒金

這篇小說除了替各個人物安上姓名，也將結尾改編得更加聳動駭人。在一九八四年，曾有電影公司依據這篇故事，改編成電影《屠夫》。

呂祖廟事件，猶如古代的八卦新聞。故事中最重要的呂祖廟地點，位於「柱仔行街」。因為以前此地是貨物集散地，挑夫聚集為「挑仔行」，閩南語音轉寫為「柱仔行」。如今這條街的名字，則改為「府中街」。

據說，呂祖廟有三川門、拜亭、正殿、後殿，規模頗大。到了日治時期，從《臺灣日日新報》可知，呂祖廟直到一九二〇年代仍在運作。不過如今，呂祖廟早已毀廢，廟殿不存，只能在府中街的小巷見到疑似廟殿的樑柱與壁面。

典文

※**《三六九小報（第十五號）・呂廟燒金（一）》，一九三〇年十月二十六日——日・鍊仙**

南城市上，舊傳俗語：「呂祖廟燒金，糕子忘記取回來。」蓋百年前一重公案也。

呂祖廟在城內，前殿奉祀呂純陽仙像，後殿奉祀觀音菩薩，有道姑住持，司香火。婦女參詣燒金者，一時稱盛。道姑為中國人，服道裝，修道教，其實原非善類。

先是有士人某，饒有文名，而家貧落魄，所謀不就。娶婦某氏，姿首美麗，性情柔順，隨夫食貧。

同里有歲貢生某，家營布肆，富有田產，素與士人善。因謂士人曰：「君既家居無事，書塾不豐，予家某鄉田莊，有租館在焉，子為我司其事，酹金我當加豐。」

士人曰：「善則善矣，其如有內顧何？」

某貢生曰：「此何足慮，子為我辦事，我為子顧家，且當設一支金簿，俾其每月，由肆中支取金項，以作家用，我則不時使人省視之，又何慮哉？」

士人喜諾，遂整裝行，以就其任。

不料事生意外，屠者某甲，嘗挑擔貨肉，至士人家求售，久涎婦色。□（闕漏字）知士人不在，作客他鄉，遂日日至，託為買賣，與婦扳談且割肉賒之。

時肉價賤，每斤不過四十銅文，婦力辭不得，請其記挂帳簿，他日計還之。

屠既與婦□（闕漏字）熟，乃謀諸呂祖廟道姑，為之劃計。曰子少待之。

翌日，道姑携簿，託為募化油香也者，逕至婦家，婦少應之，畧與周旋，道姑遂花言巧語，問及家常。

婦因丈夫外出，未免觸起夫婦離別之情，因言丈夫在外，少暇回家，不知安否如何？時常懸念耳。

道姑乘機慫慂曰：「吾廟觀音菩薩，殊為靈感，某求子息，驗應如響，某求疾病，數日痊安，詰旦[190]良辰，娘子何不請卜於菩薩？祈禱庇佑，必有靈驗。」婦惑之。

翌日，果粧飾華服，越顯妖嬌。因令其七八齡女兒守家，蓮步珊珊，獨登寶殿，參拜菩薩。

道姑合十出迎，禮意殷勤，俟其拜罷，導入丈室休憩。虔進香茗，而陰投春葯其中，與之言三語四。小頃屠者忽至，便入室與為酢酧叙話，道姑託故他避。屠者即以言挑動其情，時婦葯性正發，不能自抑，竟為其所亂。

自此芳心一點，益不自持，皆以道姑為牽線，約期幽會於呂祖廟。

婦每出門，輒謂其女曰：「好好守家，娘呂祖廟燒金去，當攜帶糕子歸，與女食也。」

※《三六九小報（第十六號）．呂廟燒金（二）》，一九三〇年十月二十九日——日．鍊仙

婦歸妙手空空，女索糕子，則曰：「糕子忘記取回來也。」此事既發，好事者咸傳為笑柄，曰：「呂祖廟燒金，糕子忘記取回來也。」

婦自私屠者，家計皆賴其支理，心虛自愧，不敢再向布肆支月金。某貢生疑之，遣夥偵[191]其家，則婦不在，詢其女云：「阿娘呂祖廟燒金去。」夥詈盤詰[192]小兒女一五一十，言娘常常去呂祖廟燒金，常常忘記取糕子回來，騙我獨守空家。

夥歸肆，具以情告[193]，某貢生知有異，使人假為隨喜，探得其情，急修信促士人歸，詳告其情。

婦見士人歸，而有恧[194]色，心不自安。

士人乃以言餂[195]之曰：「予觀汝行藏，異於素昔，必有其故。惟汝非能作壞事者，殆為匪人誘陷。汝但直言，決不汝咎也。」婦乃認罪，將前後情事，具實陳述。

士人走訴某貢生，某貢生聞言之下，怒不可遏，謂必重懲創之，方儆後人。

某貢生常出入縣署，與邑令善，即謁邑令，備訴姦情。

邑令隨命快捕。拿道姑及屠者到案，審訊得實，各置之重法。而糕子忘記取回一語，早流傳於城廟內外云。

※《雅言》——日・連橫

祖廟在臺南市內。

前時有尼居之，不守清規，冶遊子弟出入其間。

眾多訾議[196]，遂有「呂祖廟燒金，糕仔昧記提來」之諺。

謂晉香者以此為歡場，樂而忘返也。

事為有司[197]所聞，逐尼出，改為「引心書院」。

190 詰旦：明朝。
191 偵：探聽。
192 盤詰：反覆仔細查問。
193 具以情告：告訴詳細情況。
194 恧：慚愧。
195 餂：探取、套騙。
196 訾議：指責、批評。
197 有司：官員。

71 運河奇案

介紹

在日治時期，臺南安平的新運河（一九二六年完工開通）是有名的殉情之地，許多戀情不順遂的情侶或者藝妓，都會在此處投河自盡。因為自殺事件頻傳，河中有水鬼作崇之傳聞甚囂塵上，所以岸邊曾經設立地藏王菩薩神像，期望能夠鎮邪祈福，制止河中的恐怖水鬼繼續「討交替」。

在臺南運河投水自殺最有名的故事，莫過於名妓金快與情人在河中殉情。金快是一名藝妓，據說是「新町遊廊南華園第一名花」。她與男子吳皆利相知相戀，但是吳皆利卻因為走私獲罪，面臨窮途末路的窘境，導致兩人戀情受阻。在一九二九年五月，兩人決定在安平運河相擁投河。

此後，許多文人歌者對於此事頗有感觸，日治時期就有歌仔戲的改編戲碼，也有歌仔冊描述這樁故事。到了戰後，則有小說、電影從此事取材創作。金快與吳皆利投河的真實事件，在民間傳聞、改編作品中，人們稱為「運河殉情記」，或曰「運河奇案」。

運河奇案
甲君戀愛情意好
甘願同死性命無

典文

※《臺灣日日新報．來自運河底下死靈的招手，駭人的臺南新名勝》，一九三〇年二月八日

……（略）昨年五月，新町遊廓南華園第一名花「金快」，陳氏快（十六歲），與天才走私犯主謀者吳皆利因為悲戀，遂於北國樓後方運河船塢相擁殉情……（略）[198]

※《三六九小報．擬祭臺南運河水鬼文》，一九三一年八月三日——日．濤士[199]

維時辛未[200]夏日，多事老人謹以心香一瓣，墨汁一池，致祭於臺南運河水鬼之靈曰：

嗚呼！爾其鬼耶，爾何事而為水鬼耶？其為無告之窮，終身之苦，遭世人之見棄，受親友之揶揄，憤慨之餘，而效仲連之蹈海者[201]乎？抑或情場失意，恨海無涯，愁雲長壓眉尖，悲火常燒心曲，念在煩腦人家，不如入此清涼世界者乎？若夫[202]失足誤墜，而成千古之恨者，諒亦不無其人也。嗚呼！爾之為水鬼者，吾知之矣，其斯之謂歟。夫鬼之為物，雖無形與聲，而有良能之氣，想爾之為鬼也，必英靈不泯，顯赫江干[203]，視與爾同病者，應為相憐，呵之護之，且暗中而扶助之，俾勿蹈爾故轍，庶可[204]藉此吐爾胸中不平之氣……（略）

※《臺灣日日新報．臺南運河，本島人男女，情死遇救》，一九三三年三月十九日

去十七日，朝三時許。臺南運河船塢，丸一運送店之棧房前，又有男女，互抱投河，企圖情死事。

時雖在暗中，適有市內上鯤身人，林古，行經其地，聞水聲，心知有異，急躍入將其救起。

而新町派出所值差警官，聞訊，亦已趕至，乃將一雙男女，細加盤詰。

據言男係新豐郡關廟庄人，楊榜，年三十七，為臺南關廟間臺車夫。女則當庄醉樂園旗亭娼，陳氏阿理，年二十一。

蓋楊久與女狎，兩情歡恰，約共白頭不得如願，乃相邀情死，以遂所期，然竟得獲救。女因飲水多，舁[205]往共和醫院醫治，將待愈再訊云。

198 譯文出處：柯榮三，〈新聞．小說．歌仔冊——「臺南運河奇案」原始事件及據其改編的通俗文學作品新論〉，《臺灣文學研究學報》第十四期（國立臺灣文學館，二〇一二年四月）。

199 濤士：洪坤益（洪鐵濤）筆名。

200 辛未：昭和六年，西元一九三一年。

201 蹈海者：魯仲連是戰國時候的齊人，他不滿秦王稱帝天下，曾經說：「寧願蹈東海而死，也不做暴秦臣民。」

202 若夫：至於。

203 江干：江邊。

204 庶可：差不多可以。

205 舁：扛抬。

72 基隆七號房慘案

介紹

日治時期，基隆曾發生恐怖的殺妻分屍案件，經過民間傳說的渲染，俗稱「基隆七號房慘案」。

這樁殺妻事件梗概如下：總督府交通局書記吉村恒次郎[206]，娶妻宮氏，但是後來與基隆高砂公園內的飲食店「綠庵」廚房幫傭屋良靜有私情，甚至在一九三三年與她產下一女，因此正妻宮氏非常怨恨屋良靜。到了一九三四年，吉村恒次郎與屋良靜生下的女兒意外死亡，屋良靜怨恨宮氏曾說要殺死其女，於是她慫恿吉村恒次郎殺害其妻。吉村恒次郎無法拒絕，於是和她一起謀殺妻子宮氏，甚至將她分屍，把屍塊放入石油罐中，再搭上基隆港的小船出海，將石油罐拋棄在基隆外海。兩人犯案，本以為神不知鬼不覺，但是後來仍然被警方偵破案件，逮捕兩人，並且在白燈塔附近海底撈起裝屍的石油罐。

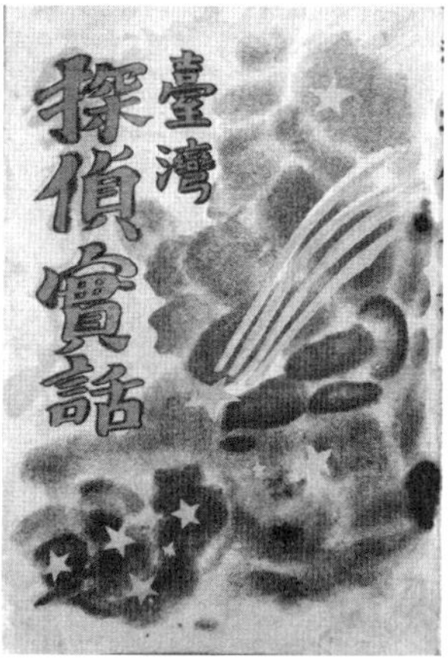

■基隆殺妻案在當時非常轟動，是人們茶餘飯後的熱門話題，也成為偵探類書籍的題材，例如《臺灣探偵實話》（1943年）就在書中詳述此案件經過。

■日治時期，基隆港的照片，出自《日本地理大系：臺灣篇》（1930年）。

基隆殺妻慘案

當時這件殺妻慘案引起社會譁然，報紙詳細說明辦案進度，民眾也爭相進入法庭旁聽案件。之後，吉村殺妻分屍案，經過口耳相傳，增添了冤魂靈異的說法，甚至給予創作者許多靈感。例如臺語片、歌仔冊、電視劇，都曾經以此事作為題材，擁有「鬼片之王」名號的姚鳳磐也據此發想電影《殘燈・幽靈・三更天》[207]。其實，這些改編作品、傳聞故事都與真實案件略有不同，甚至無中生有，直指分屍處（或說棄屍前放置屍體之處）是「七號房」。

典文

※《臺灣日日新報・基隆殺妻案續報，石油罐由旭丸撈起》，一九三四年十一月七日

關於基隆殺妻案，就死體撈起，自五日早，由共同漁業並林兼商店手繰網船二組四隻，及潛水夫二組，向白燈臺下，推定現場，由諏訪署長、東刑事課長、安武水上主任等，指揮之下，專心於撈起。

因潮流關係，不能如意，乃重撈數次，至第五回，於午後六時二十分，共同漁業第十三號旭丸，忽於距白燈臺海洋三哩地點，撈起目的之石油罐一箇。在內之物，似為坐骨膝頭上部。搜查船歡聲驟湧，互祝成功。

至同六時四十分，歸抵水上署前岸壁。入警察署，受磯谷檢察官檢視，而死體搜查，亦依此發現，大體截止。

同事件之證據，已得入手，查究之後，將于近日，移送檢察局基隆署，自得端緒至發見死體，不過四日云。

※《**臺灣日日新報．妾不吐實**》，**一九三四年十一月七日**

殺妻事件之兇手吉畑恒次（按：報導誤字，應為吉村恒次郎），年四十四，屬××官吏，前職為高雄州×××。

雖言其本妻宮亙長歲月罹神經質，為直接原因，然犯人恒次，素性不良，故被退職。

又其妾良靜（按：屋良靜），年三十一，曾流落於市內綠菴、五色食堂貓八等，及珈琲館食堂。對於係官之查問，只答以不知。

又死體遺棄地點，選擇港外波浪較高，搜查困難之處。

現在本人所供單以兇行為動機，即言當夜其妻，神經質再起，持刃劈來，不及制止，因而殺害之。

然據外二三人所言，則云自數年前，恒次即放言欲殺其妻。

※《**臺灣日日新報．素行不修**》，**一九三四年十一月七日**

殺妻犯人吉畑（按：報導誤字，應為吉村恒次郎），原為高雄州巡查，被選拔入臺灣總督府警察官練習所甲科，大正十二年畢業該所。

未幾任官為高雄州警部補。因素行不修，左遷于澎湖廳。未幾辭職轉勤于現在某役所。

其在高雄、澎湖廳之時，亦不齒于同僚間云。

※《臺灣日日新報．基隆市慘殺妻案 在妾所持物件中，發表促吉村有利證據》，一九三四年十一月十二日

既報基隆市殺妻事件，署刑事係由檢察官指揮，繼續蒐集證據。于妾靜子平時所持物品中，發見其裡有小冊子及關色情之書信，為最有力證據。即兇行前，寄與吉村之書信，內容極祕密，據聞似促吉村，速講方法，處置其髮妻。可知殺妻案，乃双方同意云。

※《臺灣日日新報．發見手鋸》，一九三四年十一月十二日

關于基隆市殺妻分屍案，其取調告一段落。就去二十九日夜，犯人吉川（按：報導誤字，應為吉村）及其妾靜子，絞殺宮子當時，所使用之鋸及菜刀等，似棄于海中。迨去十日午後忽于天神町自宅，發見長一尺五寸之手工用鋸，真物與否，非俟鑑定不明，然似有血痕附著物，大體為分屍用鋸無疑，故當局異常雀躍云。

206 吉村恒次郎：生於一八九一年，在一九一五年娶妻宮氏，來臺後任職各地，最後居住於基隆天神町九十七番地，任職總督府交通局書記。後來，吉村恒次郎有了情婦屋良靜，情婦與妻子不合，導致殺人案件發生。

207 根據姚鳳磐之妻劉冠倫的回憶，姚鳳磐電影作品《殘燈．幽靈．三更天》（原名《舊鎖》）的故事靈感，受到當時民間流傳「基隆七號房慘案」藏屍情節的影響。參考自《姚鳳磐的鬼魅世界》（禾田科技，二〇〇五年）。

73 淡水凶宅

介紹

林紓，知名文學家、翻譯家，出生於一八五二年，卒於一九二四年。林紓在一八六七年，曾經跟隨經商的父親來到臺灣淡水（滬尾）。他在臺灣居留兩年多，在一八六九年才回到福州完婚。不過之後，林紓仍然多次赴臺，因此他對於臺灣風土民情十分熟悉，尤其對於淡水蜆子街等地印象深刻，也寫下許多描述臺地風景的文章。

林紓年少時，在蜆子街附近居住的房屋，曾發生怪事。有一天他從天妃廟看戲結束，返家之後，被屋中怪火弄得疑神疑鬼，甚至几案、小櫈都在震動，讓他心內驚惶，甚至拔刃揮舞來壯膽。

不久之後，林紓離臺。後來有人告知他，接下來住進此屋的人，其妻自縊而死。據說前前後後在這棟屋中縊死之人，有五人之多，此事讓他驚悚萬分。

典文

※《畏廬瑣記．凶宅》——清．林紓

余客臺灣時，居近蜆子街，屋高三楹，中為奴子洪福所居，左為先子燕息之所。先子多赴竹塹，不恆歸寓，余則居其右方。

時余方十八歲，夜自天妃廟觀劇歸，室中有火青熒。余謂友人周鼎臣下榻。既而門鎖，門外鑰如故，則大駭。發扃後，室中洞黑無火，心之有異，快快歸寢。漏四下，几案皆動，小欖行地作聲。拊床驚之，聲乃愈厲，若與余抗。即大怒，拔刃起舞，遲明筋力皆倦，遂昏睡。

日高起視，處處皆刀痕，復大笑夜來之妄，自是怪絕。

余是年四月歸，五月有杜姓者遷入，七日其妻縊。尋有人告余，此宅前後縊死五人，歷歷舉其名，聞之悚然[208]。

208悚然：恐懼的樣子。

74 洪鐵濤的怪談

介紹

洪坤益，出生於一八九二年，卒於一九四七年，是臺南知名文士，字鐵濤，號黑潮，筆名刀水、刀、野狐禪室主、霜猿、陶醉、鉛淚……數種，人們大多稱呼他為「洪鐵濤」。

在一九三〇年九月，洪鐵濤與友人們共同創設漢文刊物《三六九小報》。這份報紙是日治時期的漢文、臺灣話文刊物，刊載小說、詩作、評論、歷史文章，不乏詼諧、諷刺之文，因為每逢三、六、九日發行，故有此名。

洪鐵濤除了負責該報編輯工作，也時常撰寫文章，固定專欄「續聊齋」、「睡魔室戲墨」經常包含神鬼、精怪……等等奇異情節，是極具特色的臺灣在地志怪書寫。以下簡述洪鐵濤數篇怪談文章。

一、〈續聊齋：與鬼廝打〉：嘉義某人為了嚇唬無知孩童，決定塗墨披髮，偽裝成鬼怪，但是反而被面色灰敗的真鬼誤認為同伴，被邀請入屋閒聊。最後，真鬼似乎察覺有異，與偽裝成鬼的某人扭打成一團。

二、〈續聊齋：落拓鬼〉：某鬼意外聽聞數鬼談論某處有一箕白銀，某鬼竊喜，先去找尋，哪知道箕中竟然都是螞蟻。某鬼哀嘆之餘，想利用箕內螞蟻來報復某甲，沒有想到，倒進某甲房屋的螞蟻都變成了銀錢，最後某鬼只得兩圓，嘆氣不已。

三、〈續聊齋：手巾〉：住在赤崁樓附近的某甲，某天傍晚前去拜訪某乙，某乙為了沽酒而離家。不久，一名鬼婦突然進入家中，而且遺落一件手巾。某甲心知有異，藏起手巾。後來，鬼婦來到某甲寄居處討取手巾，某甲還回去之後，鬼婦才消失。這名鬼婦很有可能是縊鬼，想要對某乙妻子進行作祟（抓替死鬼），卻被某甲壞事。

四、〈續聊齋：謝八爺〉：某甲嗜愛賭博，散盡金錢之後，決定自縊而死。他原本想要在城樓投繯自盡，卻遇到謝八爺贈送金塊。但某甲貪心，想要得到更多，最後卻得不償失，一無所有。

五、〈續聊齋：甕怪〉：臺南蘇厝有一名農人，名喚鄭茎，掘地時突然挖到一個古甕，本來以為甕中有金銀，但甕中卻是清水，鄭茎氣憤，將甕擊破，清水也流入土中。之後，鄭茎發燒得病，詢問王爺神，鄭茎才知道自己得罪了女婢鬼魂。此甕原來是一名女婢私藏銀錢的地方，後來女婢被虐待而死，鬼魂仍舊守著此甕，沒想到卻被鄭茎擊破。後來，鄭茎為女婢鬼魂供奉神主牌，並且以一子為嗣，才讓鬼魂不再作祟，鄭茎熱疾病痛也痊癒。

■日治時期的赤崁樓，照片來自《日本地理大系：臺灣篇》（1930年）。〈續聊齋：手巾〉故事中的主角，據說住在赤崁樓附近。

六、〈續聊齋：少婦〉：紀茂才曾居住蠔寮港附近，見到一名美貌少婦，但是對方隨後卻變成恐怖臉龐，讓他非常驚嚇。

七、〈續聊齋：醉漢〉：臺南東安坊有一位打棉匠，平時喜愛飲酒，經常酩酊大醉。某夜，醉後返家，經過一條竹弄，遇見肥碩鬼，乘著酒氣頂撞對方，哪知那鬼轉眼消失。後來又有一天酒醉返家，再次經過竹弄，那名肥碩鬼再度現身於弄口。打棉匠向鬼怒罵，鬼卻踢倒他，想要向鬼攻擊，鬼卻抓著竹子高高飛起，想要走

■「打棉匠」的工作，可以參考立石鐵臣繪畫的〈打棉布〉，出自《民俗臺灣》創刊號（1941年）。立石鐵臣曾在萬華目睹彈棉花的工作：「彈棉花的機器非常有意思，用粗皮帶綁起來，像弓似地背在身後，前面吊著一樣像樂器的東西，然後以木槌敲打張開的弦，沙沙的聲音有如樂器一般，棉絮也像吹雪般地飛舞了起來。」

過去，鬼卻又降下來阻擋他。打棉匠不得已，只好另行他道。

八、〈續聊齋：某甲〉：臺南有一位送報人某甲，因為工作緣故，需要在三更半夜走過偏遠陰森之地，但他人高馬大，膽子也大，絲毫不畏懼。某夜，他經過一條小巷弄，遇到一位身體苗條的婦人，一身縞素，滿頭鮮花。某甲認為對方是蕩婦，出聲輕薄，沒想到婦人轉頭過去，卻是七孔流血，長舌吐出，讓某甲嚇得失魂落魄。

九、〈續聊齋：黃金作祟〉：某甲的老宅中，常有怪異老人如鬼魅般現身，讓家人非常害怕，於是某甲另居他處，並將這間屋子租出去。不過，租屋者總是無法居住太久，經常住沒幾個月就離去。有一位住得最久的寡婦，最後也離開。後來，某甲經商失敗，返回老宅，發現屋中迴廊的磚下有一個瓷甕，甕中毫無一物。後來某甲聽聞，原來甕中有許多金錢財寶，被那名寡婦發現之後，捆載而去。

十、〈霜猿夜話：西瓜鬼〉：作者好友講了一個鬼故事，據說他的故鄉有一條陰氣森森的小溪，曾經有一位農夫牽牛回家時，路過此溪，瞥見水裡有兩枚巨大的西瓜。農人以為好運可以獲得遺失的西瓜，想要抱起來帶回去。但沒想到，西瓜竟然脫手而飛，懸掛在樹枝上，化為恐怖的人頭模樣。

十一、〈睡魔室戲墨：癡鬼〉：有一位陳姓農夫，雖然才三十幾歲，卻因為過勞而患病，被妻子送進城裡的大醫院。醫院裡，有一位白衣看護婦，對待病人無微不至。可惜最後陳某病情加重，回天乏術，不幸過世。其妻不願負責，潛逃離去。那名看護婦眼見如此，起了惻隱之心，便替陳某簡單辦理喪事。一年多之後，那名看護婦忽然得了怪病，其家人認為是陳某鬼魂來糾纏。雖不知後續婦人家與陳某鬼魂是否有所協約，不過婦人最後病情逐漸平復。

典文

※《三六九小報（第六十八號）・續聊齋：與鬼廝打[209]》，一九三一年四月二十六日

——日・野狐禪室主

昔一嘉義友，陳姓，忘其名，為言嘉義西門外大溝畔，有一廢宅，地甚寬曠，內有破屋數間，及龍眼樹無數而已。當五六月間，土中有蟲，破土而出，蛻化為蟬，粘附龍眼樹幹。每夜八九點鐘，則有附近兒童，三五成群，各持油燃火把，四處搜尋委蛻之蟬。

有某甲者，性詼諧而好事，為童子無知，敢為此等遊戲，當作惡劇偽鬼以嚇之；乃以墨塗臉，披散頭髮，悄立樹陰，待其至止。

詎[210]無數兒童，悉在對向，窮搜亂索，甲待之久，精神漸覺頹喪，鬱鬱無聊，正欲移步，忽覺身傍有人面色灰敗，甲毛髮一豎，感覺其非人類，即亦強作鎮定。

其人忽低聲問曰：「彼小子殊擾擾，汝在此將胡為者？」

甲不得已，囁嚅[211]對曰：「正為彼小子，欲一祟以求食耳。」其人曰：「渠正向彼方去，枉自立待，盍到吾許[212]一敘乎？」甲無奈諾之，相隨入破屋，每有語，甲惟含糊，約略一答。坐談有頃[213]，其人忽然作色，起欲趨甲，甲急退出，彼即迫前；甲開步疾走，彼亦極力後追，至大溝畔，扭作一團，共相拳擊。適[214]有數人觀劇欲歸，各持打馬火[215]，望見甲獨自一人，兩手開張，左右搏擊，大聲喝曰：「是胡為者！」甲恍然醒悟。問其故，為陳其始末如此，是俗所謂與鬼廝打也。今西門外有鐵道驛，不復如前荒僻已。

※《三六九小報（第七十二號）．續聊齋：落拓鬼[216]》，一九三一年五月九日

——日．野狐禪室主

某鄉一鬼，性貪福薄，頻年落拓，轉世無期。每夜躑躅窮鄉愁城間，無人肯以紙錢麥飯相應酬。鬼日困餓鄉，眼巴巴，腸轆轆，惟有徒喚奈何而已。

一夜，月色微明，偶出行，見數鬼在前閒話，謂某處有白銀一箕，欲往而瓜分之。

鬼聞喜極，遂抄道往，至即見箕內滿貯螞蟻，蠕蠕攢動，嗒然若失；忽憶某甲生前與有隙，擬將螞蟻報之，遂攜往甲家。登其屋上將瓦掀開，以箕向下傾棄之，忽聽下面丁丁咚咚，響如聯珠，恰是銀聲。

鬼駭極，急將箕收起，以手摸之，箕內尚賸兩圓。鬼嘆一口氣道，雖無發財命，差幸尚有兩圓可抵工錢，不然徒為他人造福，就太冤矣。

※《三六九小報（第八十八號）．續聊齋：手巾》，一九三一年七月三日

——日．野狐禪室主

四十年前有某甲者，縣之皂隸[217]也，寄居赤嵌樓邊郭順家。郭亦皂隸，兼營四平戲，號萬盛班。甲一日傍晚，至嵌城後訪友某乙，乙與甲亦同事，甚相得。甲至，乙留其飲，因囑甲稍待，匆匆出門沽酒去。

少焉，甲聞後面烹飪聲與怨恨聲相間，甲心疑乙夫妻，必有反目，故其妻喃喃怨詈[218]也。思欲入內一勸，恐受嫌，姑待乙歸。

無何[219]見一婦人素衣布裙，搖擺而入，面無人色，殊可怕，匆徨向後去，遺一手巾於地。甲知有異，起而拾之，覺味甚腥臭，姑藏於懷，以覘其變。

細審之，聞乙妻似在內室，嬰嬰啜泣。俄頃婦出，目炯炯似有所覓，尋出戶外復返身入，遙向甲立，似聞有聲曰：「手巾還我！手巾還我！」甲置弗聞，不之理。

適乙自外歸，婦始倖倖逕出門去。甲見乙歸，具以實告。乙大驚，急入內視妻，即其妻精神昏昏，淚珠滿面，倦倚床上，乙急為叫醒，竟無事，甲亦不辭而歸。

是夜二更以後，甲將就寢，忽聞門外有婦人聲，恍惚在外呼曰：「手巾還我。」連續數聲，甲不之應。

郭妻聞外有異聲催討手中，不覺毛髮直豎，出問甲，甲搖手示意，並言前事，郭妻更恐，外

面忽高聲曰：「郭順之婦乎！手巾還我！」郭妻大驚，苦勸甲還之，甲無奈乃由門隙送出，聲遂寂然，後亦無他異。

※《三六九小報（第九十一號）．續聊齋：謝八爺》，一九三一年七月十三日——日．野狐禪室主

某甲，性嗜賭，呼蘆喝雉[220]，無時或息，家產田園盡飛入樗蒲[221]隊裡去，猶東挪西借，作背城之戰，至指頭兒告了消乏，妙手空空，無門可告，羞見鄉里，乃欲以一繩了其餘生。一夜，乘月色微明，出覓極樂國。行至小西城樓上，暗思此處清幽高朗，正是樂土，何必別覓，乃解下褲帶，方欲投繯。忽見面前一白衣大漢，雙目炯炯，以手阻之。甲定睛一視，恍惚總趕宮廟內謝八爺一樣，魂靈兒險飛去半天，因想已是將死之人，便亦不懼。

大漢忽開口問曰：「汝覓死何為？可告我？」甲據實以告。大漢嗤之以鼻曰：「無錢便覓死？愚何甚！來來來，我贈汝資。」將甲挾起，飛下城樓，至城下，扳一磚與之，曰：「此金塊也，歸可換錢度日。」言罷，揚長而去。

甲疑信參半，挾其磚緩步歸，天明持付某銀店託其鑒別，果金也。甲貪心陡起，暗想城壁上尚存一半，何不盡為掘歸更妙。遂向昨夜原處尋覓，見一磚形新痕宛然，即將手中金塊提起一和，兩方忽合而為一，仍變為磚，且如漆投膠，任扳不下。甲懊喪欲死，無法而歸。

嗚呼！若甲者，設不貪得無厭，下半世當吃著不盡矣，又何必覓死覓活也。

※《三六九小報（第九十四號）．續聊齋：甕怪》，一九三一年七月二十三日

——日．野狐禪室主

安定里東堡，蘇厝庄[222]，有鄭著者，人尚質朴，日惟耕稼從事。一日，在庄外，鋤掘園地，忽掘得一甕，封閉堅固，以為金銀也，急發之，則清水一甕。鄭恚[223]甚，不信無福消受也，遽以鋤頭擊破其甕，碎之，水流四溢，盡入土中。精神懊喪，彳亍[224]而歸。

至夜，身體發熱如火，鄉村人醫藥弗便，而性又信鬼神，於是奉請王爺，祈禱問病。神竟出示，謂：「有女魂纏繞。」鄭著自信，素不近女色，胡得有事。神曰：「渠欲索汝賠償，言金錢被汝損失，汝試思之。」

鄭著乃憶起日間破甕之事，曰：「雖有古甕，惟清水耳，予一毫無取也。」曰：「汝視之為水，然有福者得之，則渠終身不慮無依也。先是該園為一富人住宅，家有一婢，潛埋一甕，於其圍牆壁下，每得銀錢輒私藏其中積蓄之。主人婦甚酷，婢動輒得咎，受其虐打，不知有何得罪，主人婦竟褫婢衣服，赤條條一絲不挂，乃以蔴布袋囊之，而放貓兒其中，復將袋口紮閉，撻貓使怒，貓兒狂竄無路，而婢亦哀號啼哭，貓驚懼，抓婢遍體鱗傷，以致於死，主人婦亦太殘忍無人道矣。婢一靈不散，廝守此甕，今甕破矣，後望全虛，故相祟。」

鄭著乃令家人祈禱，願為立栗主[225]，且以一子為嗣，并備物致祭，乃許諾焉。越日，如言踐行。祭既畢，鄭著熱退身安，霍然遂愈。

此事至今，蘇厝庄人猶能道之，二十年前之事也。

※《三六九小報（第九十八號）．續聊齋：少婦》，一九三一年八月六日

——日．野狐禪室主

少時，聞紀茂才前輩言，當其居於蠔寮港附近，出入必經一巷。

一夜，月色微明，將歸家，已近三鼓，抵巷時，見一少婦，珊珊由對面來，衣服麗都，滿頭珠翠，類大家妝，面白皙，姿首頗佳，因乘月色，固甚了了。

茂才以平生出入於是，未嘗遇見，怪之，停足俟其過，回眸睨之。忽見少婦散髮突睛，面目可畏，冉冉向牆際而沒，茂才毛髮森豎，失其自由，幾不能步，踉蹌逃歸。至家，氣猶喘息不定。

噫！鬼既先以色相示人，後又復變相嚇人，豈怪茂才之多事耶？抑或警語所謂，紅粉後身，即骷髏也耶！

※《三六九小報（第一百三十六號）．續聊齋：醉漢》，一九三一年十二月十三日

——日．野狐禪室主

醉漢，吾鄉之東安坊人也，談者忘其姓氏，業打棉匠[226]。嗜酒如命，除工作外，所賸光陰，盡銷沉於醉鄉，故近其身者，無時不酒氣薰蒸，中人欲嘔。

一夜，從友人飲，近三更時，始醉歸，東顛西撞，引吭狂歌，至其所居附近一竹弄，將趨而過，醉眼朦朧，見弄內一人，身甚肥碩，蹣跚而來，知有異；然素豪於膽，且乘酒氣，亦不之畏，大喝而進，詎鬼故與之作正面衝突，使顛躓於地，比起，鬼已不見，漢無奈，大罵而歸。

越夜，又飲酩酊，仍從竹弄欲回，至弄口，又見前鬼手攀竹梢橫於路，漢近前痛詈之，鬼即以

足蹋之使踣[227]，漢怒突起，欲報之以拳，鬼即揚竹高起，漢欲過，鬼又抑下阻之；如此者再，漢已弄得滿身是汗，酒亦頓醒，依然不能越雷池一步，不得已由他道歸。從此視為畏途，不敢由彼出入。

然他人雖昏夜往來，則未聞有怪異者，豈鬼以其醉態可憎，故意戲弄之歟。

※《三六九小報（第一百三十七號）．續聊齋：某甲》，一九三一年十二月十六日

——日．野狐禪室主

近三十年前，臺南某報配達人某甲，身長恆輩，人以躿甲呼之，素號壯膽。時某報機械未備，每日出版，多在夜十二時以後。甲則攜一大捆報紙，遍處分配，雖偏陬僻巷，鬼氣陰森之地，橫行直撞，毫不畏避。

一夜，月色微濛，時近四點，內地方言所謂丑滿時候也。甲長足闊步，走到大北城邊，過一小巷，忽見一婦，身體苗條，一身縞素，滿頭鮮花，面向竹籬而立；甲心疑，以為如此深夜，如此少婦，竟然不畏多露，必係蕩婦夜出獵雄，更無容疑。

因迫近其身，悄立背後覘之，良久，乃戲曰：「曷不回過臉兒來。」婦仍靜立不睬不睬。甲料必是為己所觸，羞人答答故作此態也。情不自禁，竟出手扳其肩，曰：「轉來！如斯美貌，且令人鑑賞則個，毋作態也。」

詎婦一轉身，則七孔流血，舌吐數寸。

甲一見大驚，失魂落魄，亡命狂奔，直投本社，咻咻如牛喘，上氣不接下氣，半晌乃吐息出聲，述其所見如此。

※《三六九小報（第兩百二十七號）．續聊齋：黃金作祟》，一九三二年十月十九日

——日．野狐禪室主

某甲，故家子也，居西定坊之四安境附近，巨屋三進，頗覺宏敞，過者羨之，而不知中有可怪者在也。

先是某甲席先人餘業，居住是間，每黃昏後，輒恍惚見一老人跨於牆上，又前進迴廊下，入夜便有陰森之氣，出於其間，家人一夕數驚，遂不敢居，乃遷諸西關外，以營商業，將屋僦於他人。巨料來賃是屋者，不三數月輒辭去，罔有住上半年者，連易數人，皆如是。後有某寡婦來僦居焉，居最久，亦遷去，後遂無人過問，乃閉鎖焉。

甲後經商失敗，不得已作倦鳥之歸巢，仍居是屋，不見妖異。人疑世謂衰時鬼弄人者，豈斯鬼具勢利之心，以窮措大之不足擾歟。

一日，甲偶入前進迴廊，見地上一磚，似經掀動者，疑之，乃將磚掀揭，應手而起，覺下有穴，窮其究竟，忽見露一磁甕，探之，空無一物，後始聞某寡婦來居時，將該迴廊充為廚下，見一磚隆起，欲為填平，無意磚下埋黃白物[228]甚多，始捆載他去。

噫！黃金能作祟，非有福者，不能消受；甲固明明屋主也，顧薄福，且不能一日安居，鬼神之弄人，固如是哉。

※《三六九小報（第兩百八十七號）．霜猿夜話：西瓜鬼》，一九三三年五月九日

——日．刀

時當盛暑，西瓜充斥，蔓牽綠玉，瓤破紅霞。摯友天錦君來訪，為余談西瓜鬼故事，一袪睡魔，而資談助。

君之故里，菁竿排玉，幽篠成林，避暑之好去處也。村之西，數百武，有小溪一，水清而冽。行者徒步而涉，濯足兼濯纓也。知者咸謂溪有祟，時出為行人患，聞者哂焉。溪固清澄如畫，遊魚可數，非惡溪比也。

一夜，月明如晝，有田夫牽犢寧家。至小溪，將搴裳過，瞥見水次，有大西瓜二，巨材也。田夫意為過客遺物，心竊喜，將攫之他去。陡近水次，傴身欲取之，瓜忽脫手若彈丸，飛空去。田夫大驚，舉首四覓[229]。見瓜懸枝梢，化為人頭，向田夫作獰笑，嗣而面目漸慘惡。田夫一驚幾絕，歸家病月餘。至今雖白晝，視小溪為畏途云。

※《三六九小報（第三百二號）．睡魔室戲墨：癡鬼》，一九三三年六月二十九日

——日．霜猿

新豐郡下，有某村，村農陳某，年三十餘，以勞獲病，且殆矣。村遠得醫難，其妻謀入病院就療診，遂摒擋數金，僱薄笨車，載之入城，賴某大醫院，為之收容，已入藥爐茶灶間生涯矣。

院中有白衣少婦，病榻之女神也，噓寒問暖，看護備至。陳某獲此，病體為之少蘇，然數日後，病症遽變，不及投藥而死。其妻固鄉下人，視夫遽歿，期脫責任，遂潛逃而歸。

屍親不來，院中人亦無能為力，少婦見而憐之，出脂粉資壹金有零，為之購置帽履，以飾其終，遂草草殮葬。事過境遷，無有復憶者矣。

距事年餘，少婦忽得狂易病，毀膚裂體，跳踉投擲，日夜號叫。家人大駭，細探之，蓋即陳某魂前來糾纏，誤婦於己為有情，強婦須為置栗主，長奉香火，以續未了緣也。院主固精神醫者，投以藥而不能瘳，及後婦家與魂不知有無協約，婦病漸已復元。

嗟乎！鬼亦認識不足矣。心為情牽，恩將仇報，一旦撒手，已示空空，何有心？何有情？何有恩？何有仇？至死猶未能解脫，雖然鬼亦癡矣。

209 原文無題，根據王雅儀編《洪鐵濤小說集》（臺灣文學館，二〇一八年）書中所擬題目。
210 詎：不料，哪知。
211 囁嚅：吞吞吐吐的樣子。
212 吾許：我處。
213 有頃：不久、一會兒。
214 適：恰巧。
215 打馬火：火把。
216 原文無題，根據王雅儀編《洪鐵濤小說集》（臺灣文學館，二〇一八年）書中所擬題目。
217 皂隸：衙門裡的差役。
218 詈：罵。
219 無何：不久、沒有多久。

220 呼蘆喝雉：「蘆」、「雉」是古代骰子的花色名，此語形容賭博時的呼喊聲，亦指賭博。

221 樗蒲：古代擲賽遊戲，投擲五顆有顏色的木子，進行勝負，類似現今擲骰。

222 蘇厝庄：現今臺南蘇厝。

223 恚：憤怒。

224 彳亍：緩步慢行，時走時停。

225 栗主：栗木製成的神主牌。

226 打棉匠：從事彈棉花的工作，將棉花彈鬆，擺放纖維整齊，增加其保暖度與鬆軟度。

227 踣：跌倒。

228 黃白物：金銀器。

229 覔：通「覓」。

75 鄞山寺的水蛙穴

介紹

鄞山寺，位於新北市淡水區，主祀「定光古佛」的廟宇，是汀州客家人的信仰中心。關於鄞山寺的建立，有一則奇妙的水蛙穴傳說。據說這間寺廟建立在水蛙穴上，蛙不能離水，所以廟地有半月池，也有兩口水井，井口也成為蛙眼。

傳說此寺建成之後，每逢開廟門、敲擊鐘鼓之時，附近的草厝尾就容易發生火災，街頭巷尾雞犬不寧。草厝尾居民認為他們的街庄屬於「蜈蚣穴」（另一說是「蚊子穴」），鄞山寺的水蛙正好剋蜈蚣（或蚊子）。於是草厝尾居民請風水師父來商量對策，打算破壞鄞山寺的水蛙穴風水。

風水師父想到了一個計謀，也就是「釣水蛙」。夜裡，在草厝尾街頭掛起一根釣竿，竿頭點火來釣水蛙。經過這一番行動，釣竿鉤刺住水蛙的眼睛，水蛙因此成了「獨眼蛙」，也讓鄞山寺的其中一口水井的水變濁。

典文

※《臺灣舊慣習俗信仰・關於鄞山寺的風水傳說》——日・鈴木清一郎，翻譯：馮作民

關於前項鄞山寺的建立，流傳有一段很神奇的風水傳說。

原來鄞山寺的所在地，如果由風水傳說觀之，正好位於所謂「水蛙穴」，也就是廟後面的兩口井相當於蛙眼，而廟前半月形水池則相當於蛙口。

在這種地點建廟必然特別靈驗，人民將受到周全的保佑，所以汀州人就計畫在這裏蓋廟。

然而草厝尾街的居民卻認為這條街如果就風水傳說而言，恰好是一條蜈蚣，假如讓水蛙開始活動，草厝尾街就會受到影響而歸於衰弱，因此就對汀州人的建廟計劃提出嚴重抗議。

可是汀州人根本不加理睬而照建不誤。果然後來草厝尾街災禍頻傳，使居民陷於極度不安，於是就去請教風水先生。

風水先生為他們想出一個對策，這就是釣鄞山寺之蛙的方法。

先在草厝尾街高高立一個釣竿，每天夜裏都在竿頭點火作為釣餌，鼓樂齊奏，頻頻唸咒。

結果汀州人大為恐慌，深恐蜈蚣來襲，就通宵警戒，保衛水蛙，可是最後還是被草厝尾街人攻陷，其證據就是鄞山寺靠淡水的井水變成白濁。

如此汀州人更加恐懼，就趕緊舉行盛大祭典，最後總算保住了水蛙的另一隻眼。可是水蛙終於成為病蛙。

就因為如此，據傳爾後該廟的管理人，即使不死也要罹患重病。

76 雞的習俗

介紹

臺灣民俗觀念中，雞具有許多象徵意涵，在一些特殊的民俗儀式中，也需要使用雞隻。日治時期，片岡巖《臺灣風俗誌》曾經列舉數種臺灣人對於雞的「迷信」。

典文

※《臺灣風俗誌．臺灣人對自然現象的觀念及迷信．對動植物的觀念與迷信：雞》

——日．片岡巖，翻譯：陳金田

①臺灣有「斬雞誓咒」的俗語。這是比喻兩方糾紛無法解決時，攜帶活雞一起在宮廟向神表明真心的誓言。假使做虛偽誓言時，甘願受神明懲罰，並如同這隻雞的命運，就把雞首斬斷。這是最嚴重的誓咒方法。

②結婚後，頭一次回娘家「做客」時，娘家都贈一對童雞給新郎新娘帶回家。他們回家後，將童雞放在牀前，據說：雄雞先跑入牀下，頭胎會生男孩子，雌雞先跑進去，即會生女孩子。

③有人將雞腳綁起懸在檐下晒乾。每次宰殺的雞腳都加上去，大約有二百支（一百隻）時，磨成粉末加入菜餚內做佐料。據說吃這種菜餚不會患腳疾。

④人死亡後入殮時，有些地方同時將雞毛放入棺內。據說：因為亡者由陰間到陽間的通行時間，以夜晚至翌晨雞啼時刻為止。所以提醒亡者不要忘記時間，給亡者插在帽上之用。

⑤生前被厭惡的人死亡時，有些人以熟雞蛋，或熟鴨蛋給死者握在手中入殮。這是叫死者蛋孵化時才回來的意思。可是熟蛋是不會孵化的，結局就是叫死者不要再回來。迷信若到這種程度時，反而變成滑稽。

⑥牝雞啼鳴，認為不祥前兆，要即時把牝雞宰掉。俗語有：「雞母能啼都斬頭」就是這個意思。

⑦月亮裡面有一個老翁在舂米，旁邊一隻閹雞在啄零碎的米。

⑧結婚時新人吃雞肉，相信家運會興隆。俗語有：「食雞肉即能起家」就是這個意思。

⑨家裡有兇妻時，夫婿偷偷將雞頭串起插在田邊園角，如此妻子會變成很溫柔體貼。

77 栽花換斗：變更胎兒性別

介紹

所謂「栽花換斗」，就是變更胎兒性別的方法。渴求獲得男胎的婦女，經常求助道士或尪姨來進行這種法術。日治時期，知名文學家西川滿曾經撰寫一篇文章〈栽花換斗〉，此文具有散文詩的美感，描述一名女子真珠懷孕之後，希望自己的孩子是男孩，於是找來瞎眼的算命仙，幫她進行儀式：

「她們讓真珠躺在閨房裏，枕邊放著鮮紅的蓮招花。算命仙在床前搖動著竹籤，提筆畫符、燒著金紙，並行三跪九拜之禮。在這項變更胎兒性別儀式進行的當中，若有不速之客嘻皮笑臉撞進來，花娘們便會很生氣地加以斥責。不久，算命仙將那株蓮招花種在院內，澆以清水，並對真珠說道：『恭喜妳了。妳要注意別讓花枯了。』」[230]

典文

※《臺灣舊慣習俗信仰．生育禮俗》——日．鈴木清一郎，翻譯：馮作民

所謂「栽花換斗」，就是變更胎兒性別的方法。萬一某婦女只生女孩，一直沒有生男孩時，就

栽花換斗
栽蓮招
換男胎

可以當她再懷孕期間，進行這種「栽花換斗」的法術。這種迷信，一般婦女深信不移。

方法先請尪姨或算命瞎子，拿一盆「蓮招花」（即美人蕉，因為蓮招和生鳥音類似，而生鳥〔ㄐ一ㄠˋ〕閩南話的意思是男人的生殖器）到孕婦的寢室，在床前祈禱畫符，並焚燒金銀紙，祈求使孕婦的胎兒變女為男。

作法完了就把蓮招花栽在房後，每天要經常澆水，絕對不能使它枯萎，如此就可以使胎兒變為男性。

不過有時在某種情況之下，也會端著芙蓉花到廟裏去祈禱。方法是在五升桝[231]上栽植有根的芙蓉花，跟作法者一起拿到廟裏去，先供上牲醴香燭，作法者在神前誦經，孕婦站在旁邊焚香和金紙，並三拜九叩祈求變胎。回家以後，繼續在室內祈禱三天，然後把芙蓉花栽在院子裏，就算完成了換胎手續，以前這樣作的人很多。目的在祈求生男兒。

另外還有所謂「換肚」一說，就是當婦女只生女孩而不生男孩，可是公婆卻急著抱孫子時，就在孕婦產後十日內，拿「豬肚」給產婦吃，相信如此以後有希望生男孩。這當然是一種迷信說法，原因是一般人認為，吃豬肚會換肚，是吉祥的象徵，所以才給她吃豬肚（豬胃）。

又有的人認為在生產滿月之後，由丈夫陪著媳婦回娘家，以後就能夠生男孩，這就是臺灣俗諺所說的：「踏青青就能生後生」，意思就是外出散步踏踏青草，就可生男孩（閩南語後生即指男孩子）。

230 此文摘錄自西川滿原著、致良日語工作室編譯的《華麗島顯風錄》（致良出版社，一九九九年）。

231 桝：日文漢字，指用來量液體或稻米的容器。

78 童言無忌

介紹

佐倉孫三在明治二十八年（一八九五年）五月來到臺灣，擔任警保課高等警務掛長、鳳山縣打狗警視，在臺灣執行警務工作時，足跡遍及臺北大稻埕、宜蘭、澎湖、高雄等地區，並以漢文寫作《臺風雜記》，是日治時期有關臺灣風俗的紀錄。

在書中，佐倉孫三記錄了一則奇妙的習俗：臺灣人常將「童言莫忌」四個大字，書寫紙上，貼在房間牆壁上。

佐倉孫三一開始不知道原因，後來詢問之後，才明白用意。

因為孩童所說的話，經常沒道理，甚至會說出忌諱或觸霉頭的話語。有時候女流之輩聽了討厭，心中不舒服，就會將這四個字貼在牆上，提醒自己別介意，也藉此消災解厄。

典文

※《白話圖說臺風雜記：臺日風俗一百年・童言無忌》——日・佐倉孫三，林美容編集

臺人往往書「童言莫忌」之四大字於紙片，貼附於室壁。

余始不知其何理，問之，曰：「孩童所言，固無定理，時或發可忌、可厭語，婦女輩有拘泥其言，痛心臆者；故豫貼附此語，以戒拘泥之癖。」可謂用意之至矣。

79 抓喉肉治病

介紹

佐倉孫三《臺風雜記》書中，記錄一則怪異的「抓肉治病」習俗。據說臺灣人如果腹痛、齒痛，為了減輕症狀，會用力抓搔喉嚨的皮膚，認為此乃治病良法。

典文

※《白話圖說臺風雜記：臺日風俗一百年．抓肉治病》——日．佐倉孫三，林美容編集

臺人發腹疾、齒痛，則抓喉皮[232]為治病妙法。是以男女領下[233]，紫點斑斑然如赤痣。余覩而怪焉。一日，散策街上，聞嗚啞悲痛之聲，就視之，則有一婦右手抓領下，蹙額忍痛而泣。余以為病風者。

既而病歇痛散，始開顏，而領下斑斑，呈紫色。

後日，就土人叩之[234]，即曰：「男女有腹疾、齒痛，則抓皮肉使氣[235]趨於外，則其病必癒矣。」

232 喉皮：喉嚨部位的皮膚。
233 領下：下巴下方。
234 就土人叩之：向當地人叩問。
235 氣：病氣。

80 福虎

介紹

西川滿與池田敏雄合著的《華麗島民話集》，蒐羅了許多有趣的臺灣民間故事，例如〈灶神〉、〈虎姑婆〉、〈狗仙〉、〈蛇酒〉……等等。此書出版於昭和十七年（一九四二年），畫家立石鐵臣進行裝幀、插畫。

書中有一篇文章〈福虎〉，講述一則怪異民譚。據說有一位無賴漢想要學佛，被和尚吩咐要先絕食，然後再去山頂撿柴火。豈料途中遇到一隻大老虎想吃他，無賴漢跟老虎約定先將柴送回廟裡之後，再回返原地，讓老虎吃他。沒想到無賴漢回到原地之後，老虎就載著他昇天了。

戰後，江肖梅編著的《臺灣民間故事》（春集）（一九五五年）收錄了此篇故事，當代版畫家洪福田也根據這篇故事創作版畫繪本《福虎》。

■〈福虎〉的插畫，繪製者是立石鐵臣。

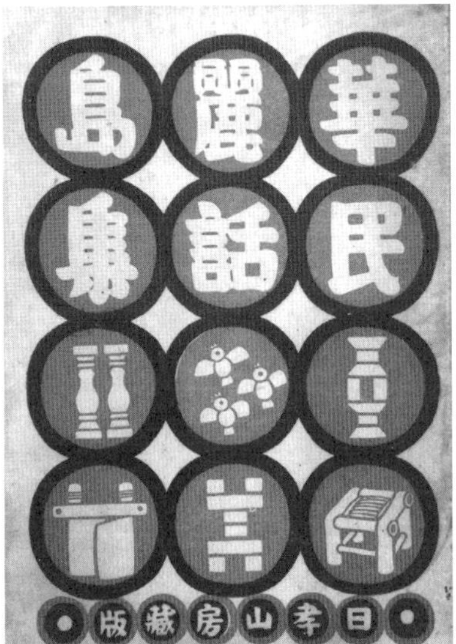

■西川滿、池田敏雄合著《華麗島民話集》，封面由立石鐵臣繪製。

典文

※《華麗島民話集・福虎》——日・編著：西川滿、池田敏雄，編譯：致良日語工室

從前在山腳下有個村莊。村裡有一間小小的廟。廟裡的和尚每天都三餐不繼。在廟的地板下寄居著一個叫福的「老鰻」（流氓）。

有一天，福發願不要再當一個人見人厭的「老鰻」而想成為和尚的弟子。他把這件事告訴和尚，和尚說道：「好啊，那你先絕食七天七夜來修行吧。」福點頭道是，便將自己關進了一間黑漆漆房間。

第八天早上，和尚把福叫出來，對他吩咐道：「村裡沒有火，你去山頂撿些柴火來煮飯。」福雖然早已沒有半點氣力了，但他明白這是要成為一個正當人必要的修行，所以乖乖地出去了。

在半路上，他碰到一隻很大的老虎。福問老虎：「老虎啊，你打算把我吃掉嗎？」老虎點了三次頭。

福別無他法，只得拜託老虎道：「那你等我去山頂撿了柴送回廟裡之後再吃我好嗎？」大老虎又點了三次頭。

於是福火速將柴帶回廟裡，再折回來要讓老虎吃。結果老虎便載著福昇天去了。

81 不會走路的小孩

介紹

西川滿、池田敏雄合寫的《華麗島民話集》，書中有一篇文章〈不會走路的小孩〉，描述一名無法走路的孩童會騎著烏龜到處去玩耍，一人一龜十分要好。某日，烏龜必須遠行，牠臨走之前，向孩童告別，並且贈送神奇的眼淚。孩童將龜淚擦在眼睛上，就可以站起行走，而且還能看清海中的事物。

典文

※《華麗島民話集·不會走路的小孩》——日·編著：西川滿、池田敏雄

編譯：致良日語工室

從前有個小孩，長到五歲、八歲都還不會走路。

有一天，他的父親背著他出外旅行，並在山上找到一間廟，把孩子交由住持代為照料。

不會走路的小孩

住持為了這個孩子，跑到城裡買回一隻大烏龜，這個孩子便每天騎著烏龜到處玩耍。

有一天，烏龜對孩子說：「我今天非得離開這間寺廟，到遙遠的地方去了。我走了之後，請將我眼中所流出的淚水塗在你的眼睛上。」話畢便乘著雲昇上青天去了。

這個孩子將烏龜流下來的淚水接住，塗在自己眼睛上，結果馬上就能走路，而且變得可以自由自在地看到海裡的事物了。

82 芒神與土牛

介紹

昔時，臺灣的春牛祭禮，會在立春前一日祭拜芒神、土牛，立春的時候再行「鞭春」。「芒神」即是春神「勾芒（句芒）」。這個時候，人們會製作芒神的神像，以及用泥土、桑木、柳枝製作土牛。

祭典過程中，文武百官會向芒神與土牛祭拜，典禮完畢之後才將芒神與土牛迎入城中，並且城中孩童會爭相搶奪土牛身上的泥土。

據說，土牛身上的泥土可以讓牛類免除瘟疫災害，而且會讓牲畜生養肥大。

■宮田彌太郎繪製的牛，圖片來自西川滿編《臺灣風土記（合訂本）》（1940年）。

典文

※〈新編歲時節俗〉（鉅鹿赫太郎撰），《臺灣慣習記事》（第一卷上第二號），一九〇一年二月廿日發行——日．臺灣慣習研究會原著，臺灣省文獻委員會編譯

於迎春、立春前一日，各地方長官，迎春於東郊，以重農功。

先於東門外製造芒神與土牛，視歲之干支，以辨芒神、土牛之形色，以迎生氣而卜歲時。

按之芒神之像，長三尺六寸五分，以象三百六十五日。

土牛高四尺，以象四季，長八尺，以象八節。尾長一尺二寸，以象十二月。鞭長二尺四寸，以象二十四象。

牛以桑木為骨，鞭則用柳枝。

是日，長官率其屬僚，各著朝衣朝冠，於黎明赴東門外，吏員先於芒神土牛前設案，陳列香燭果酒，於案前布席，長官以下皆成列，以行一跪三叩頭之禮。

事畢，始迎芒神、土牛入城。

（略）

吉春禮既畢，民間小兒各爭先奪土牛之土而歸，散布於自家牛豚臥棚。

俗信：牛豚之類受此土氣之後可免瘟疫，且必肥大云云。

83 蔭屍：死屍不腐

介紹

當屍體下葬之後，在數年之間，屍身應該腐化，可是卻沒有腐化，臺灣民間就稱為「蔭屍」。

據說蔭屍會自動長指甲、牙齒與頭髮，而且眼球也會呈現奇異的青綠色。

■西川滿編《臺灣繪本》（1943年），川和三良撰寫的〈墳墓與迷信〉文章附錄的墳墓插畫。

典文

※〈如是我聞〉，《臺灣慣習記事》（第二卷第五號），一九〇〇年五月二十三日發行

——日．臺灣慣習研究會原著，臺灣省文獻委員會編譯

到了清明節，依例各處墓地有人拾骨，臺北大加蚋堡之德化厝有死屍，埋葬後已七年，其家族

前往欲行拾骨，不料死屍毫未腐壞，且額上可認出汗漬微點云。土俗傳稱，埋葬後數年，死屍不腐壞，呼為蔭屍，乃地氣所使然，而在此時，取火酒噴在棺中死屍，再行掩埋，明年即化為白骨，新報子評之曰：「蔭及死屍，不納庇蔭家族，其說亦近迂闊。」

84 賣惡夢

介紹

臺灣島自古以來，就有「賣惡夢」的特殊習俗。

傳說如果做了惡夢，可以將惡夢的內容，書寫在紅紙上，或書寫四字「惡夢出賣」，張貼於市井街道。藉由許多人的閱讀，可以沖掉惡夢帶來的邪煞之氣，達到消災解禍的功效。

目前臺南、鹿港地區仍流傳此種民俗祕法。在二〇一五年，新聞媒體曾報導在彰化鹿港老街的電線杆上，貼有一張寫有「惡夢出賣」的紙張。

典文

※〈隨筆〉（采風生撰），《臺灣慣習記事》（第一卷上第二號），一九〇一年二月廿日發行——日．臺灣慣習研究會原著，臺灣省文獻委員會編譯

街頭貼有書寫「惡夢出賣」之紙條，乃欲將前夜之凶夢予以驅除之自我安慰法，「出賣」二字

頗令人尋味。

※〈隨筆〉（采風生撰），《臺灣慣習記事》（第一卷下第七號），一九〇一年七月二十二日發行——日・臺灣慣習研究會原著，臺灣省文獻委員會編譯

惡夢出賣，即賣夢亦有種種款式，在某家外壁所見者如左：

「昨夜夢落齒，今朝必有喜，往來君子讀，盡是解消除。」寫此四句。夢落齒，為臺灣人視為最凶夢，傳為「家族死亡，家財破產之兆」，相信由他人閱讀而可消除其凶兆。

85 停止小孩夜啼

介紹

臺灣昔時舊俗，如果小孩子夜晚睡不著，甚至啼哭不停，可以用黃紙書寫句子：「天玄黃，地玄黃，我家有個夜啼郎。往來君子讀一遍，我兒得睡到天光。」然後將紙貼在街頭巷尾，就能讓小孩一夜安眠。

典文

※〈隨筆〉（采風生撰），《臺灣慣習記事》（第一卷下第七號），一九〇一年七月二十二日發行——日．臺灣慣習研究會原著，臺灣省文獻委員會編譯

臺俗，小孩夜間睡不著而啼哭不停者，用黃紙寫左列五句，貼於行人往來頻繁之處。

「天玄黃，地玄黃，我家有個夜啼郎。往來君子讀一遍，我兒得睡到天光。」

以為眾人有閱讀者，即可去除爾來不睡夜啼之癖。亦可說是一種壓勝。

86 聽香：神奇的占卜術

介紹

西洋有降靈會可以跟鬼神溝通，日本有狐狗狸術占卜吉凶，中國的道士會使用卦爻來預知未來。事實上，臺灣島自古以來也流傳許多占卜術法。其中有一種占卜法術，要在中秋夜（或元宵夜）實施，名為「聽香」，臺語說法是「聽暗卦」。

聽香的起源，應是源自唐朝就存在的「鏡聽」[236]。王建的〈鏡聽詞〉與《聊齋誌異・鏡聽》都有提及此儀式。差別只在於，「鏡聽」需要懷抱鏡子去路上偷聽他人之言。

拜月聽香，主要是盛行於女子之間的占卜，也是閩南地區（如廈門、臺灣）的獨特風俗。實行「聽香」的過程如下：

在中秋夜（或元宵夜），捻三炷香，在神佛之前燒香祈禱，然後說出自己想要藉由「聽暗卦」來預知未來之事，請求法力無邊的神佛給予指引。祈禱之處，不論是自家神壇或者地方宮廟皆可。祈禱結束之後，再將三炷香插在附近牆角地面，觀看香煙飄往何方。煙飄方位，即是接下來要前往的方向（另一種方式，可以擲筊占卜前往何方）。占卜者行進之間，如果偶然聽到他人說話，對方說出第一句話必須記住，就算只是隻字片語也算數。然後再返回神佛之處，擲筊向神佛詢問這句話是否就是上天賜與的「神諭」？若得到一陰一陽的「聖

月夜聽香 以卜休咎

筊」，就代表這句話就是占卜者想要求取的預言。

昔日，臺灣的女孩子實施「聽香」儀式，大多希望了解未來的婚姻是否順心如意。因此，臺灣民間認為，如果人們晚上看到姑娘在路上鬼鬼祟祟，似乎在進行聽香的儀式，就必須話鋒一轉，多說一些好聽的吉祥話，來促成姻緣。因為臺灣人相信，一輩子如果沒有促成一對好姻緣，下輩子投胎就會去「牽豬哥」。

在現代文明觀念中，「聽香」儀式似乎非常荒誕，但是這種聽卜術在臺灣曩昔十分盛行。據說在一八九五年左右，日軍入臺初期，島上兵荒馬亂，有一戶大稻埕的人家不知該不該逃，就依照聽香結果，守在家中。結果逃離的鄰人都未返回，只有他倖免於難。

到了明治三十四年（一九〇一年），《臺灣慣習記事》曾記錄當年一名婦人聽香的過程，可見這個儀式當時仍然盛行。在一九四〇年代，《民俗臺灣》對於這種民俗儀式，也有相關紀錄，不過記錄者陳金川則說這種儀式漸漸衰微。

到了戰後，《民聲日報》報導過聽香習俗，字裡行間卻是以「傳說」的詞彙來稱呼，很有可能這種儀式在當時已經相當式微，民眾不會真的去執行。

典文

※〈臺俗時報〉，《臺灣慣習記事》（第一卷下第十一號），一九〇一年十一月二十三日發行——日．臺灣慣習研究會原著，臺灣省文獻委員會編譯

中秋之夜，有稱婦女「聽香」之故習。則婦女在神前焚香，向神求指示，某人如何某事如何，

將我心中所疑問卜也。神固不能言，乃手攜一炷香，潛到牆頭屋角，偷偷聽人家說話，這時候所聽到的就是神藉他人之口說出來的，婦女則信之。

每年以此為例。

本年中秋城北某婦人，因其夫經商外出，累月未歸，思郎心切，適逢中秋佳節，私自持香門外聽音，時有人說「月出月出」，婦人大喜曰「月出必歸」（按月出者，臺人謂月初旬也）；或有解之曰「出有入無」，現在是屬於無不歸也，婦忽又悲從中來涕淚滿面，信這不應該信的，忽則雀躍而喜忽則涕淚而悲，亦一殊俗也。

※《臺灣通史．風俗志．歲時》——日．連橫

八月十五日，謂之中秋，各祭社公，張燈演戲，與二月初二日同；春祈而秋報也。兒童建塔點燈，陳列古玩。士子遞為讌飲。製月餅，硃書元字，擲四紅奪之，以取秋闈奪元之兆。夜深時，婦女聽香，以卜休咎。

※《臺灣風俗誌．臺灣人對自然現象的觀念及迷信》——日．片岡巖，翻譯：陳金田

八月十五夜及一月十五夜，臺灣有「聽香」的風俗。這是婦女們的行事，事先點三支線香到庄端或街巷角，並將線香隨便插牆壁，或石垣後向月膜拜。然後心內保持肅靜，暗中聽人家說話。偶然聽到的話，如適中心內所祈求的吉慶喜福事時，以後都會萬事如意，如聽到不吉利的話，即會有厄運來臨。曾有聽香應驗而脫離災禍的實例：

割臺當時大稻埕一帶兵荒馬亂，這時有一個人在想，逃離即恐被日寇殺戮，不走又恐怕被亂民襲擊，當進退維谷時想到聽香。即行聽香如儀後，聽到的話就是：「四圍軟軟，中央硬帼帼。」這個人回家後，斷定「四圍軟軟」就是外面不安定，「中央硬帼帼」即是裡面很穩固，就決意不離家。事後逃離的鄰家卻無一人再歸來，唯獨聽香接受神明指示的這位先生得以倖免於難。

這事當然是罕有的僥倖，又可說是一種迷信。至於「四圍軟軟，中央硬帼帼」，即鄰家婦女蒸甜粿時，試甜粿有沒有蒸熟時說的話。

※《民俗臺灣．聽香（臺北市萬華）》[237]——日．陳金川

正月十五以及八月十五夜晚，有一種叫「聽香暗（夜）」的迷信。

我們附近住有一戶人家，做媽媽的大約五十歲，有個二十四歲的女兒，早就央三託四要找對象，談都沒談成，很傷腦筋。

八月十五日夜，做母親的在自家的神壇前，這麼祈求著：首先是點柱香後，說：「呼請土地公來廳頭作主。」然後繼續說：「土地公喲！寶連今年到也二十四歲？不知著何時，此親成正能好勢，今晚要請土地公出一支好香。」然後走到外面去，剛好有四、五個人邊談邊走，走過門前，做母親的就偷偷細聽他們在講什麼。

其中一個人說了「也著明年即能好勢」，做母親的聽了匆匆地跑回家，就在神明前禱告說：「頭先聽見一人在講，在講明年正能好勢，若是這款請土地公出一筶。」然後擲了杯筶。

杯筶是一種用竹子根做的占卜的道具之一種，兩個一組，擲在地上如果一個表面向下，一個裡面向上那就是好筶，表示神明是同意了。若是兩個都是表面向上那是笑筶，那表示神明在笑，就得再擲一次，若是兩個都是裡面向上，那就表示神明不高興。

當時那位做母親的擲的是好筶，因此做母親的很是高興的說：「啊！土地公講著明年正能好勢。」正在等著人家來提親。

據說這種習俗曾經很盛行，但因文化發達，便漸漸衰微了。

※《民俗臺灣．上元考》[238]——日．吳槐

元宵夜獨自一人在神前燒香問卜。

這時，要使兩個竹子或木頭做成新月形的卜具，這種卜具稱為杯筊，簡稱杯，又稱為杯錢。擲杯時，如果一陰一陽，則表示得到神明的認同。

這時問者會順著香煙的方向聽到話語，最後再回到神前擲杯確認所聽到的話是否為答案。

由於是使用香來行事，故稱此為「聽香」。

236 鏡聽：在夜晚來到路口，抱著鏡子偷聽路人的無意之言，藉此占卜吉凶。

237 本文收錄於《民俗臺灣》二卷一號（一九四二年一月五日）。中譯本由林川夫重新編譯，收錄於《民俗臺灣》中譯本第三輯。

238 本文收錄於《民俗臺灣》三卷七號（一九四三年七月二十五日）。中譯本由林川夫重新編譯，收錄於《民俗臺灣》中譯本第七輯。

87 紅毛人偷寶

介紹

據說昔日高雄曾經有許多寶物，例如可以讓井水的水質變好的白魚，以及能夠散發異香的莿蔥。不過這些寶物最後都被紅毛人（西方人）偷走了。

典文

※《民俗臺灣．民俗採訪．紅毛人的傳說》[239]——日．施成

在高雄下鳳山街的近郊有一口水質非常好的井，種茶的人甚至從大老遠的地方到那兒去提水。有一天偶然地看見一隻白色的魚在井中游來游去；想要抓它卻怎麼也抓不到。

有一年來了一個紅毛人帶著糧食就在那兒露宿起來，紅毛人把每天吃剩下的食物分贈給當地的部落人民，部落人民也因此不會那麼排斥他。

過了一段很長的時間，有一天，紅毛人突然不見了，從那之後井裡的水質變壞了，白色的魚也看不到了，部落人民這才知道那條白色的魚是個寶。

*

五十年前，紅毛人停留在鳳山縣附近的部落村莊裡，過著奢侈的生活。紅毛人為了博得部落人民的好感，於是將吃剩下的食物或是物品、金錢贈給他們，但是村人並不了解紅毛人停留在那兒的真正目的。

有一天晚上，紅毛人突然不見了，就在那之後的一個月內，村裡都會飄來一陣陣的香味，後來經過求證才知道，原來村中的一棵樹被人連根拔起。

那棵樹就是喬木，因為在樹幹上面有一根根像石頭嵌入的刺，於是部落的人民又稱它為「莿蔥」。過去喬木都不曾發出香味過，於是也沒人特別珍惜它。但自從喬木被連根拔起而發出異香後，部落人民這才知道它還是一個寶。現在的部落人民都稱它為「莿蔥腳」。

239 本文收錄於《民俗臺灣》三卷四號（一九四三年四月五日）。中譯本由林川夫重新編譯，收錄於《民俗臺灣》中譯本第四輯。

88 島嶼怪事

介紹

臺灣慣習研究會編著的《臺灣慣習記事》，經常記錄許多不可思議的神鬼怪談。例如其中一篇文章〈臺俗瑣聞〉，提及大稻埕怪火飛行、艋舺靈牌起舞……等等怪事，作者認為這些怪談足以作為「妖怪博士」研究之材料。

在這篇文章中提及的「妖怪」，與目前臺灣人普遍認知「妖怪是怪異的生物」的概念略有差異。此文章中的「妖怪」說法，採取了井上円了的妖怪學概念，只要是世界上發生的怪異、奇異、反常現象，都能夠稱為「妖怪」。

典文

※〈臺俗瑣聞〉（李坪生撰），《臺灣慣習記事》（第二卷第十二號），一九〇二年十二月二十三日發行——日．臺灣慣習研究會原著，臺灣省文獻委員會編譯

本島之俗，惑於邪法，陷於迷信，散財祈神，傾產祓鬼等，恒成為巫覡道士之徒玩弄物者頗多，以故以為奇貨，而弄妖術魔法者益多，因此種種人為妖怪談，成為實地問題，屢屢騷擾社會。

遠則明治二十八年（民前十七），臺北大稻埕中北街陳某宅有怪火飛行之事，又去年十一月中港附近某庄亦有類似怪談，其次在本年夏間艋舺新店尾街某人處有靈牌起舞、瓦片飛躍怪事，在滬尾（淡水）亦曾有降瓦礫雨之事。

而在本地人中實際遭遇此種怪事者，以為天意，為自然，而畏之與天災地變無異，其他評之者則曰：「此乃巫覡道士等以邪法弄奇術也。」

無論如何，妖怪博士有一顧之價值也。

89 漁夫占雨

介紹

昔日，臺灣漁夫會以下網的結果來占卜天空是否降雨。據說如果網得黑魚，即是下雨之兆。如果網得紅魚，則會天氣炎熱，天空不降雨。

典文

※〈東西南北〉，《臺灣慣習記事》（第三卷上第二號），一九〇三年二月二十三日發行

——日・臺灣慣習研究會原著，臺灣省文獻委員會編譯

在海岸地方，由漁夫下網以占降雨與否。

即曳網而得黑色之魚時，乃為吉兆，即為通天黑雲將降雨之兆。倘所得為紅色之魚時，即為凶兆，此為炎熱紅煌無雨之兆。

故若得黑色魚，則將神像安置在該地之神廟或民家，待降雨後則以鼓樂繞境。

若得紅色魚，乃抬神轎以歸，只好任天命，別無他策唯有認命而已。

90 縛足咒

介紹

奇能異法，往往玄妙而不可思議。日治時期，人們傳言臨濟宗護國寺的和尚通曉咒縛法術，當時有一位竊盜慣犯偷了和尚的時鐘，一直害怕和尚報復，甚至認為自己中了對方的縛足咒，於是最後到派出所自首。

典文

※〈臺灣人官能精神病之一例〉，《臺灣慣習記事》（第三卷下第八號），一九〇三年八月二十三日發行——日．臺灣慣習研究會原著，臺灣省文獻委員會編譯

臺北大龍峒有王老旺（三十四歲），資性橫惡，曾犯竊盜罪，繫獄期滿被釋放，仍不改惡習。目前進入駐錫龍峒山下臨濟宗護國寺的梅山和尚房中，竊取時鐘，賣至大稻埕。

其後，聽聞和尚碩德高深，尤其是通咒縛之法，每能洞悉別人之祕密，王老旺乃禁不住恐懼，打算遠離臺北，隱藏其行跡。

七月二十日，早起，背著行李，走向三張犁方面。奇怪，雖走了數千步，卻一點也走不出大稻埕街外，走著走著，忽然又繞回舊路。

王老旺認為這是因中了縛足咒所致，故恐懼益深、迷惘愈甚，最後至派出所就捕。

91 神船靠岸

介紹

神船，也就是「王爺船」，這是祭祀王爺的船，在船上的椅子會放置王爺像，由道士誦經後，再將船隻放到海上隨波逐流，或者將其燒毀。

臺灣民間傳說，曩昔荷蘭人曾將靠近岸邊的王船誤認為賊船，加以擊毀，反而受到懲罰，許多荷蘭人接連病死。

王爺船是祭祀王爺的神船，雖然船上空無一人，可是卻能夠自由進出港灣，甚至能夠起錨、下錨。一旦神船抵岸，地方上的人民認為這是吉兆，會舉行盛大的祭典，也會在當地祭祀來自船上的神尊。

除此之外，臺南安平沿海地區也有一種奇特的傳聞，名為「採船」。在林培雅編著的《臺南市故事集（五）》（二〇一三年）書中，當地人士李增南對於此事有所描述[240]。

安平人認為，如果有人突然生病，詢問神明之後，會發現原來此人被「採船」。也就是說，處於無形世界中的王船，如果短缺水手等等工作人員，就會靠岸上陸來抓人上船，希望他們能夠協助王船航行。這些被王船挑選的人，大多從事漁業相關工作，或者體格壯碩，所以王船才會鎖定他們。

如果陽間的人被「採船」，就會命在旦夕，最後很有可能死亡。一旦遇到人們被「採船」的情況，就要趕緊請法力高強的王爺來處理，才能將人從船上搶回來。另外也有一種說法，據說這種會「採船」的王船，非屬正派，應該是邪魔外道之船，想要加害陽世之人。

典文

※〈泉州地區的神船〉，《臺灣慣習記事》（第三卷下第九號），一九〇三年九月二十三日發行——日．臺灣慣習研究會原著，臺灣省文獻委員會編譯

漂抵時的狀況：一九〇三年八月十一日，外埔庄民在海濱修理漁具時，看到接近陸地的海面有隻船體繪有彩飾的船順著南風航向淡水方面，正午時分，突然轉吹北風，致該船逆向而行，庄民乃下水將該船拖上陸地，察看船內有無船員，卻一無船員，乃由外埔庄保正呂坪等四人，向該地警察官吏派出所報告。

船內設備：木船因無載貨故有翻覆之虞，船底裝載石塊，船體中央部甲板上裝置三個、船尾裝置四個神壇，奉祀木像的壇前擺各種供物，並加以釘死，與普通商船的祭祀方法大異其趣。

（略）

神船漂抵之地，將之當作吉事，建立廟宇以奉祀該神像，並且舉行盛大的祭典以納福。

距今三十年前，外埔庄曾有神船漂抵，當時乃新建廟宇加以奉祀，即今之王爺宮。

另外，林培雅編著的《臺南市故事集（六）》（二〇一三年）也有收錄妙壽宮管理委員歐財榮與李河泉講述的採船故事。

迴避
代天巡狩
千歲

神船遊岸

92 牛語的迷信

介紹

昔時，臺灣曾有牛隻說出未來的災厄預言。例如在清國時期，四張犁曾有耕牛預言戴潮春事件。而在日治初期，大稻埕街外某一農家，也有耕牛口出人語，似乎預言當年七月十五日之前會發生大災難。

典文

※〈牛語的迷信〉，《臺灣慣習記事》（第四卷下第九號），一九〇四年九月二十三日發行——日・臺灣慣習研究會原著，臺灣省文獻委員會編譯

相傳，明治元年春[241]，彰化之四張犁庄有耕牛，為人語曰：「免咻有田播無稻收」。是歲，牛語成讖，中路有戴萬生之亂，良民皆失生遇塗炭。

與此迷信逸事，宛如同出一轍之風聞，近來亦傳於臺北。

大稻埕街外之牛車埔庄有一農家之耕牛，忽為人語，曰：「有五月五日，無七月十五日。」

蓋五月相傳為臺灣歷史蒙大難之時，復既有俄艦襲臺的迷信傳說隨之而起，雖此奇禍固未侵及臺灣，亦未有任何反響。

然臺民之迷信之雲猶濃鬱，因而浮言相傳，謂：七月來臨，將真正可見到災殃。亦即其意在於五月之難，雖幸無事而能過五月之節，然七月來臨，則在大難時無法過「普度」。

有人或評謂：「中國人乃迷信祕密之庫，常使百鬼逸出！」或有其理耶？

241明治元年是一八六八年，但根據林豪《東瀛紀事》，四張犁耕牛說話之事，發生於一八六二年，該年發生戴潮春事件。

93 復活奇譚

介紹

在關渡地區，有婦人名為高羅，因為數十年崇敬媽祖天妃，因此受到女神的保佑。據說她曾經蒙受神恩數次，先後從惡漢魔爪、大水災、毒蛇攻擊中逃離。後來她在五十五歲的時候，壽盡氣絕，但沒有想到入棺之後，竟然死而復生。

高羅回憶曾被赤爺、白爺帶領進入陰間，但因為她篤信媽祖，媽祖感念她之誠心，賜她年壽，讓她得以還陽。

■赤白二爺，即是七爺、八爺。因為七爺面色慘白，故稱白爺，八爺臉色赤黑，故稱赤爺。此圖是日治時期兒童文學作家黃鳳姿《七爺八爺》（1940年）的書籍封面。

※《臺灣日日新報．復生奇談》（漢文版），一九〇六年七月十一日

關渡百六十番戶林活，有妻高氏羅，本年五十五歲，及笄[242]時即信仰天上聖母，嫁林而後，三十餘年，未嘗一日缺如。

自云蒙該神之佑，既三次矣。

第一次為二十歲時。將往其廟參香，途遇惡漢兩人，自蔗園突出，抱赴河原，將行淫矣。忽大風吹起，河沙飛揚，兩惡漢眼為之蔽，因是得脫。

第二次為二十年前洪水大作，鄰近皆乘舟逃於高阜，高夫婦以呼船不得，登屋而避。高氏一心祈禱聖母，其後兩鄰盡失，獨高氏夫婦獲全。

第三次為十三年前三月掃墓，途遇毒蛇一，竟不嚙己而嚙背後之人，被嚙者數日後遂死。

以此三者，皆聖母擁護之靈，由是信仰益切。

本年去月下旬，不幸臥病床褥，同月三十日午後七時頃，氣遂絕。

良人集親族準備收殮，且領得埋葬證，訂以翌日午後五時出葬之。

乃是夜忽聞棺中有聲，眾方驚悸，則高氏已自棺中起矣。

見左右多服喪服，始知為死而復生，曰：「異哉！我初見兩神將如赤白二爺。執團扇煽我，我遂眼眩。渺渺茫茫，隨之而往。既而自念我所信仰之聖母能無救我乎？果然聖母驟至。我抱其膝而

哀之，聖母曰：『汝壽本盡，以汝誠心之報，姑假汝數年壽。』即投一黃果於我口。漸聞遠處有喇叭之聲、銅鑼之聲，殊聒人耳，忽覺呼吸甚苦，而身已在此矣。」

眾聞其語，僉謂微聖母之靈不及此，轉相傳播。

近日本島人中聞之，自以信仰聖母，即可死而復生，往其廟參拜者，遂故愈紛紛也。

242 及笄：古代女子年滿十五歲，就會束髮加笄（髮簪），表示成年，因此後世稱女子適婚年齡為「及笄」。

94 磨水鏡作裁判

介紹

磨水鏡，是一種由神進行裁判的方法，先將兩面鏡子面對面相疊，然後中間夾著一張白紙，如果口含清水，朝鏡、紙噴水，犯人的面貌或者線索就會浮現於白紙之上。據說此種法術屬於茅山派異術，傳來臺灣之後，成為許多道士經常施行的法術。

在日治時期，根據《臺灣日日新報》的新聞，當時警方曾經利用這種法術來偵查盜竊案的犯人。

典文

※《臺灣日日新報・探偵可兒》（漢文版），一九〇五年九月十五日

客月三十一日，大稻埕新興街三十九番戶茶商李養錫之家，有銀櫃為盜所破，奪去百九十四圓六十一錢。

以形跡論，其盜者非同居之人，即出入其家之人，斷非他也。

然臺北廳刑事探偵，雖經東偵西探，終莫得其要領。

正苦無從下手，不圖某刑事忽思一計，罪人斯得，竟如探囊取物。

聞其探偵之狀，乃就李養錫所疑之五人，召集於一堂，以磨水鏡之法行之。

蓋其中三人為李家雇人，餘二人皆他人。而探偵亦知他二人為冤，惟注目於三雇人之舉動。

因貼一白紙於鏡，使五人各面鏡而立，作法者喃喃誦咒畢，復盛碗水，使五人各含一口，依次噴向鏡中。

蓋是法為本島人所最迷信，以為噴水之後，其真為盜者，凡肖像及姓氏等，無不活現於鏡中之白紙。

該探偵從傍注視，已密揣盜者只有其中楊粕一人，乃急去其鏡且撤其白紙。而曰吾知之矣。

即欲摶楊粕以去，楊粕大懼，願以二十圓為贈，求該探偵勿暴其事。

該探偵欲深知其詳，佯許之，未幾楊粕果携二十圓來。

該探偵乃調開楊粕，召餘人訊問一切，知餘人無有坐地分贓之事，而楊粕亦知事必不免，復以三十圓贈該探偵，且謂如欲再用，皆無不可。其迂濶亦甚矣。

現楊粕已在警務課候訊，據稱所盜金額原非百九十餘圓，實只百七十四也。其中廿九圓，經製成指輪四環云，故於到案之初，此四指輪及現金百十六圓，當道並為如數收起云。

磨水鏡
誦咒噴水
請神裁判

※〈磨水鏡〉，《臺灣慣習記事》（第五卷第十號），一九〇五年十月十三日發行

——日・臺灣慣習研究會原著

自古以來，在臺灣有施行一種由神來作決定的裁判風氣，其名叫做「磨水鏡」。例如，一個家庭裏面，遺失了金飾品等東西，尤其並無外來盜賊的跡象，認為其盜行者係在同住的家庭內之一群人當中有所嫌疑時，使用「磨水鏡」。

即先將鏡面向上，在其上面敷上一張白紙，再將另一面鏡子向下覆蓋，因此白紙就挾在上下兩面的鏡子中間，在其上面放置盛水的茶碗。

將家中的嫌疑者使其站立四周，一齊唸唱規定的咒語，按照順序交換地將茶碗的水含飲一口，向鏡面吹潑，則犯行者的肖像就會在鏡間的白紙明顯地映出。

95 番肉：漢族食人

介紹

臺灣漢人，昔日會有食用「番肉」（原住民肉）的習俗，而且還有許多料理方法，如「番膏」、「番鞭」、「番下水」等等。

胡傳，胡適的父親，他在一八九一年奉旨調任臺灣，抵臺後就開始進行全島考察。他在埔里地區，發現竟然有人販賣人肉。當地漢人一旦捕殺原住民，就會切取其肉來食用，甚至販賣。

胡傳在一八九二年的日記寫下漢人食用番肉、番膏的紀錄：「埔里所屬有南番，有北番。南番歸化久，出亦不滋事。北番出，則軍民爭殺之，即官欲招撫，民亦不從；蓋恐既撫之後，不能禁其出入，道路為所熟悉，不能復制也。民殺番，即屠而賣其肉，每肉一兩值錢二十文，買者爭先恐後，頃刻而盡；煎熬其骨為膏，謂之『番膏』，價極貴。官示禁，而民亦不從也。」

■臺東鯉魚山上的胡傳雕像。

臺灣漢人相信，食用「番肉」可以強身健體，增加氣魄。除了「番肉」之外，也可以將剩下的骨骸、內臟等物，全部集合放入清水，以中藥材熬煮，熬為「番膏」，作為醫治寒熱疾病的補藥。「番心」可以用來治療心氣病，價值三十文的「番膽」是醫治刀傷、槍傷的特效藥，「番烏腕」則可用來治療腳風。

「生番」的身軀，上下皆有其用，只有大腸、小腸、頭髮無用，因此漢人有俗語說：「殺一名生番，較贏打著幾隻鹿。」

另外民間也有流傳，只要食用原住民的血肉，就可以防範「出草」。因為只要吃了「番人肉」，身上就有「番人味」，而原住民只要聞到這種味道就不會砍人頭。

漢人殺害原住民，並且食用他們骨肉的行為，官府雖然一直禁止，卻是毫無約束效果。

在片岡巖的《臺灣風俗誌》中，曾經記載漢人習慣吃原住民血肉的史實，在《臺灣總督府公文類纂》也有漢人食用番肉的紀錄。

根據楊照陽等人編作的《臺中市民間文學采錄集（四）》（一九九九年）一書，在〈不姓詹〉的篇章中，大茅埔的詹添財先生講述了吃番肉的故事。據說在一九〇八年左右，東勢角詹厝伙房的人與泰雅族發生爭鬥。泰雅族在出草的過程中，殺掉了一位名叫阿福仔的老人。詹厝的人為了報復，假意先與泰雅族人和解，然後等到對方放下戒心，再趁機殺掉十多位泰雅族人，並且將他們的小腿肉割下，煮成「番肉湯」。根據詹添財的口述紀錄，曾經吃過「番肉」的人認為「人肉鹼鹼，未歹吃」（人肉鹹鹹，很好吃），而且煮肉的湯都會冒出許多水泡。

典文

※《馬偕博士回憶錄》（*From Far Formosa: The Island, its People and Missions*）243，

一八九五年——馬偕博士（Mackay, George Leslie）

有數十個人到那裡去，為的是要得到生番部分的肉體來作食物和藥。生番如果是在內陸被殺，通常他的心臟會被拿去吃，身體的肉也被割成一條一條的，骨頭就被煮成膠，保存起來作為治瘧疾的特效藥。

※《臺灣慣習記事》（第五卷第十二號），一九〇五年十二月十三日發行

——日・臺灣慣習研究會原著，臺灣省文獻委員會編譯

住在番界的本島人士，其有不共戴天的仇恨殺死敵人的番人時，有競相吃其肉的風氣。食吃山胞番肉，即不會遭遇山胞殺害而有壓勝的傳說。山胞有砍馘漢人頭，漢人有吃番人的肉，所謂迷信其影響之大，至為恐怖。

※《臺灣風俗誌・有關身體及精神異狀的迷信》——日・片岡巖，翻譯：陳金田

南投廳埔里社以北鄰接番地，住民如殺一個番人時，舉莊的人都來慶祝，將番人首級插上槍尖舉在前面，莊內青年盡出打鑼鼓歡呼遊行。又應他莊邀請去遊行，然後將首級掛起來。有人又將番人屍體寸斷煮熟，然後切片分給每一個人吃，有時亦分給鄰莊。

243 Mackay, George Leslie, *From far Formosa: the island, its people and missions* (New York, 1895).

96 殺女嬰

介紹

臺灣漢人殺嬰的習俗，從大航海時代便有紀錄。

十七世紀，在臺灣居住過的賀伯特（Albrecht Herport），曾經在〈臺灣旅行記〉文章中，說明了漢人的殺嬰習俗：

「中國人只有一個太太，然而同時可以隨便娶幾個姨太太⋯⋯（略）姨太太們生的孩子，不能接受父親的產業，若是男子，則被當作奴隸（長工）。最初的兩個女兒，一生下來就被溺死，或由母親送往別處。第三個女兒，則在家裡養起來，叫她服侍其他的孩子。」

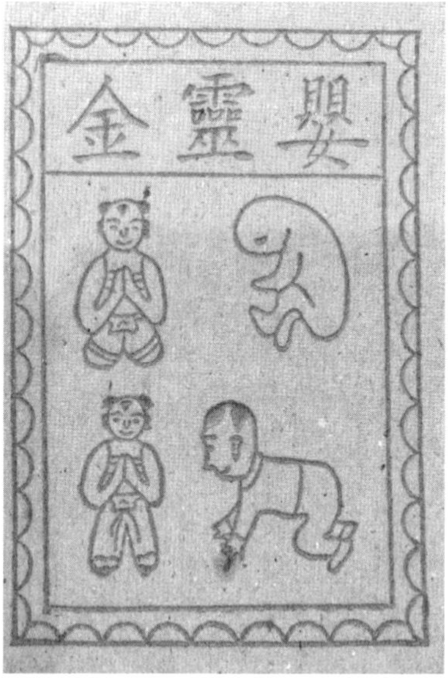

■從一九八〇年代以來，開始有人提倡嬰靈信仰，甚至發展出「嬰靈金」的新型態紙錢，用來超渡未出世、出世不久即死亡的嬰兒靈魂。

澎湖有一座「好善堂」石碑[244]，澎湖廳通判唐世永在清光緒六年（一八八〇年）設立，碑文內容記載八罩澳地方士紳捐錢成立救濟組織，希望能夠保護女嬰、龜鼈、衰老耕牛，也鼓勵敬惜字紙，其文摘錄如下：

「緣人等生長於海濱，民多愚蒙，不知珍重於女嬰；罔識矜憐，山之耕牛、海之龜鼊，亦往往殘害。人等目擊心傷，爰是出首倡捐，共得微資，每年生息以為補救之助。其拾字紙工資每年給錢六千，女嬰每口給錢一千，衰老耕牛每隻每年貼錢二千……」

到了日治時期，臺灣人溺死女嬰之事時有所聞，例如《臺灣慣習記事》就有記錄當時在臺中監獄服刑的婦女，就是因為殺嬰獲罪。

鄭正澈發表在「高雄小故事」[245]的網站文章〈殺女嬰〉，也提到殺嬰之事。據說在日人治臺之前，高雄茄萣地區以漁業為生，討生活不容易，養育孩子也很艱難，所以就有殺女嬰的習俗。其方法會以草蓆包裹女嬰，再擲入海中，或者浸溺於裝滿水的木桶之中。

典文

※〈慣習日記〉，《臺灣慣習記事》（第七卷第六號），一九〇七年六月十三日發行

——日．臺灣慣習研究會原著，臺灣省文獻委員會編譯

一位年輕婦女因犯故意殺人之重罪，在臺中監獄服刑中獲得赦免之特典。

事件之原委，係因迷信的習俗所致，其經過據說如下：

據本島的傳說，若女兒臉朝下生出來，則其母親會夭死；而若嬰兒的脖子被臍帶纏繞著，則該嬰兒將來必定遭遇上吊的命運。職是之故，名叫陳色的新娘初產之際，不幸其嬰兒係脖子被臍帶纏繞著生出。

「啊！不得了！長大後將發生不名譽的不幸，不如現在送他上路。」母親當時這樣想。

於是儘管殘忍，仍決定當場將他壓死，屍體用草蓆包著，丟棄到小河中，將無人知道。

出乎意料之外，嬰兒出生時之哭聲已傳至鄰家，遂被捕而服罪。

244 石碑本來深埋於地，後來經過望安國中曾文明老師等人發掘出土。

245 高雄市立歷史博物館徵集民間故事而設立的網站平臺。

97 關三姑

介紹

關三姑，是一種具有催眠力量的法術，藉由靈媒的引導，讓受術者能夠進入陰府與亡者相會。有時候，這種法術也可以占卜自己的命運，或者探尋生病的原因。

典文

※《民俗臺灣．乩童的研究（中）》246——日．國分直一

B：落嶽府

根據宗教調查報告書，「落地府」又稱為「下地府」，人們認為，人的疾病就是因為鬼（按：靈魂）由身體脫離，迷失在地府內，因此必須下地府去找尋。

道士於正廳內飯桌前，以桃紅色布條捆於自己的額頭上，然後吹著一種用水牛的角做成稱為角

鼓的笛子，誦讀著請神咒，家人就在佛桌前面燒著鼓仔紙，並且上下震動著。

大約經過三十分鐘，神明即降臨乩童，這時道士即唸著一種稱為落嶽探宮科的咒文。此篇咒文是在說明往地獄的途中之狀況，因本島居民對冥府之事頗富興趣，因此很想利用機會，將此文全部翻譯出來。就在道士誦讀探宮科時，乩童就到地府去向閻魔探明詳情，然後帶著指示回來，這時法師就將其指示翻譯成我們所聽得懂的話，不過他們的翻譯都好像已經事先和乩童約定好暗號似的，一說就對了。但是無論如何，原因就這麼察明了。

※《民俗臺灣．關三姑》[247]——日．池田敏雄

關三姑是一種催眠術，即藉由靈媒的引導而進入陰府和亡者相會，有時也可占卜自己的命運或探尋找病的原因。

關三姑的「關」即施行法術之意。傳說中三姑是一個年紀輕輕就去逝（按：世）的女孩。在《臺灣舊慣冠婚葬祭與年中行事》中記載著關於三姑的軼事，內容和艋舺的椅仔姑大同小異，占卜方法也很相似，或許三姑和椅仔姑之原始事件相同也未可知，但是在艋舺地方卻認為這根本是兩回事。

不限男女、年齡，任何人均可去請示關三姑，不過有些人請示後卻無法得到符咒，此時就得求助道行較高之人了。此外也不限定日期，隨時均可舉行儀式。有些人會請尪姨之類的女巫同行，但大多數人都是不熟悉此道者，僅由有經驗者陪伴前往。

擔任請神降臨之工作者稱為棹頭，對於棹頭並不需要給謝禮，只須在儀式結束之後請他吃一些

點心就可以了，但是對於尪姨就一定要付給她謝禮了。

關三姑的種類有探亡親、探花欉、探元神等。巫術之施行方法均同。茲述如下：

受委託的棹頭首先供奉請求李羅車之神像，李羅車就是稱為太子爺或是哪吒太子的神明，有七位童子，聽說一般巫師均信仰此神，認為其能鎮壓邪鬼。

時間幾乎都選在夜間，將屋中燈火熄滅，使屋內黑暗，人數並不限制，請示者均坐於長椅上。大多數人是由親友陪伴抑或結伴而來，桌上準備著放了米的枡、鏡、鋏、尺等物品，請示者首先以金紙擦拭手，也有的是用毛巾矇住眼睛，棹頭此時以火點燃黃古仔紙，並在請示者面前不斷搖晃，並唸唱著咒文，不久後即以尺在桌上敲，並跟著節拍唸咒，如此一來，請示者就被催眠了。

在催眠狀態下雙手握拳不斷地敲膝蓋，有些情形是左右腳不斷地交互動著，棹頭此時仍繼續唸著咒文，並帶領被催眠者入陰府，至此進入陰府階段之過程即稱為「關落陰」，第一階段便告完成。但是有些人無法被施以法術帶至陰府，這時候就將其矇在眼睛上的毛巾拿下，使其退出場外。只要是對此法術心存任何疑惑，就絕對無法被帶至陰府，因此前來請示者以年長女性居多。

接下來是棹頭和被催眠者之間的一問一答，其內容視目的之不同而異，一般最常見的是探亡親，因此將其領至陰府和亡親靈魂會面。他們問答的內容，例如，棹頭問你現在看到了什麼？被催眠者回答看見了廟，若是回答看見了觀世音菩薩，棹頭就會說趕快行禮，這時被催眠者就將頭低下表示行禮，及至見到自己想見的亡魂時，被催眠者就會以微微上揚的聲音哭了出來，然後告訴他自他去逝（按：世）後家中的情形，並且向其詢問陰府中之生活狀況，例如問他現在在陰府之職業，亡魂回答現在在賣葯等等。聽說在陰府的生活環境和人世間相去不遠。

若是罹患疾病的時候就要舉行探元神的儀式。元神就是人的正氣，臺灣人認為，人的肉體生活在世上，而元神卻存活於陰間，因此經由關落陰就可以見到元神。通常由病人自行前來，如果是小孩子的話也可以由父母代理。此項儀式是以十二支為基準，辰歲生則屬龍、卯歲生則屬兔，而這些龍、兔之類的動物則會出現，此外在陰間會出現十二碗菜餚及凳子、桌子等物，依這些器物之狀態即可查出病因為何，這些原因均事先說定，例如碗若是髒了，即表示有眼疾等等。

而由關落陰來占卜命運，就稱為探花欉或探樹欉。據說在陰府中女的元神是花卉，男的元神是樹，因而得名。所以探花欉是使用於女性，而探樹欉則使用於男性。

現在以女性為例，若在陰府內的花已有花蕾，即表示此女已懷孕，若花朵綻放綺麗繁多，則表示將產出數子，花有紅花及白花，如果將生二女則紅花開二朵，如果將生三男則白花開三朵，另外若是曾經流產，則花蕾之一會掉落。若是花樹上有蜘蛛結網或被蟲食，則表示此女之命運非常不幸，這時候就必須直接向陰府的花公求救，請其代為掃除、種植。

請尪姨結伴關三姑是比較特殊的例子，通常若請尪姨同行則由尪姨代為探亡親，探亡親一般稱為牽亡，牽亡即是由關落陰將亡魂帶來，尪姨不必透過旁人幫忙即自己和亡魂溝通，並和委託之家人談話。在此種情況之下，尪姨施行巫術的形式正如曾景來先生所著《臺灣宗教與迷信陋習》所提到的，首先是以裁縫針穿白線，一端繫著牌位，一端繫著自己的頭髮，如此做的理由是亡魂出來的時間有限，隨著時間之流逝，亡魂會慢慢向尪姨移動，尪姨即由此控制說話之時間，最後亡魂會向尪姨拜託，請求直接和家人談話，此時家人即可透過尪姨和亡魂談話，通常家人多是滿面淚水的詢問亡魂生活之種種。

尪姨在牽亡之先一面念咒，一面將亡魂入殮時之服裝、姓名、年齡等向亡魂之家人請教，有時她也會自己判斷亡魂的姓名，而不須向家人詢問，這是因為尪姨在事前已派人調查過委託人的家庭狀況，或者是在施行巫術之時，由周圍群眾的言語中發現亡魂的姓名，但不管如何，尪姨總是表現出一副神力高超之架式。

其實尪姨只是善於模仿他人說話，或者迎合他人的語氣，順著其話尾而說話而已。也就是尪姨很會揣測說話者之意思而加以回答，遇到無法判斷的情況，即以自己之意見說些合適的話，因此民間都將虛言者或說話者稱之為尪姨。

隨著人民生活水準的提高，巫術也漸漸消逝，現在僅有少數人仍信仰此道，特別是尪姨之存在早已被遺忘了。

※《民俗臺灣．民俗採訪．關三姑》[248]——日．余富貴子

本島人相信，人死之後將會前去陰府（又稱陰間），陰府分成極樂和地獄，統由玉皇大帝掌管，其下派有十二殿閻羅王，負責治理地獄。閻羅王負責裁定來到地獄的亡魂生前之罪過，亡魂必須從第一殿開始走過各殿來到第十二殿，而且在每殿各受不同的刑罰。包公是第三殿的閻羅王，因祂十分仁慈，所以常常幫助亡魂再生，不過由於再生的亡靈越變越多，玉皇大帝只好將包公調至第八殿，而一般來到第八殿的亡魂，屍體早已腐壞，因此包公也無法幫助他們再生了。

喪家若想再瞧瞧死者的模樣，或想再跟死者說說話，就必須做關三姑才能如願。

從前有位尼姑名叫三姑，是位有德之人，因做了許多善事，死後得以昇天。在那裡的人們都向

三姑乞求指引到陰府和亡魂見面的通道。

關三姑既然是個尼姑，應該是女流之輩，但就我所見，亦有男性反串關三姑者。施法術者稱為棹頭，他先用包袱巾或浴巾蓋在被施法者頭上，令他在長椅上坐下，然後唸動咒語向三姑求願，坐著的人則突然從椅子上起來開始擺手弄足亂跳一通，咒語唸得越快，其人跳得也越快，如此就能渡過三途河，穿越山嶺，找到自己所欲探視的亡魂。然後三姑開始和舞者一問一答，當叫到欲訪亡魂的名字時，舞者說聲「是了」，即表示已找到此亡魂的意思。

接著三姑開始詢問一些有關死者的事。舞者都能代替亡魂作答。又，當家族中有人被叫到名字時，此人必須立刻出列，向著祭壇禱告和做禮拜才行。

有人不相信關三姑，但有人卻非常相信，此外，在和亡魂談話時放聲哭泣的人亦不在少數。

在做關三姑時，必須準備牲禮及酒肉，想來這似乎有些矛盾，按尼姑皆為素食者，所以供奉時應該盡量避免酒肉葷腥才是，但或許這是裝扮關三姑者自己想吃的東西吧！

246 本文收錄於《民俗臺灣》一卷二號（一九四一年八月十日）。中譯本由林川夫重新編譯，收錄於《民俗臺灣》中譯本第一輯。

247 本文收錄於《民俗臺灣》一卷三號（一九四一年九月二十日）。中譯本由林川夫重新編譯，收錄於《民俗臺灣》中譯本第一輯。

248 本文收錄於《民俗臺灣》四卷十號（一九四四年十月一日）。中譯本由林川夫重新編譯，收錄於《民俗臺灣》中譯本第五輯。

98 士林的傳說

介紹

曹永和，生於一九二〇年，卒於二〇一四年，是臺灣著名的歷史學家，為了進行臺灣歷史的研究，而精通英語、日語、法語、西班牙語、古荷蘭語……等語言，對於臺灣十七世紀歷史的研究極深，曾參與《熱蘭遮城日誌》的編注校譯工作。他提出的「臺灣島史觀」以國際視野來定位臺灣歷史，影響後世甚鉅。

曹永和出生於臺北士林，對於當地掌故、文史傳說非常熟悉。他在一九四一年十二月發

■《民俗臺灣》的「士林特輯號」的雜誌封面。

■芝山巖照片，出自《日本地理大系：臺灣篇》（1930年）。

行的《民俗臺灣》雜誌的「士林特輯號」中，發表了四篇有關士林的介紹文章，包含〈士林的古碑〉、〈士林的傳說〉、〈士林寺廟誌〉、〈士林聽書〉這些文章。

士林の傳說

曹永和

士林に傳はる傳說口碑は、怪談をも入れて數へれば相當の數にのぼると思はれるが、採訪の時間がさうなかつた關係上、次に代表的なものだけを數篇揭げて見る事にした。

お讀みになれば直ぐ御氣付きの事と思ふが、士林の傳說の特色は、何んと云つても芝山巖を中心に、分類械鬪にまつはるも

■曹永和撰寫的〈士林的傳說〉篇章頁局部。

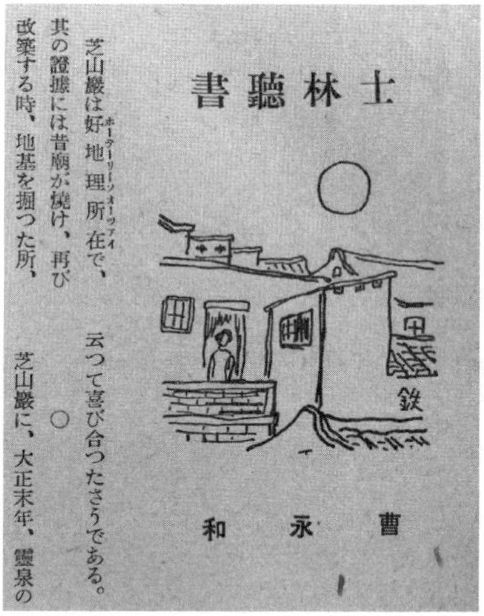
士林聽書

曹永和

芝山巖は好地理（ホーテーリーソオーツファイ）所在で、

其の證據には昔廟が燒け、再び改築する時、地基を掘つた所、

云つて喜び合つたさうである。

○

芝山巖に、大正末年、靈泉の

■曹永和撰寫的〈士林聽書〉篇章頁局部。

典文

※《民俗臺灣・士林的傳說》[249]——日・曹永和

士林地方的傳說以芝山巖為中心，也有很多是圍繞在分類械鬥的話題上，由此可知芝山巖在八芝蘭人的生活是佔有多麼重要的地位，事實上芝山巖是八芝蘭人的象徵，雙方有密切的關係。當地住著先人的魂魄，染著先人的血跡，八芝蘭的芝山巖也是文人街，為文人騷客聚會之地，此外芝山

巖山頭上留著六氏先生[250]的血，非常悲壯，此處所堆積的芝山巖精神是悲壯而崇高的。

一、石馬：

芝山巖山道入口側的田圃中，有個圓形直方體，從對角線切開，有一塊好像載著其中半塊的岩石，此即為石馬。

聽說此為開漳聖王的御馬，當八芝蘭的漳州人和艋舺的泉州人不合時，開漳聖王即顯靈，騎著此石馬，立於漳州人（八芝蘭街是漳州人的街市）的頭陣，打敗了艋舺人，此後艋舺人商討政策，利用一人夜宿石屋，夜間潛入八芝蘭，以刀刺進石馬的側腹，石馬即不支死亡，此後開漳聖王即不再乘石馬，與泉州人作戰時也不見開漳聖王現身了。聽說事實上今日的石馬腹側確實有一排洞，也有紅紅的傷痕。

此外也傳說，石馬是聖王公的御馬，但卻常在夜間偷食田園的作物，農民一氣之下就在石馬的腹部開個洞，這就是石馬立於田圃中之原因，此後農作物也不再荒蕪了。

二、仙腳跡：

芝山岩裡向著石角，下東勢方向的山麓及田圃中有數個岩石。其中之一據傳為保護幼兒的發育，因此被當做石頭公尊奉著，這些石頭上有如人的足跡般凹凸不平的痕跡，傳說此即為仙人的足跡。

因為此地昔日風景相當優美、閑靜，因此仙人常常到此地來，某日有一個女人來到此地，似乎在哭泣著，原來是她的小孩死了，這個女人在此哭個不停，仙人不堪其擾，因此就不再來了。

三、和尚橋：

到芝山巖的舊路就是今日的舊街之處，但此處今已不存在，只留存和尚橋。

傳說從前芝山巖住有一位和尚，這位和尚是泉州人。有一天乩童受了聖王的指示，稱此和尚為艋舺之內奸，一定要將其除掉，且人人都同意了，於是和尚只好趕緊逃命去，但還是逃不過乩童的掌握，最後於這座橋上被殺死，從此以後大家就稱這座橋為和尚橋。

也有一種說法是，和尚並非被追到橋上才發現殺死，而是被抓到橋上殺死的，因為傳說芝山巖為靈地，故不可於此處殺人。

四、濁水流：

芝山巖往石角的路旁有一條小川，水非常混濁，這是發源於下東勢的蕃仔井，上游卻非常澄清。

只有此處混濁的原因是，以前和艋舺人械鬥之時，漳州人均得地利之便，以芝山巖為根據地，艋舺人遂想出一計，假裝求和，表示：「你們以五人為一組，後髮一起結起來為標誌，由城門（芝山岩有個城門）出來投降，就不會有生命危險。」漳州人聽了這番話後即討論不休，當晚聖王公即告知：「絕不可以出去，否則一定會被殺。」但一些不聽告誡的人，均五人一組，後髮打結由城門出來，果然即刻被埋伏的艋舺人殺死了。

他們的血也因此混濁了芝山巖的小川，此即濁水溪的由來。

五、金鴨母：

往芝山巖之途中必須經過一座小橋，旁有小圳，此水亦長年混濁，聽說即是因為金鴨母於水中嬉戲之故，所以水終年不清。

六、敗地理：

從前芝山巖每逢初一、十五即有高掛天燈的習慣，一掛天燈就表示艋舺必發生火災，這是因芝山巖為外地理之所在，屬於靈地之故，而艋舺即請來地理師觀看如何去「敗地理」。

芝山巖有個大墓公，此為當年漳泉械鬥中犧牲者八芝蘭人的墓塚，此墓前急急傾斜，有一個人即對參拜者說，將此處切開後祭拜的地方就會廣擴了，之後大眾即將此傾斜處鏟平，但是鏟平之後蝙蝠數卻顯著地減少了，芝山岩也不如昔日之盛況。本來芝山巖為蝙蝠聚集之福地，而建議鏟平者不用說就是艋舺人所請來的地理師。

249 本文收錄於《民俗臺灣》一卷六號（一九四一年十二月五日）。中譯本由林川夫重新編譯，收錄於《民俗臺灣》中譯本第一輯。

250 六氏先生：在一八九六年，六位日籍老師在芝山巖被抗日人士殺害。

99 冥婚：娶神主牌

介紹

冥婚，民間俗稱「娶神主牌」，也就是「人鬼聯婚」，是一種流傳在臺灣民間的奇異民俗。

臺灣民間習俗，如果女孩子未婚則去世，其神主牌不能與祖先的牌位共祀。因為死亡的未嫁女性無法奉祀於祠堂，容易成為孤魂野鬼，所以其家人會希望幫女魂找尋夫家，讓孤單無依的女魂能夠有所歸宿。

會答應與女鬼締結婚姻關係的男子，會有數種情況。例如，男子被算命師父算出具有「雙妻命」，於是要以冥婚的方式來化解宿命。或者，男子的女友、未婚妻因為意外而死亡，於是雙方舉行冥婚。極少見的狀況則是，男子意外殺死某位未婚的年輕女子，雙方家庭協議以冥婚的方式來解決此事。

另外，還有一種較為知名的冥婚方式，未婚早逝女子的家人會將寫有女子生辰八字的紅包袋（或者是包袱內放有金錢、紅包袋）放置於路口，如果有男性撿起這個物件，就代表他是那名女子命中注定的如意郎君，雙方可以進行冥婚儀式。

在臺灣傳統社會中，替未婚早逝女子找尋伴侶的家人，通常會替願意冥婚的男子準備一筆豐厚的嫁妝。因此，貧窮落魄的男子，很有可能因為經濟因素，而願意接納鬼妻。

此外，臺灣也有「鬼母找女婿」的傳說[251]。在臺南鹽水鎮的萬年村，據說昔日賭博盛行之時，有一位男子想向鬼求明牌，於是睡在非常靈驗的女鬼「中洲媽」的廟中，結果中洲媽要求男子入贅，迎娶她的鬼女兒，才願意「報明牌」。當地傳說中洲媽與其女兒原本工作於中洲附近，結果意外被燒死於田寮中，死後作祟當地，於是人們集資為她們建了一座「三片壁」[252]。

因為人鬼締婚的民俗非常奇特，所以臺灣的創作者會將這種獨特的冥婚習俗作為創作題材。例如，臺灣知名恐怖片大師姚鳳磐在報紙上讀到一則新聞，當時有一位大學生在路上拾到一個紅布包裹，發現裡面有逝世女子的八字、頭髮、照片，而且這名過世女子的家人急忙從路旁跑出來，要求大學生與這名女子結成冥婚。這篇靈異報導帶給姚鳳磐創作的靈感，他在一九七六年執導的時裝鬼片《鬼嫁》，就是以冥婚作為主題。

《鬼嫁》這部電影上映之後，轟動一時，大眾爭相進入戲院，交口稱譽。臺灣鄉野怪談中常見的「鬼手從馬桶伸出」的恐怖橋段，就是從這部電影的情節脫胎而出。簡述電影《鬼嫁》故事如下：

有一位哲學系的學生，名喚程志達，他與一群朋友來到山上烤肉露營，卻在撿柴的過程中，恰巧在樹林裡的某處石階拾到一件冥婚包，然後他順著石階走過去，不知不覺進入了一座神祕的舊別墅。他在屋中遇見了表情空靈的綺麗女子美儂，以及照顧她生活起居的姨媽。天亮破曉時分，志達下山返家，將這件離奇之事告訴女友萍萍，雙方大吵一架。之後，志達再度上山，順利與美儂重逢，互訴情衷。但志達醒來後，卻發現自己睡在墓地旁，嚇得趕緊離開。儘管志達得知美儂並非活人，但他卻越來越喜愛溫柔的美儂。受到冷落的萍萍，決定要與志達賭氣，要求其父買下住有女鬼的山丘，摧毀了美儂與姨媽的墓地。萍萍的行為，惹火美儂，她展開報復，鬧得萍萍一家雞犬不寧。最後，萍萍父親請人驅鬼，破壞了美濃與姨媽的屍身，讓她們魂飛魄散。志達只能眼見愛人深陷於大火中，卻無能為力。

典文

※《民俗臺灣・娶神主》[253]——日・陳期裕

臺灣的結婚儀式中娶神主是一種變態的結婚。神主，也就是取（按：娶）牌位意思，大陸也有所謂冥婚的風俗，當未婚媳婦死亡時候舉行。這種結婚的條件：

一、未訂婚約的婦女，在事先己（按：已）約定到達結婚年齡時要與某男結婚，但在年齡未到以前少女死亡，這時要等到少女達結婚年齡時才舉行。

二、對於婚約後的男女，在未到結婚日之前，女方死亡時，男方一定要接受女方的神主。把女方神主迎進男家。相反的男方死亡時，女方負有嫁入男家的義務。不過婚姻影響女子一生的生活與幸福，如果因此終身守寡實在太可憐，所以大多任由女子的自由意志，在儀式後才決定是否再婚。有一個非常少的特例，萬一男女雙方都死亡時，女方的神主要送到男家，與男方神主一起祭祀。這種純粹的牌位結婚，男方娶進女方，在陰間他們才會成為夫婦。

（略）

娶神主的時候，一般情形是男家要送聘金給女家，女方也以金錢折算祭祀費與神主一同入嫁男家。所以娶神主的男人大多是窮人。因為家庭貧困無力娶妻，藉娶神主得來的祭祀費做為來日結婚費用，也有為這種目的娶神主的。

娶神主的儀式在男方娶親的當天舉行。當天，先準備新娘花轎，與媒人轎一起去迎接神主。女方將一塊紅布包在神主上當新娘衫，然後放在米斗中，米斗請入轎裡抬回男家，到男家後，男方把米斗迎進新娘房裡並放置在中央。

這一行事結束後，迎接神主的原轎再去迎娶活新娘回來，新娘進洞房後要與新郎一同向神主燒香禮拜，也就是向正妻打招呼。

神主在洞房裡放三天，每天由新婚夫婦燒香，三天過後才遷到正廳，這時娶神主婚禮才算結束。

（略）

關於娶神主有如下趣味的傳說。

神主放進米斗中安置在新娘房裡受年輕新夫婦禮拜。男方因貧窮利用娶神主陪來的祭祀費才娶到一房媳婦，所以心中因羞而怒對神主不存敬意輕蔑神主。在燒香時他用中指指著神主。在臺灣以中指對著人是一種侮辱把對方當傻瓜，非常失禮的行為。那種無禮行為在當時還未發生任何反應，可是當吃完新娘桌（結婚當天在洞房用餐）後，留下新娘一個人在房裡，她發現房間的一角有女人的影子。那個女人帶著憎恨的臉瞪著自己遂（按：逐）漸消失其蹤影。嚇了一跳的新娘尖叫一聲倒下去。家人跑進房間一看新娘臉色蒼白的倒在地上，問她原由，祇說看到不吉利的事。然而在兩三天夜晚，新娘都看到結婚當天晚上發現的婦女睡在丈夫的傍邊。開始並不在意，可是每晚都是同樣的情況。心中終於感到不舒適而向丈夫告明，並要求更換房間。以後雖然不再有那種幻覺，可是新娘生的孩子都養不起來，丈夫也經常生病，身體日漸衰弱。甚至連丈夫的嫂嫂也生病。嫂嫂提議請女巫來「牽尪姨」問明生病的緣由，牽尪姨時神主終於顯靈，代婆婆身上說話。

「嫂嫂，我是妳那無緣的小嬸，現在代替婆婆向嫂子說一件事，我的丈夫也就是你的小叔，既然高興把我迎進門來，卻在結婚當天用中指指著我輕蔑我。我是不滿丈夫的作為，所以屢次顯身驚嚇幸福的新娘。又新娘生孩子時不把我當正妻看待，這也是對我的侮辱，所以我讓那孩子死亡，一家人生病，例如我丈夫的病以至於嫂子的病都是我的作祟。妳所想知道的病因都是因我而起，嫂嫂啊！請你告訴我丈夫，以後再生孩子如果傳我的話，我會保佑孩子，也不要再無禮的對待我，這樣全家的病就會根絕而平安，不然的話，我會比以前更加烈作祟。」

說罷隱身不見。嫂嫂驚嚇得跑去告訴小叔，才知道事實並催促小叔反省。他也很恐懼，像惡夢初醒般開始誠意的祭祀神主，乞求寬赦過去的無禮，於是一家平安也養了一個健壯的孩子，使祭祀的事能繼續下去。

251 參見：林瑋嬪，〈「鬼母找女婿」：鬼、三片壁、與貪婪的研究〉，《考古人類學刊》第七十五期（二〇一一年）。

252 三片壁：只有三面牆壁的陰廟，建築形式較為簡略，廟內通常沒有神像，只將孤魂名稱書寫於牆壁或者木板之上。

253 本文收錄於《民俗臺灣》三卷五號（一九四三年五月五日）。中譯本由林川夫重新編譯，收錄於《民俗臺灣》中譯本第二輯。

100 臺南巷間傳說

介紹

新垣宏一是日治時期在高雄出生的灣生[254]文學家，從臺北帝大文學科畢業之後，曾任教於臺南第二高等女學校和臺北第一高等女學校。他在西川滿創辦的雜誌《媽祖》、《文藝臺灣》發表了許多詩歌、散文、小說。

新垣宏一曾在雜誌《民俗臺灣》撰寫〈巷間傳說〉一文，簡述臺南當地的民俗習慣。在這篇文章中，他說到家人的眼淚不能滴落於死者身上，否則流淚者會發瘋。臺灣另有一說，如果淚滴沾屍，這名死者的靈魂就無法脫離肉身，甚至死者將會「屍變」，或者死者靈魂進入地府之後，將會遭受苦難。例如日治時期的《臺灣日日新報》，就有一篇〈厲鬼為祟〉的新聞，描述一名婦女哭泣其夫逝世，淚水滴落其夫衣服，後來竟然看見丈夫化成鬼怪來作祟。

■臺灣藝術社編輯的《臺灣地方傳説集》（1943年）書中，附有一幅鳥羽博繪製的「月亮割耳」的趣味插畫。新垣宏一文章中曾記錄此民間傳說。

典文

※《民俗臺灣．巷間傳說》[255]——日．新垣宏一

我想在此羅列一些臺南收集到的民間傳承下來的俗信，如果與別地方的俗信來比較，我想是滿好玩的事，故信手拈來並沒有加以分類。

①女子或小孩抽菸，胸腔會變黑。

②小孩子用手指頭指月亮，會被割掉耳朵。

③如果你不卸妝而睡覺，鳥母無法辨別你，所以你會被揍。（說明：鳥母即「床母」？臺南方面的採集者大都寫做鳥母。）

④吉利的日子裡不能打破飯碗，這樣子是不吉利的。

⑤右眼如果長「眼尖瘡」，在左手中指結個黑線就會好。

⑥自己不會生小孩，可能是自己的家所種的樹不萌芽所致，所以，在桶裡種一棵苗木，去廟裡向神明祈求萌芽，就會生小孩了。

⑦妻子死的時候，做丈夫的可以拿著自己的行李及雨傘跳越棺木，她就不會成為幽靈出來捉弄你。

⑧早上天空有雲，表示將有好事，近夜有雲表示有客要來。

⑨在家裡不要撐傘，小偷會跑進來噢！

⑩女人不可用盤子、大碗吃飯，否則會生醜小孩。
⑪女人做襪子、鞋子必須當天做完，否則所做出來的東西，不能穿著走遠路。
⑫吃飯的時候不要改變位置，否則嫁出去之後會離婚，又改嫁到別家去吃飯。
⑬不要一邊吃東西，一邊看鏡子，否則你將來會說話笨拙，沒人聽得懂。
⑭親戚之間不要互贈貓狗，這樣子會發生不和的。
⑮嫁出去一年之內，晚上的時候，頭髮不要鬆開來，否則會看到吊死鬼的。
⑯元月一日不要打掃，以免把家裡的金子掃出去。
⑰八月十五日如果吃花生的話，指頭的關節會增強，壽命也會增長。這一天若吃甘蔗的話，背脊骨會壯固。
⑱除夕夜吃貝類，殼子要丟到床下，這表示招財進寶，賺錢之意。
⑲肖虎的人，不可以參觀結婚典禮，以免新婚夫妻不和，不懷孕。
⑳有人保正的官職被剝奪，是因為祖先忌日忘記祭奉盛肴及燒金銀紙所致。
㉑小孩如果發育太慢長不大，可以把雞糞沾在頭上，就會長得很快。
㉒家人的眼淚，如果掉到死者身上，那人會發瘋的。
㉓孕婦不能在房裡的牆壁釘釘子，否則小孩的額頭會受傷。也不能清水溝，否則小孩會兔唇。

254 灣生：日治時期，在臺灣出生的日本人，也包含臺日通婚者之子女。
255 本文收錄於《民俗臺灣》二卷三號（一九四二年三月五日）。中譯本由林川夫重新編譯，收錄於《民俗臺灣》中譯本第三輯。

101 蘭陽俗信

介紹

蘭陽，宜蘭之別稱。《民俗臺灣》有一篇文章〈蘭陽俗信〉，敘述了宜蘭地區流傳的民俗習慣。這篇文章特別提及飯神、桌神的概念，也講到雷神會處罰浪費食物之人。

另外，在〈蘭陽俗信〉這篇文章中，作者說放在竹竿上晾曬的衣服如果不摺就穿，會變成「竹竿鬼」，也就是會變得很高的意思。在臺灣民間傳說中，「竹竿鬼」（或稱竹篙鬼、竹鬼）是一種特殊的鬼怪，平時喜歡躲在竹林之中，如果有人經過竹林，竹鬼就會彎曲擋住去路，一旦被竹鬼絆倒，人類的三魂七魄就會被抓走。

典文

※《民俗臺灣．蘭陽俗信》[256]——日．陳氏照子

①吃飯的時候，不要把餐器擦碰作響，否則飯神會跑掉，家裡會變窮。

②用過三年以上的餐桌，已有桌神了，所以成年的女子不可以爬上去，會被處罰的（被神處

罰）。
③飯粒不可掉入廁所或髒的地方，一粒也不行，會被雷打死的。飯粒不能踩，也不能丟入垃圾桶，不要的可以給雞鴨狗吃，愛惜飯粒的人會長壽，就算老了，窮困時仍有得吃。
④福德聖王誕辰亦即舊曆八月十五日以後長出的生薑，太硬不好吃。
⑤懷孕中吃螃蟹的話，生下來的小孩今後會喜歡擰別人。
⑥懷孕中如果燒了草繩子，生下來的小孩會流口水。
⑦嬰兒無端無故吐奶或者是拉肚子，可用紅線繫在手上，會不知不覺地痊癒。男孩繫在右手，女孩繫在左手。
⑧跨越別人的人會跛腳，被跨的人會長不大。
⑨不可以數星星，如果你數不完就會得痲瘋病的。
⑩不要用掃巴（按：掃把），或筷子尖打人，會發瘋的。
⑪所曬的衣服從竹竿拿下來後，若不摺就穿，會變成竹竿鬼（會變得很高）。
⑫有字的紙不要踩，會瞎眼的，而且子孫也會唸不好書。
⑬不要偷看人家大小便，會生「眼尖瘡」的。
⑭如果眼睛無端無故地紅腫起來，可以到道士那裡去拿張靈符，把它燒了，與道士那裡的水和一下，擦在紅腫處，眼睛就會痊癒。
⑮指甲兩端裂開，上廁後不洗手的證明。
⑯看到雙頭蛇的人會死的。但若那人及時剪斷頭髮丟向蛇就會無事的。

⑰如果看到兩條蛇纏在一起，可以拿起外褲的扣子丟向蛇，不然就會生病。

⑱連連下雨時如果有地震發生，那麼三天以內一定變晴天。而連連晴天時，如果有地震發生，那三天內則會下雨。

⑲沒有尾巴的彩虹（即半截的彩虹）出現時，會有颱風來襲。

⑳地底下有地牛，如果牠身體發癢會把地動一動，就叫地震。

㉑太陽周圍罩白霧則會連續下雨。

256 本文收錄於《民俗臺灣》二卷三號（一九四二年三月五日）。中譯本由林川夫重新編譯，收錄於《民俗臺灣》中譯本第三輯。

102 臺中南屯俗信

介紹

南屯位於臺中市的西南邊，昔日名為犁頭店，是臺中極早開發的地區，在雍正年間就設立巡檢駐守，漢人在此開墾。因為此地以農立莊，鑄造農具、犁頭的打鐵店鋪很多，故有此名。

此地區在一九二〇年，與鄰近區域合設「南屯庄」，隸屬於臺中州大屯郡，戰後則改為南屯鄉，之後又改稱南屯區，隸屬於臺中市。

南屯有許多著名的民俗節慶，例如萬和宮「老二媽省親遶境」[257]、犁頭店老街「穿木屐、躦鯪鯉」[258]的端午活動，都極具鄉土特色。

在一九三二年，南屯公學校為了鄉土教育，開始調查南屯的歷史、地理、習俗……等等文史資料，編纂《南屯鄉土調查》一書。在「迷信」的章節中，書中記錄了當地許多奇異風俗，也涉及鬼神信仰。例如，南屯人認為，在水中死亡，很有可能被水鬼所殺，流經南屯的筏子溪、大肚山下的知高圳[259]，昔日經常有人溺死，地方上傳言有水鬼藏匿在水中。

關於水鬼傳說，還有一種特殊的信仰。根據鈴木清一郎《臺灣舊慣：冠婚葬祭と年中行事》（一九三四年）的說明，臺灣民間認為快要溺死之人，即將成為水鬼的替身，此時不能冒險營救，否則自己反而會被水鬼抓下水而淹死。

典文

※《南屯鄉土調查：日治時期史料編譯》——日．南屯公學校編寫，孟祥瀚編注，許世融翻譯

第八篇、鄉土民的生活：迷信

◎童乩（乩童）問神明（問神）。

◎小孩以手指月，耳朵會被割掉。

◎如果數星星會長出癬疥。

◎數星星時如果沒把星星數完就會變成啞巴甚至死去。

◎雨水是龍將海水吸上來後所降下的。

◎當蚯蚓在地上滾動或者螞蟻破壞蟻窩時就會下雨。

◎當西方一再出現紅雲的時候就會起大風。

◎鳥類在比較低的樹枝結巢，是當年起大風的前兆。

◎正月初一吃蕃薯將來會變成窮人。

◎端午節中午所汲取的水即便久放也不會發臭，病人若飲用則有助益。

◎掘井時不可以讓著喪服的人看見，若被看見不管怎麼掘都不會出水。

◎晚上狗若持續長吠，表示附近有鬼。

◎死掉的貓如果不掛在樹上會傷及嬰兒。
◎夢中看到蛇是損失金錢的癥兆。
◎天地混沌時有一顆大南瓜，一個叫盤古的人將其切開，而生出了男女。
◎只要拿著人的一根腳毛可以防幾十個鬼。
◎如果在夢中夢見掉牙齒或看到豬會有家族的人去世。
◎如果在夢中掉進廁所就會撿到金錢。
◎女孩子如果超過十歲，未婚即去世，就會變成鬼新娘；如果不想變成鬼新娘，就要將其牌位連同嫁妝數十円至數百円贈與未婚男子（多半為貧窮人家的男子）；或者與同輩未婚去世的男子牌位結婚。
◎孕婦不可以拿錐子或針穿布或紙，否則會生瞎眼的孩子。
◎女性如果要背著孩子過橋或渡河時，如果不叫著這個孩子的名字，孩子就會生病。
◎狗或貓如果逃到自己家裡來，就會變成有錢人；但如果是豬逃到自己家裡就會倒楣。
◎病人如果將廟裡的香灰摻水飲用，疾病馬上痊癒。
◎埋葬死人時，如果讓太陽、月亮的光芒照進棺木中，就會變成妖怪。
◎婦人是猿猴轉世的。
◎夜間吹口哨，鬼就會出來。
◎溺死的原因是因為被水鬼所殺。
◎迷信的慣例：

為了祈求神佛保佑，經常會在小孩的脖子上掛上香火（神佛的平安符），而給神佛當契子，據說會得到特別的保佑。生病時請巫師來安魂，或向神佛祈求判定吉凶禍福籤詩的人相當多。各個農家在舊曆正月及八月十五日會向福德正神祈求五穀豐收；此外所謂禁房（禁厭）是神明指示病人在四到六天等一定期間內絕對不可會見來訪者的風俗。

257 老二媽省親繞境：根據《南屯鄉土調查》的紀錄，西屯廖某女兒某日在家安坐仙逝，當時一位商販在西屯、南屯交界的道路遇見她，少女請他告訴母親說帳款放在簸仔（放置針線道具的竹筐）之中，而她則要去看犁頭店的媽祖開光。商販與她的家人都非常驚奇，後來大家才發現這名少女附靈於萬和宮塑造的第二尊媽祖神像（老二媽）。之後，每三年，萬和宮會將老二媽迎回西屯省親。

258 穿木屐、躦鯪鯉：南屯傳說，犁頭店的地底下，住著一隻「金鯪鯉」（金色穿山甲），每年冬天都會冬眠。到了夏天，人們需要製造巨大聲響（例如踩木屐）吵醒這隻靈獸，希望靈獸能夠為南屯帶來好運。

259 參見：何敬堯，《妖怪臺灣地圖》（聯經出版社，二〇一九年）。

103 轉世信仰

介紹

黃鳳姿，臺北艋舺人，是日治時期知名的文學少女，受到導師池田敏雄的鼓勵，撰寫許多臺灣民俗文章、傳說故事，刊登於《臺灣風土記》、《文藝臺灣》、《民俗臺灣》……等等刊物。

黃鳳姿在龍山公學校讀書之際，年齡十一歲的時候，出版首部作品《七娘媽生》，十二歲出版《七爺八爺》，文字淺白通俗，展現出臺灣獨特的鄉土風情，獲得人們許多讚賞。

黃鳳姿從公學校畢業之後，進入臺北州立第三高等女學校，持續在《民俗臺灣》投稿文章，例如〈艋舺的少女〉系列作。其中有一篇文章寫到臺灣人的轉世信仰。臺灣民俗觀念，人死後，會因為生前的善惡

— 26 —

艋舺の少女

黃氏鳳姿

思ひ出 五

一八 殺生

私は以前牛肉を食べたことがなかつた。それは曾祖父から食べると馬鹿になると聞かされてゐたからだつた。公學校の六年の

た。

臺灣で牛肉を食べることをきらふのは、牛は人間のために苦しさをこらへてよく働く。そのために人間はどれ程助かるか知れない。それを殺して食べるとは良心が許さ

■黃鳳姿在《民俗臺灣》撰寫的文章〈艋舺的少女〉系列作的篇章頁局部。

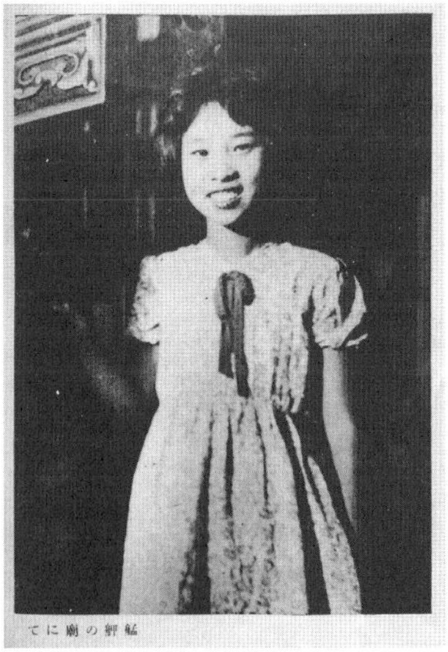

■黃鳳姿在《七爺八爺》書中附錄的寫真照片。

作為，決定下一世投胎之處。

典文

※《民俗臺灣・往事》[260]——日・黃鳳姿

〈殺生〉

我過去不曾吃過牛肉，那是因為聽曾祖父說吃牛肉會成為呆子的緣故。在我公學校六年級到日本去畢業旅行時，旅館端出來牛肉的料理。這時不只是我，大家都討厭而不去吃它。看見這場面的女老師，說教我們，說本島人真野蠻。起初是感到不太敢吃，但很快便習慣而不在乎了。

在臺灣，人們討厭吃牛肉，是牛為人辛勤工作，因而人獲得了很大的幫助卻去要把牠殺來吃，不但良心過意不去，也是太絕情了。再說牛，有道是「牛知死，不知走」，牛雖然知道人要殺牠而傷心流淚，但不懂得

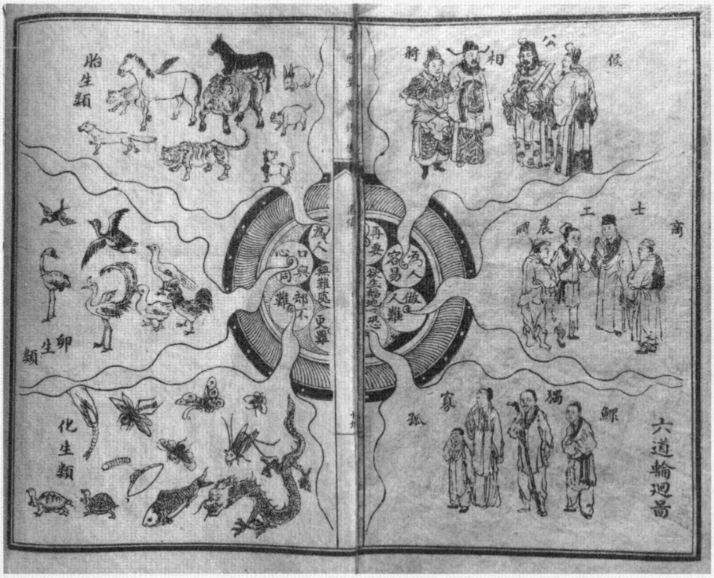

■《增繪全圖玉歷寶鈔勸世文》（1920年）書中附錄的六道輪迴圖畫。

逃。就這一點，也應該得到人的同情才對。相反的，對於豬說：「豬知走，不知死」，就是豬只知道盲目的逃，而一旦脖子被抵上了屠刀猶不知自身的危險，這一點是和牛有很大不同的地方。

中落的叔母每要宰雞時口裡總要念：「做雞做鳥無了時，出世富家人子兒。」小時候使我感到很不可思議，後來知道了這意思，就是做為雞鳥來活著，不如早日到那一世界去轉世成為富家子弟吧！我認為這種話才是真正的表達出了對於生物慈悲的本省人（按：原文寫「本島人」，即臺灣人）的心情呢！經常會看到殺雞宰鴨時，用刃抵在其頸部，讓其血流盡後，完全死了便趕緊鬆開其綁腳的繩子。這是為了要讓牠能夠盡早到那另世界去之慈悲心腸使然。

在本省（按：原文寫「本島人」），一般相信人死後會因生前所行的善惡，轉世成富貴人家子女或豬猫等動物，罪惡最深的還會轉世成蜘蛛等。也有一說是不愛惜用水者會變成猫。中落的叔母尤其深信這些，也許因為如此，殺雞才會口中念那些話。叔母每遇傷心事時便會喃喃自語的：「我前世一定撒過謊，今日才會遭到如此痛苦的事。」

260 本文收錄於《民俗臺灣》二卷九號（一九四二年九月五日）。中譯本由林川夫重新編譯，收錄於《民俗臺灣》中譯本第三輯。

104 死人產子

介紹

臺灣民間傳說中，經常會有「死人產子」的異聞。例如在《民俗臺灣》雜誌中，有一篇文章描述新竹某位產婆替鬼婦接生的故事。

類似的靈異傳奇，在臺灣各地層出不窮，時有所聞，以下再介紹兩例。

一、《臺灣地方傳說集》（一九四三年）書中，中田榮一撰寫的臺南歸仁庄傳說〈鬼王〉：據說在關廟曾有一位姓胡的婦人，嫁至顏家，懷孕的時候，不幸患病而死。婦人棺木運至墓地之時，突然天昏地暗，狂風捲起，路邊土地倏忽塌陷，家人趁此機會，將棺木安葬此處。沒想到婦人之子在棺中出世，為了養活小孩，鬼母常常夜裡到麵店買食物給嬰兒吃。鬼母無錢，表明自己是顏家之人，後來麵店老闆到顏家取錢，顏家察覺有異，才開棺將嬰兒抱出來，並且取名為「鬼王」。戰後，江肖梅將這篇故事轉載於《臺灣民間故事》（二）（一九五五年）。

■中田榮一撰寫的〈鬼王〉，附錄一幅鳥羽博繪製的圖畫，描述鬼母化身成人，來到麵店討取食物。

二、《后里鄉志》（一九八九年）書中，胡東海撰寫的臺中后里「鬼母穴」故事：后里的貓仔坑，有一座百年古墓，墓碑文字寫著：「顯妣純慈貞淑黃母張氏坟墓」。墓主人是黃家媳婦張氏，因為難產而死，埋葬在俗稱「雞母孵子」的山腳。因為山水靈氣旺盛，讓張氏魂魄得以顯靈，向當地的豬肉店購買肉品。後來豬肉店老闆向黃家討錢，黃家十分驚異，等待張氏又來買肉，黃家主人向她追問，張氏只回答：「時機不到，不可強求。」黃家等不及，趕緊掘開張氏棺木，發現張氏容顏仍然栩栩如生而且產下一名小孩，衣服僅穿一半（可能為了餵乳），急忙中先抱起小孩，隨後扶起張氏，卻因一時失手，婦人又掉進棺中，結果母子雙雙死亡，無法復活。據說，這也是傳說中「愛子不愛娘」的故事。不過，除了這個結局之外，當地鄉里還傳說另外兩種版本的結局。其一，挖墓之時，聽到張氏說：「時機未到，再等待數日，不可強求。」雖聞此言，但家人心無警惕，反而加速挖掘，開棺之後，看到張氏容貌栩栩如生，也產下一子，但可惜尚有一腳未穿好鞋子而前功盡棄，母子未能復活。其二，開棺之時，聽到張氏說：「要子或要娘？」其先生認定妻子早已死亡多時，於是倉促回答「要子」，結果棺中傳來一陣哭泣，開棺之後，雖看到張氏容貌栩栩如生，也產下一子，但可惜母子兩人並未存活。據說只要回答：「母子都要」，張氏母子就能重生。

典文

※《民俗臺灣・民俗採訪・死人產子》[261] **——日・余氏李英**

在新竹市南門町有一位李姓產婆。某天深夜二點鐘左右，有人前來敲門，當她醒來打開門一看，門外有位少女喘息未定，謂之嬰兒即將落地，要李產婆速速前去；於是產婆將接生工具準備好，便緊跟在少女身後疾步前進。

也許是因為深夜的緣故，李產婆也不清楚究竟走了多遠的路，只知道最後到了荒郊野地，看到一棟氣派的建築，奇怪的是偌大的屋子裡除了因陣痛而痛苦的產婦外，別無他人。

李產婆雖然覺得不可思議，不過仍然繼續替產婦接生，不久，產婦生下一個可愛的男嬰。接生完畢，當李產婆要水洗手時，產婦即答說沒水，而先前那個供使喚的少女也不見了。李產婆心裡覺得不太痛快，就將手上的血塗在屋外的石頭上。

產婦給了李產婆一份相當優厚的謝禮，並且對產婆說了幾句客套話後便送她出門。

李產婆早已忘了先前的來路，彷佛如夢境一樣，迷迷糊糊地回到了家。

第二次（按：第二天）清晨，女佣因為準備買米而向李產婆要錢。當產婆撐起疲累的身軀打開抽屜一看，滿滿的銀紙充塞其中，產婆驚愕之餘，決定再到昨天去過的地方看看。

但先前的那棟大廈已經不見了，只有沾著血跡的石頭仍然立在路旁。

別人告訴李產婆說，那個產婦在懷孕時過世，大概是到了預產期，所以想叫產婆接生。

李產婆聽了之後就速將昨夜的許多金銀紙拿去燒掉。從此之後，李產婆再也不敢半夜去替人接生了。

有關臺灣的民間傳奇，筆者認為「死人產子」又是一個代表性的例子。

261 本文收錄於《民俗臺灣》四卷十一號（一九四四年十一月一日）。中譯本由林川夫重新編譯，收錄於《民俗臺灣》中譯本第五輯。。

105 北門嶼的傳說

介紹

臺南的北門區，舊名「北門嶼」，原本是急水溪口外的沙洲島，後來因為泥沙嚴重淤積，與陸地相連。此處滄海桑田的地理環境變化，在民間傳說中，認為「北門嶼」其實是突然從海中冒出的小山丘，而且據說這座小山丘的山頂上有一株罕見的白色馬麻藤（馬鞍藤）。這株白馬麻藤不是平凡的植物，除了會發出異光之外，還具有將海水轉化成淡水的神奇效用。

典文

※《民俗臺灣．北門嶼的傳說》[262]——日．王碧蕉

約三百年前，蕭瓏、麻豆一帶還是海濱地區，而現在的北門庄一圓（按：應作「一帶」，文意較通）在當時則是一片茫茫大海。有一次，就在現在的北門東北方五〇〇米處海中，猛然噴出大量的泥砂，呈現一座丘，由小北門（現在的臺南）望去，有如一座高山，砂愈積愈多，終於形成一座面積相當廣闊的島嶼，後來小北門的人就稱這座小島為北門嶼。

而這座高山就被稱為石井腳，山頂上長了一株罕見的白馬麻藤（由根到葉一片純白的海邊植物），由於有這株白馬麻藤的緣故，山也就隨著歲月的流逝而逐年地增高。

這株白馬麻藤，在一般人的眼裡，只不過是一株普通的植物而已。有一次，有艘英國船剛好航到北門嶼附近，當水手用望眼鏡眺望石井腳時，發現山上有一株傘般的植物，且發出光芒，非常吸引人。於是，船長便召集五、六個水手一起坐小船，划向北門嶼。等他們爬上石井腳之後，卻找不到那棵如傘一般閃閃發亮的植物，除了一株白馬麻藤之外。船長雙手環胸，百思不解，突然，好像想起什麼似的，立刻命令水手將白馬麻藤連根拔除，帶回船上。

當晚，石井腳轟然一聲，山崩地裂，之後就和蕭瓏、麻豆一帶的陸地互相連接，形成一片廣大的新陸地。又，州子尾的鹽田因洪水的緣故，悉數被掩埋，而為肥沃的平原，從此州子尾的製鹽業者開始外移，一部分則往州南（即今之布袋），一部分往州北（今之北門），一部分則往瀨東（今之井子腳）繼續開發鹽田，這已經是九十年前的事了。

另一方面，帶走白馬麻藤的英國人，後來也發現白馬麻藤的妙用了。他們發現，如果航海中碰到缺水的問題時，只要將白馬麻藤的葉子放到所汲上的海水裡，海水頓時就會變成淡水。獲得如此至寶，船長及水手們當然都非常高興。

後來，當他們的船再次出航到某一海域時，突然轟然一聲，船就像當時石井腳陷路（按：落）一般地沉入海底了。當然，白馬麻藤也跟著船一起沉到海底，且在那兒落地生根。後來，據說那附近的鹹水海從此變成淡水海，造福無數過往的船隻。

262 本文收錄於《民俗臺灣》二卷七號（一九四二年七月五日）。中譯本由林川夫重新編譯，收錄於《民俗臺灣》中譯本第六輯。

106 神船夜遊

介紹

片岡巖在《臺灣風俗誌》記錄臺南灣裡庄的傳說，據說當地的王爺廟有兩座神船，會趁風雨之夜出外漂游。

典文

※《臺灣風俗誌．臺灣人的奇事怪談》——日．片岡巖，翻譯：陳金田

臺南灣裡庄的王爺廟有兩艘神船，從前每在大暴風雨夜，兩艘神船就會自動漂出廟外，不需任何人操縱，而在運河上游動。甚至一直游到二層行溪，或上下漂游不停。

107 貓生鼠

介紹

片岡巖《臺灣風俗誌》記錄了一則「貓生鼠」的怪談，據說在一九一四年，臺北大稻埕陳某家中的貓竟然生下了一隻老鼠。這件事情引起人們恐慌，眾人議論紛紛，甚至認為當地未來會發生鼠疫。

典文

※《臺灣風俗誌．臺灣人的奇事怪談》——日．片岡巖，翻譯：陳金田

民國三年（大正三年，西元一九一四年）七月二十八日上午五點，臺北市大稻埕枋寮街的陳金獅，他家裡的一隻貓生了一隻老鼠，因此人們都謠傳：「從此這裡就要流行鼠疫。」

108 雙角大龜

介紹

陳鳳昌，字卜五，又字鞠譜，號小愚，性格豪放，才華洋溢，出生於一八六五年，卒於一九一三年。

陳鳳昌七歲時，隨父親從福建南安來到臺灣，居住於臺南看西街。臺灣民主國成立之後，他曾協助籌組義軍，但日軍勢如破竹，難撼其威，壯志難酬。之後，他幽居於家，寄情於詩文，時而議論世局。

陳鳳昌留下的作品不多，據說曾經撰寫《拾唾》四卷，如今只餘殘卷[263]。《拾唾》中的作品，除了寫史述懷之外，更有許多志怪文章，情節曲折古怪，令人嘖嘖稱奇。

例如，他撰寫的〈龜〉一文，自述甲午秋試落第歸，在媽宮港看見一隻雙角大龜，樣貌頗為神異，可惜竟被洋人買去，想要將龜殼雕刻成梳具。儘管眾人不停勸說，大龜仍然難逃一死。怪異的是，龜首雖被斬斷，插在鐵叉之上，但是龜眼卻能轉動，嘴巴也一開一合。洋人將龜首丟入大海，它竟然還有力氣游入水中。

典文

※《拾唾·龜》——日·陳鳳昌

甲午秋試落第歸，臺港浪駭濤驚，輪船不能入口，停泊於澎嶼媽宮港，土人網一巨龜，長五尺餘；闊約三分之二，高半之。週身花紋絡繹[264]，黃髮如簑，頭生兩肉角，俱深黃色，洋人誤指為鼇。以八百錢買去，舉付庖丁[265]。

予駭其狀異，與同舟數輩，為龜乞命。一洋婦頗諳[266]土語，出問何為。

予曰：「是物龍種，不久能沛霖雨澤萬民，生之宜。」

洋婦曰：「吾愛甲之有文，將雕為梳具，殺之宜。」

予曰：「不然，白龍魚服[267]，獲自豫且，未聞置於刀俎，殺之非宜，生之宜。」

洋婦微慍[268]曰：「此以資得來，生殺唯我，不管其他也。」

當羣輩集視時，龜畏首畏尾，退縮無地，及與洋婦辯論，乃探首出窺。目睛光溜如火炬，淚漣漣下滴，唇適翕闢[269]有聲，一若悲其無罪就死，而呼籲望救也者。

眾益惻然，解囊出數金，請贖而放之。重拂[270]洋婦之意，立飭庖丁屠割。

庖丁震予言，合掌念佛，以不能辭，傳喚諸水手，俱東奔西躲。謂吾儕[271]作水面生涯，寧可開罪神靈，自速其敗乎。

洋婦恚甚，其夫係該輪管駕，因遍集洋夥，用鐵鈎牽挽，窮數人之力，始得將龜首挽出。利刃一揮，長頸立斷，血激如箭。洋人衣服盡沾污，時午牌[272]十二點鐘也。

薄暮，有人登廁，見廁屋上豎一鐵叉，叉龜首於上，目睛猶轉，雙唇猶翕闢有聲也。錯愕狂呼，洋人惡之，將龜首擲入海中。則圉圉洋洋，猶涸魚之初得水，游泳移時始沒。是豈魄力之強，雖一肢體，猶足以自遂其生乎。抑冤氣所凝，歷久而不散，故此怪變乎，俱未可知也。船進口後，轉帆回香港，洋婦旋中疫亡，經年其夫亦不見，存沒誠難臆度，而管駕則易人矣。

陳氏鞠譜曰：象有齒而焚身，麝因臍而隕命，匹夫無罪，懷璧其罪，無足怪也。若龜則渾身甲介，曳尾泥塗，羞縮滿跚，至不能自私其婦，亦醜矣哉。何意水濱就縛時，竟因肩背上一段花紋，邀閨閣之憐愛，雖知己來自外邦，而賞識異恒情。則粉骨碎身，情實有餘快焉。苦哉元緒，應亦聞予言，而破涕為笑歟。

263 參見：黃哲永、吳福助編《全臺文》第六十四冊（文听閣圖書出版，二〇〇七年）。

264 絡繹：前後相連，連續不斷。

265 庖丁：廚師。

266 諳：熟悉。

267 白龍魚服：白龍化成魚在水中游。

268 慍：生氣。

269 翕闢：一開一合的樣子。

270 重拂：過分違背。

271 吾儕：我們。

272 午牌：揭報正午的時牌，借指正午。

奇物之章

109 石將軍

介紹

安平開臺天后宮供奉一對「石將軍」，根據連橫的說法，其中一尊是平埔人半身像，另一尊則是鄭成功墓前的石翁仲。

根據林培雅編著《臺南市故事集（十一）》（二〇一五年）書中的紀錄，這兩尊石人，原本的位置是在石門國小附近，據說其功用是風水制煞。後來，興建國小，校方未將石人移走，而是在校園內設立一個小廟奉祀。

昔時，學生如果身體不舒服，長輩會跟這兩尊石

■荷蘭國立博物館（Rijksmuseum）收藏一張十九世紀中葉的照片，中國式的墳墓前放置了石羊、石虎、石馬、石翁仲，可見其尊貴地位。

人許願，後來也會讓小孩子拜石人為義父、義母。石人靈驗事蹟頗多，據說考試前去摸石人，成績就會突飛猛進。除此之外，孩童也謠傳石人附近會有豬母鬼出沒。

之後，石人被請入天后宮的將軍殿，經過廟方擲筊請示，將軍自稱為「將軍公」與「將軍嬤」。因為石將軍能夠協助孩童的學業成績，所以文昌帝君也與石將軍同列神位。

根據連橫考究，其中一尊石人原本是鄭成功墓前的石翁仲。石翁仲，這是古代尊貴人士墳墓前會設置的石人像，可以表彰死者生前功績、身分地位。除了石人之外，也會有石雕禽獸（例如虎、馬）的造型。臺南民間傳聞，鄭成功墓地位於臺南的洲仔尾，墓道原本有許多石像，其中有一隻石馬會變化成精怪，夜晚跑出來偷吃農作物，後來村民就打斷石馬的腳，讓白馬精無法自由活動。目前這匹石馬，已經移至赤崁樓。

■赤崁樓內有一座石馬，腳上可見斷痕。因為石馬夜晚會跑到田間踩躪農作物，而被居民打斷腿。

鄭墓前的石像後來成為「石將軍」，人們相信石像能夠庇佑地方，這是極為獨特的安平信仰。不過，臺灣其他地區墓塚前的石像，有時候在民間故事裡，反而會成為不討喜的精怪。

例如，苗栗縣的鄭崇和墓，以及嘉義六腳鄉的王得祿墓，據說這些墓地前的石馬、石虎……等等石獸，會在晚上的時候變身成調皮的怪物，偷食田裡的農作物，石翁仲也會調戲附近村落中的婦女。

典文

※《雅言》——日．連横

安平舊天后宮之後，有兩石像，所謂石將軍者也。余曾考其石質、觀其刻工，一為荷蘭教堂之物，而一則鄭延平墓前之翁仲也。安平天后宮為荷蘭教堂之址，歸清以來改建廟宇，此像則在其間。其石為泉州石，雕一平埔番人半身像，長約二尺八寸。以布纏額又覆其肩；兩手在胸，合握劍柄。觀其眼睛與華人不同，而刻畫手勢亦與華人有異，乃知其為荷人之物也。延平郡王初葬臺灣，舊志雖不載明其地，顧以大勢而論，當在小北門外之洲仔尾。地與安平相近，一水可通，此像則見於此。百餘年前，乃移於安平提標館前以鎮水害，其後復移於此。像為澎湖石，現已折斷，僅存上部自頂至胸，約長三尺二寸，為古武士裝，與南京孝陵、北京長陵之石像形狀相同。但體制略小，當為王墳之物。臺灣三百年間，唯賜姓封王，故有此禮。立其前者應有二石，而一不見，疑為海沙埋沒。蓋自歸葬以後，無人管理，久而荒廢。然則此兩像，均為希世之寶，不特可為考古資料，亦足以見當時之美術也。

110 石敢當壓鬼

介紹

石敢當，常見於聚落與路口處的厭勝物，可以用來避邪消災，化解當地沖煞。

石敢當的造型有簡有繁，可能只在石碑上刻有「石敢當」三個字，也可能書寫「泰山」兩字，或者還會增添劍獅、獸首的雕刻圖樣。

■宜蘭崇聖街上的石敢當。

■宜蘭聖後街的柱狀石敢當。

■宜蘭頭城的石敢當，矗立於古宅門前，碑上有劍獅雕刻。

典文

※《雅堂先生餘集．臺灣贅譚》——日．連橫

「石敢當」三字，時見於隘巷之口，詢之故老，用以壓鬼，而不知其出處。

※《民俗臺灣．臺南的石敢當》[273]——日．石陽睢

石敢當用之避邪是彫刻在石材上面的，材料是一般所說的浦石（廈門石），一種相當硬的石頭。石敢當一般都安置在偏僻的小路陋巷及彎角等處。這些地方，來往的行人較少，人氣不旺，所以惡魔容易聚集。或者是住家的正面屋角面對剛才所說的路角的話，這家的人為了怕惡魔作祟，特別選擇冬至後的甲辰日、丙辰日、戊辰日、庚辰日、壬辰日、甲寅日、丙寅日、戊寅日、庚寅日、壬寅日等中的一個，刻上石敢當三字，這個辰當然指的是龍囉，有麟甲的靈長類（按：應指「萬靈之長的鱗甲生物」），寅則是指老虎，百獸之王，惡魔怕牠們所以不敢接近。到了除夕，則用牛肉三片祭祀它。大年初一寅時（上午三點到五點稱為寅時），趁別人沒看到時豎立在前門側，或者是嵌入壁間，據說就會吉利。

273本文收錄於《民俗臺灣》二卷五號（一九四二年五月十五日）。中譯本由林川夫重新編譯，收錄於《民俗臺灣》中譯本第三輯。

111 癩病蟲

介紹

癩病，也就是痲瘋病，這是一種皮膚與周圍神經的慢性疾病，會讓皮膚腐爛，神經麻木，甚至失去知覺。這種疾病是傳染病，經由麻瘋桿菌所造成。長期以來，此病被汙名化，患者經常受到社會歧視，所以醫學界倡議稱為「漢生病」[274]。

昔日，臺灣人不了解癩病成因，於是對於這種病症非常害怕，甚至產生聯想，認為這是經由「癩病蟲」引起的疾病。風山堂在《臺灣土語叢誌》撰寫的文章，描述當時臺灣民間認為癩病蟲是一種小型如蠅的有翅怪物，喜愛煙氣，飛進人體之後，會讓人染上恐怖的癩病。

典文

※《臺灣踏查日記．澎湖踏查》，明治三十四年（一九〇一年）一月五日

——日．伊能嘉矩原著，楊南郡譯註

八罩島[275]風多雨少，氣候溫暖，冬季氣溫不會下降到華氏五十度以下，島上有清水湧出，沒有鹹味，也因此沒有風土病。

原來澎湖島中有一種習俗：島民對患有癩病的病人非常忌諱，假如鄉內有人患癩病，則隔離於鄉外一室。

病死，則搬運屍體到一個無人島棄置，此後鄉中家家戶戶不再舉炊十二天（每個地方停炊的日數不同），停炊期間，從別處帶來食物。他們以為亡魂見到炊煙，會闖入鄉內。

這種風俗特別在八罩島盛行，據說駐紮於本島的日本警察官雖然百般規勸，鄉民還是不肯放棄舊俗。警察官干涉時，鄉民就問神，遵照乩童所傳達的神意，獲准在廟外埋設爐灶炊煮，混雜的情況，簡直無法以筆墨形容。

※〈臺灣之迷信〉，《臺灣慣習記事》（第二卷第四號），明治三十五年四月二十三日發行

——日．臺灣慣習研究會原著，臺灣省文獻委員會編譯

癩病（痲瘋）患者之死：

如棊石點點散在離臺灣本島西方之澎湖諸島中，癩病（痲瘋）患者比較多，乃屬事實無疑。隨之恐懼該病，且忌諱之程度亦甚。

若鄉中有此患者時，在其家之一隅劃出小房，幽閉之，絕不讓其與他人接觸。

在八罩群島其他遠隔之小島，甚至在鄉外離開人家之土地築一矮屋，將可憐陷於病苦之父母子女，隔離在此矮屋之中，其家族不過將飲食物搬至其遠處云。聞昔年，姨捨山之故事便是如此，可謂無情至極陋習也。

如斯至該患者之命數已盡而去世，連哭泣辟踊之禮，亦置而不顧，而呼魂含飯之儀亦掃地，不得埋葬於鄉中之墓地。

只得且泣且行，攜到無人島中，丟棄而已。加之，恐懼忌諱此病之習慣，成為迷信之導火，而迷信死者之魂魄，甚為好煙，舉鄉完全不舉火者，多及十二日，少亦二、三日為例，連視之如命之好物鴉片煙，固斷而不喫。其癮者，為癮吸一泡不得已而遠赴他鄉鄉外者且有之。一日三餐之菜飯，皆從他鄉知己之處送來，或遠至鄉外僻地炊煮云云。

又在臺灣本島，雖不至於存有如此極端之弊習，但亦有近似之風習。會員風山堂子，對此風習之一斑，曾有記述，載於土語叢誌者，可引用之：

「彼等曰：癩病有蟲種，極小而形如蠅，有翅，最怕濃綠葉，又最好煙，癩病患者未死亡，則其蟲雖不離患者而飛揚，但患者一旦死亡，此蟲即四散飛去，而飛至有煙之處，遂入人體，但屍體埋葬後，此蟲便不飛揚云。因此之故，在一街之中，如有癩病患者危篤之傳報，各戶均折取榕樹之葉，插在門口兩側，盡量關閉門戶，等待其死耗。一有死耗，即將火熄滅，使家中無煙，決不炊煮飯菜，而多賴遠隔村莊要好人家，搬送茶飯，此畢竟因恐病蟲混於煙中而進入飯中，故如斯云云。」[276]

※《臺灣風俗誌．臺灣人對自然現象的觀念及迷信》——日．片岡巖，翻譯：陳金田

澎湖有很多患癩病的人。肉眼看不到癩病的細菌（按：原文寫「蟲」，譯文寫成「細菌」）。惟相信這種細菌很喜歡火煙，有火煙的地方，癩病細菌都會集中。有患者死亡，附近的人都不炊飯，到遠方親戚或朋友家裡用膳。死者即丟掉（按：丟棄）山野間或離島，或用小舟放入海中。生前父子亦不同住，又迷信患者活埋會成神。

274 漢生病：十九世紀，挪威醫生漢生（Gerhard Henrik Armauer Hansen）發現痲瘋病桿菌，因此痲瘋病又稱為漢生病。
275 八罩島：澎湖群島的南端，現今的望安島。
276 此段落文章，引用自風山堂〈兩夜雜話〉，收錄於《臺灣土語叢誌》第五號（臺北：博文堂，一九〇〇年）。風山堂，目前只知其姓渡邊，另筆名「風山堂主人」，為臺灣語學同志會成員。

112 龍銀飛錢

介紹

古早時代，臺灣人相信龍銀有靈，會四處亂跑。

龍銀，即是幣面有龍形圖案的錢幣。清國時期與日治時期都會流通這種錢幣，日本龍銀也稱為「龍洋」，幣值一圓。

日治時期的臺灣人，比較不曾見識過鑄造精緻的高價銀元，所以習慣視之為珍寶。影響至今，臺灣各地鄉野故事中，一旦出現「寶藏」、「財富」的情節，經常會以「龍銀」作為錢財的代稱，而且往往傳說龍銀擁有靈性，如同精靈一般，能夠飛天遁地。

龍銀的怪異傳說，在日治時期的雜誌《民俗臺灣》就有紀錄。黃啓木撰寫的〈飛錢〉，描述龍銀會向有福的人飛過去，他也舉例祖父的故事，說明祖父在少年時，曾經見到竹林高處有物體咻地飛過，像小鳥一般飛向南方。他祖父言之鑿鑿，說那就是龍銀飛錢。

黃啓木也說，若是無福德者發現龍銀就會招來災厄。例如，有一名

■日本龍銀的正面，刻有龍的圖樣。

牧童看到龍銀飛過，以竹竿敲之，雖然龍銀落下，但龍銀卻砸傷他的腳踝，只能買藥膏治療，直到花光了兩枚龍銀，腳傷才癒合。非分之財，不可想望，這是臺灣民間流傳的龍銀故事最常見的道德教訓。

在姜佩君《澎湖民間傳說》（一九九八年）的書裡，也記錄了一則龍銀會跑的故事，講述某一戶人家的龍銀自己竟然跑到隔壁人家。而林良哲的著作《五角新娘》（二〇一一年）提及龍銀的情節更加神奇，據說龍銀可以在特定的時刻「變身」，長出一雙翅膀，往天空飛去。

龍銀是可遇不可求的珍貴財寶，如果真的遇見了，該如何留住它們？臺灣民間流傳的祕法妙招，也就是「蒸龍銀」。

例如，林良哲《五角新娘》書中提到，如果捕捉到龍銀，就要立刻放到蒸籠內，用大火將它們蒸熟，龍銀才不會飛起來逃離。高雄民間傳聞[277]，日治時期的大社區有一位許良馬先生，曾經挖到一堆龍銀，他就用蒸籠將這些龍銀蒸熟，並將龍銀放在小布袋，將小布袋連成一長串，將這些布袋「一袋」接著「一袋」，從家門外牽到家裡，象徵財富會「一代接一代」。

典文

※《民俗臺灣・飛錢》[278]——日・黃啓木

傳說龍銀（刻著龍的一圓）一般都向著有福的人飛過來，得到此物者必為積善德者，這是土地公依天意送給有福者。相反地，若被無福者發現，則龍銀也會變成蜂蛆，即使到手也會因某種原因而立刻失去，而且會招來災禍，因此可以使得富者一夜成貧，也可使貧者一夜致富，這均是天意，無理可解釋，年長者至今仍深信不疑，事實上也有人親眼看過龍銀。

我的祖父已經七十六歲了，當他十三、四歲的某一日，在田園中觀看耕作情形時，看到在竹林的高處有物體咻——的飛過，就像小鳥一般飛向南方，但那卻又不是鳥。還有一位老婆婆，三十年前在艋舺的頂新街一家永泰雜貨店做生意時，看到屋頂上有二列物體擋住太陽光向東北方向飛去，當時還有十幾位店員看到此景，雖然我想大概是誤看了鳥之類的物體，但祖父和老婆婆總不會說謊、胡言亂語才對。

*

有個看牛的小孩騎在牛背上遊玩時，看到頭上有東西飛過，便以手上的竹子敲之，結果二枚龍銀落下並打傷他的腳，不得已只好買葯膏貼，但卻一直無法痊癒，聽說一直到二枚龍銀花完後，腳傷才漸漸癒合。此外，以前我家的長工曾經在田裡挖到十八龍銀，他以十二圓娶了妻子後即患病不起，直到剩餘的六圓花完後才好轉，而且聽說妻子也死了，這些都是非分之財惹來的災禍。

吳藻汀所編之《泉州民間傳說一集》中說到，興化縣有一地名曰飛錢里；宋朝致和年間，飛錢曾兩度降落陳家，因此而名聲大噪，又為了紀念第二次之飛錢，乃建立了「重來當」之書齋，據說至今仍存在著。

*

關於飛錢的傳說很多，均為勸善之故事，以下即舉一例。

有一對新婚夫婦相當貧窮，但二人心地非常純正善良。有一天，丈夫發現一個裝了龍銀的甕，他將此事告訴妻子後，妻子表示古來即流傳該得錢自己會來的說法。而另一方面這家庭最近二、三日內均被小偷視為目標，但是因夫婦均辛勤工作至深夜，而早上又早起，所以歹徒苦無機會下手，只好躲在屋外靜候機會，突然他們聽到了夫婦的談話而欣喜若狂，便速速搜出龍銀，但打開甕一看，裡面不是龍銀，卻飛出大群黃蜂，於是急忙關上蓋子。

小偷心想，好不容易等了三晚，不但什麼也沒得到，反而惹得一身不適，實在心有不甘。因此苦思報仇之計，於是便抓來黃蜂至夫婦家，他站在屋頂，準備伺機而動，沒想到屋頂壞了，裝黃蜂的瓶子掉了下去，但黃蜂卻變成了二枚龍銀，小偷非常懊悔，覺得很可惜，但也沒辦法。這對夫婦看到龍銀由天而降，知道這是上天所授與，非常開心，終其一生都過著安樂的生活。

277 劉榮正發表在「高雄小故事」網站（高雄市立歷史博物館徵集民間故事而設立的網站平臺）的文章〈大社家族傳說：龍銀傳說〉。

278 本文收錄於《民俗臺灣》一卷五號（一九四一年十一月五日）。中譯本由林川夫重新編譯，收錄於《民俗臺灣》中譯本第一輯。

113 魂籃仔、魂甕仔

介紹

臺灣漢人傳統習俗，家中如果有小孩，房屋正廳的橫樑上有時候會放置「魂籃仔」與「魂甕仔」。如果小孩生病，或者氣運不佳，就會請道士製作魂甕仔，藉此祈求小孩平安長大。

典文

※《民俗臺灣・村落的歷史和生活》279——日・國分直一、黃旭初、張上卿

五、信仰的習俗和民譚：魂籃仔、魂甕仔

在古代的家庭或富農的正廳中一定會看到一個裝有魂甕仔的魂籃仔吊在橫樑上。這個東西是為了替小孩求好運、不生病而做的。

大部分的人都相信人有靈魂附著在身體上面。如果一個人的靈魂飄離身體的話，那麼這個人也等於死掉了。魂甕仔就是要將這個靈魂收藏起來不讓它逃走。

據說人有七魂，因此在甕裡放有七粒米（用紅紙封起來，並且用黑線綁著）。意味祈禱小孩不要生病、夭折或走惡運。等到小孩長到十六歲（古時已算成人）的時候再請道師（覡公仔）將甕打開。就好像解開貓、狗的鍊子讓它去適應周圍的環境一樣。

封甕也是要拜託道師來行法。首先將魂紙蓋住魂甕口，並且用黑線綁住。然後在紅紙上面擺七顆米粒，在紅紙的正中央挖一個洞。當道師一邊敲鑼一邊唸咒文的時候，米粒就會一粒一粒的掉下去。大家都相信掉下去的是人的七魂。雖然道師的職業並不見一般人所尊重（按：原文寫「下九流」），可是他所施行的法事大家卻都相信不疑。

如果從科學的觀點來看，在念咒文的聲音振動和銅鑼聲的一起影響下，本來紅紙就會稍為傾斜，而米粒也會一顆顆地往甕裡掉。但是不知情的民眾都以為是道師的法力讓人的「七魂」進去的。

「七魂」掉進去之後，道師再把寫有咒文的紅紙封住甕口並用黑線綁住。

有的人每天都燒香，有的人是初一、十五才燒香。父母親或祖父燒香的時候總是不忘記替小孩祈禱。拜好的線香插在魂籃仔上（沒有一定的方向）。因此吊在橫樑上的魂籃上的線香就好像是一支支的觸角。

279 本文收錄於《民俗臺灣》卷號（一九四四年六月一日）。中譯本由林川夫重新編譯，收錄於《民俗臺灣》中譯本第六輯。

奇地之章

114 貓山與鯉魚山

介紹

臺東最著名的妖怪傳說，就是山貓精與鯉魚精敵對相鬥的故事。據說這兩隻精怪是互看不順眼的仇敵，分別住在貓山、鯉魚山，也有傳說這兩座山其實就是兩位妖精的化身。

在日治時期，漢詩人李碩卿曾經賦詩〈貓子山〉、〈鯉魚山〉，描述民間故事中貓鯉相鬥的情節。在一九四三年，臺灣藝術社出版的《臺灣むかし話》（第二輯）則對此事詳加描述。作者除了提及貓為了吃魚才與對方戰鬥，也說到鯉魚精作祟，導致當地村落的婦女容易生下雙胞胎。因為雙胞胎被視為惡兆，於是人們就挖去鯉魚精的眼睛。

■《臺灣むかし話》（第二輯）的〈貓山與鯉魚山〉的插畫，作畫者鳥羽博。

施翠峰在一九七六年出版的《思古幽情集》（第二冊：神話傳說篇），描述了貓追鯉魚的臺東故事。臺東老者認為，貓山與鯉魚山是「活穴」，雖然本身是山，但也能緩慢地移動位置，每當貓山移動時，鯉魚山就往海岸邊逃避。另外，作者還引用了當地人流傳的另一種版本的鯉魚山傳說。據說以前鯉魚山的山下是原住民部落，有一位部落青年在鯉魚山的山洞中發現一件金光閃爍的寶衣，當他穿在身上之後，同族的人見他身著寶衣，而且說話十分靈驗，於是認他為王，讓他成為部落首領。但是有一天，紅毛番（荷蘭人）來到此處，想要占據臺東平原，於是這名首領率眾驅逐敵方。後來紅毛番改變作法，將珍珠與瑪瑙贈與原住民首領，讓對方掉以輕心，最後再騙走首領身上的寶衣。他失去寶衣之後，說話再也不靈驗，部落人民不再信服他。不久之後，他們發現族內出生的胎兒、牛羊，眼睛都是瞎的，人們懷疑鯉魚山中的兩顆大寶石（也就是鯉魚活穴的魚眼）被紅毛番挖走，才讓鯉魚穴的靈氣喪失。面對這種狀況，部落人心惶惶，於是決定搬離此地。

■臺東鯉魚山的鯉魚頭，有一座橢圓形窟窿，據說曾經是鯉魚眼睛的位置，但是魚眼已被挖走。

■臺東的貓山，狀如貓兒弓背。

典文

※《東臺吟草・貓子山》——日・李碩卿

誰把貓兒放此間，伺魚日久化為山。

憐他身小魚偏大[280]，攫取無能覓食艱。

※《東臺吟草・鯉魚山》——日・李碩卿

山勢分明似鯉魚，疑從東海躍來初。

錦鱗畢竟宜於水，願汝揚鰭返尾閭[281]。

※《臺灣むかし話（第二輯）・貓山與鯉魚山》——日・稻田尹

臺東街市附近，有一座形狀如貓的山丘，故名「貓山」。另外，臺東神社的那座山，名為「鯉魚山」。關於這兩座山，自古流傳以下故事。

一

很久很久以前，貓山裡住著一隻貓，此貓每晚就會從山上慢吞吞地走至街市，想要抓鯉魚來吃。

但是這隻鯉魚並非普通的鯉魚，而是一隻鯉魚妖怪，所以就算是貓也無法輕易捕食對方。因此，想要吃掉鯉魚精的貓，經常與鯉魚精互相爭鬥。

但，貓非常渴望捕食鯉魚精，攻勢極為猛烈，所以鯉魚精總是打敗仗。鯉魚精只要打輸，就會逃至海岸。

如此的爭鬥持續很長的時間之後，海岸只要入夜時分，就會發出不可思議的光芒。

二

從此時開始。

在這附近山中居民之間，開始出現奇妙之事。

山中居民所生的子女，都是雙胞胎，可是山中居民對於生下雙胞胎都很嫌惡。很可憐地，生下雙胞胎的婦女都會被趕出家門。漸漸地，被逐出去的媳婦越來越多。

山中村落的頭目知情之後，內心極為苦惱，想要解決此事。

之後，頭目非常努力想要探尋此事發生的原因，直到某年秋季，總算調查到原因。

其實是鯉魚精的眼睛在作祟。

三

於是，山中村落的頭目召集山中全部之人，翻遍鯉魚山，終於掘出鯉魚精之眼睛。

從此以後，山中居民經常生出的雙胞胎，就不再出生過。

現在，鯉魚山恰似鯉魚頭之處，留有圓洞的痕跡，據說圓洞就是以前那隻鯉魚精的眼睛。

280憐他身小魚偏大：鯉魚山高度大約七十五公尺，貓山高度大約只有五十七公尺。
281尾閭：海水所歸聚之處。

115 魔海奇遇記

介紹

自古以來，黑水洋的落漈傳說名聞遐邇，陳鳳昌的遺著《拾唾》有一篇文章〈落漈〉，描述一位郭姓篙工在落漈孤島的奇異冒險記。日治時期，這篇文章曾連載於《三六九小報》，題名〈鞠譜遺稿：落漈〉（一九三三年），陳鳳昌友人連橫的《雅堂先生餘集》也有簡述此篇故事。

陳鳳昌撰寫的〈落漈〉一文，情節怪誕玄異，概述如下：

篙工郭某的船隻誤入落漈，船隻最後靠岸於無名孤島。因為糧食缺乏，遇難者開始互相砍殺，食用人肉果腹。郭某不願陷入紛爭，離開眾人，意外發現荒野屍骨，為之收埋，眾鬼感念郭某善行，助他捕魚，又告知甘泉位置。之後，治理落漈一帶的真君認為郭某「心恕行慈」，不應絕命於此，所以幫助他返回粵東南澳鎮。

典文

※《拾唾・落漈》——日・陳鳳昌

臺灣有落漈之諺，然漈之所在，終莫考其詳。閱微草堂謂在琉球界；或曰：即澎湖黑溝下流，水之極窪處，未知然否。

當輪船未入中國之初，有內地商帆，載瓜代兵士，由省渡臺者。及溝阻風，簸播數晝夜，漂流不知幾千萬里，既而風濤轉惡，帆楫及行李，皆拋擲中流，汲汲乎有載胥及溺之險。

陡聞砉然有聲，舟身膠固，不動不移，眾能起立。爭出艙驗視，見滿目黃沙，流泉汗漫，淺不盈尺，回望來處，海水屹立[282]如削壁，舟之從高而下，其不碎為虀粉[283]，實屬萬幸。

舟中人獲慶再生，各謀飲食已。相率舍舟而游，沙際有物碍足，拾視，金銀骸骨，剝蝕模糊，而敗檣斷櫓之雜亂於其間者，多至不可枚舉。飯餘無事，羣向沙水內淘汰金銀，未幾糧食告匱，闔舟大譟。

一人持斧突前，叱曰：「累吾輩至此者，舵師也，留之何用？」

舵師欲走避，而斧已劚其腦矣，乃臠烹其肉以果腹。自後饑必譟，譟必殺人為食。始所殺者皆舟子，及舟子殺盡，同舟之以強凌弱，眾掩寡，智欺愚，同類相殘，日甚一日。

篙工郭某，平素不茹葷酒，持大悲咒極虔。是日方跪船頭默誦，親見舵師之被殺，料禍必及己，潛攜衣服數事，夤夜[284]遁逃，數里外遇一敗舟，遂匿焉。

舟前後僵尸四五具，偃仆縱橫，似死已多年。肢體為蛇鳥所齧喙，唯存大段而已。自念不出數日，行將與若輩為徒，中懷了無畏怖。第今既佔據其舟，勢必以舟為棺槨。異日蛇鳥聞腥穢而重來，舊尸必為新尸所累，合應預為措置，庶後來之處我者，亦如我之處前人也。

因於舟之附近，擇地勢稍高，浸淫不及之處，挖成一大壙。窮手足之烈，運艙櫝於壙中，再將各尸用草薦[285]包裹，一一納入。掩葬停妥，返舟坦臥。初覺空腹雷鳴，饑腸難忍，久遂安之。但困憊之餘，神不守舍，略一轉側，則步步入黑甜鄉[286]。

比醒，日已昏暮，艙隙中有光射入，翹首探視，水面燐火團團，其大者如月之明，小者亦如星之炯，或數小火聚而成為一大火，或一大火散而分為數小火，變幻迷離，高低追逐，已而陰風驟起，羣火盡熄，唯存數大火，隨風滾到舟上。

火光中有皆現一人，郭知係鬼物，驚問若輩何來？

鬼曰：「我等皆從前遭風，併命於此者，來謝葬骨之惠。」

郭嘆曰：「後事須待後人，鋤畚微勞，何惠之有？但不知他年葬儂知是誰耳。」

鬼曰：「公非此中人，若憂饑渴，水內魚蝦極多，我等為公驅之，掬手可得，東去數百里，有天妃泉甚甘美，足資餐飲，靜心忍耐，候真君回潦時，自有刀環可賀。」然則何謂天妃泉？曰：「昔天妃拯溺到此，憫絕地無援，特賜甘泉一脈，待延未死者性命。使真君司之，真君者，靖海侯偏裨[287]，殊於澎湖劉國軒之戰也。歿後有功人世，累封至真君。頃又遍謁龍王，及百川司命，欲會奏籲懇帝天，裁減年年溺籍，故遠出耳。」

次日，郭遵鬼言，解衣為網，果得大魚數頭，提甕出汲，亂流中一水盈盈，其色獨白，試之果淡。遂滿載而歸，船中舊有釜鬲，劈腐板為薪，恣情啗啖，不復如前之假慈悲、戒血食也。

入夜，前鬼復來，促膝傾心，歡聯夜話；又有數處鬼雄，聞風致慕，浼前鬼為介，雅願納交於郭。郭皆坦懷延接，不存芥蒂，諸鬼大喜。共憐郭居無宿糧，有抱薪者，有饋生魚者，有驅飛禽入舟斂翼待捕者。

郭唯職庖人之役，而坐亨厚味。有時留其餕餘，夜間待饗鬼友。鬼但歆氣，未嘗下咽。但物經其嗅，則索然無味，入口幾同嚼蠟。傳曰：若敖之鬼餒而，夫鬼既知餒，則有需於食明矣。蒸嘗俎豆之陳，豈第昭誠敬已哉。

一日，天晶若洗，水碧于油，水色連天，上下結成琉璃世界。是處新鬼大，故鬼小，蠕蠕然從波心躍出。爭前告郭曰：「真君駕至，前驅者已過黑洋。」於是行列水次，延佇迎迓，郭一身周旋其間，鬼伏亦與之俱伏，鬼起亦與之俱起；俄又鬼言嘈嘈，齊讚真君騶從之盛，儀仗之華，郭雖與之部和隨聲，聊為搗兔，其實目中一無所覩。及再回首，則海闊天空，並鬼影亦滅絕矣。默思神道渺茫，真君縱賜我生還，而欲渡無梁，豈能履波濤如平地。如謂敗舟尚可修之使固，則潮頭如是之峻，將假伊誰大力，而挽之使登耶。

興懷及此，不禁憂從中來，嗒焉若喪。聞蓬外有人問曰：「郭某住此中否？」郭未及答，問者已登舟。殷殷[288]邀與之俱去，郭從之。

道途皆所未經，迤邐抵一衙署，侍衛荷戈林立，氣象嚴猛，堂上坐一宰官，短鬚方面，本朝衣冠，即真君也。召郭近前，諭之曰：「汝居心本屬良善，茲又能澤及枯骨，不忍以身後累人。心恕行慈，可無死矣。吾將決西江之水，與東海之波，借一帆好風，助汝歸航隱渡。」言未已，一吏僂身啟曰：「滃中尸骸叢積，海水暴漲，必至漂刮靡遺，似宜別籌良法。」

真君垂思良久，笑向郭曰：「汝習處海上，八月浮槎[289]之事，聞之乎？」郭答以未知，因命吏移文，咨請天上星曹，假古時犯斗牛之槎，載郭挽銀河而上。並可藉勸世人，使共知人茍一念純良，雖平地登天，猶非難事也。賜脫粟飯一斛，俾資守候，著仍回原處。

倏忽間，郭自顧已在舟中，覺身不出艙門半步，而所遭歷歷，懸繪目前，深幸真君果陰相我。彼舊侶之殺人為食，焉可久長。我有餐糧，何妨分與同飽。我有舟楫，何妨約與同歸。諒真君仁愛為懷，必不加我以擅專之罪，主意已定，遂起身拖泥帶水，望前舟彳亍而行。

至則斷桅巢燕，冷竈生蛙，苔蘚參差，毛骨狼藉。同渡百十人，早沉聲匿彩，鎖歸於無何有之鄉，財物纍纍成堆，皆死者從沙際淘來，不能向泉路携去也。舟中餓殍，枯瘠如臘，個個魂靈兒，悉從其肚子裏脫胎而出。此數人者，雖吮盡人人膏血，特延須臾之命，終不能自保其生，無乃多此番殺界歟。

郭覩此凶慘，涕淚垂膺，因擇一二親知之骨，負歸己舟。往返數四，偶於艙板下，檢出粗糲半囊，係斷食時舵師所藏，將私以自奉。詎料飯未成炊，而身已飽他人腹矣，可哀也夫。郭自獲此囊，乃拜真人之賜，每食熬一甌粥，佐之以葷腥，前之厥夢維魚者，今更蒸民乃粒矣。

如是又歷數月，忽一夜天風潑潑，舟自轉移。前鬼麕至，攀舷號泣曰：「公今歸矣，我等皆內地人，生前造孽，死後沉淪，悵望家山，徒增悽愴。公歸後，倘能仗諸天佛力，超出苦海中無數冤魂，則世世生生，永圖含結矣。」

囑畢，共拾無主資財，為郭致贐，黃白盈舟，恍類賈胡載寶。

亡何，風威益猛，無人擺撥，而櫓柁自搖。漫天細雨霏霏，奇寒刺骨，郭覺有異，蹲伏艙隅聽其所之。天明辨認，已泊粵東南澳鎮，載回之金寶如故。骸骨化成塵土，想為罡風所鑠故也。

郭閩人，易舟而歸，立地成巨富。廷上剎名僧，建水陸道場，七七晝夜，為眾鬼超度，未審水府諸舊遊，能誕登彼岸否乎，郭可云無宿諾矣。

陳氏鞠譜曰：眼前因果，立證菩提，世之念佛持齋，貌為修行者，不幾誤地獄作天堂乎。郭之無食食魚，與梁武之被圍啖雛子，同一情境。然梁武固君臨一國者也，棄玉食而咬菜根，正孟子所謂仁恩足以及禽獸，而功不至於百姓者。若郭乃力作細民，目不知書，身無長物，死亡居在俄頃，饑餓切於臨時。獨能物物推恩，人人汎愛，聖門道崇忠恕，佛國教主慈悲，何物篙工，兼賅並貫，其窮碧落而上青天，載黃金而超黑海也，宜哉！

天下異境，多從患難中得來，貲寶成堆，至碍行人之足，如可任情往返，吾知世上之奔赴者，應勝於新金山、舊金山也。薦秋識。

如是輩者，皆爭利奪貨，而不知身陷於死地者也。然郭獨不為之，而能為巨富，是輩為之而皆死，世之如此者不少。不動識。

282 迄立：聳立。
283 韲粉：粉屑。
284 夤夜：深夜。
285 草薦：草墊子。
286 黑甜鄉：夢鄉。
287 偏裨：偏將、副將。
288 殷殷：懇切的樣子。
289 八月浮槎：據說天河和海相通，曾經有人在岸邊看到，每年八月的海上有木筏按期往返。此人乘坐木筏，竟然抵達天河。

116 暗澳奇遇記

介紹

陳鳳昌的著作《拾唾》有許多志怪故事，有一篇文章〈暗澳〉，情節驚奇魔異，趣味橫生，簡述此文如下：

據說臺灣後山有一座暗澳島，一年就是一晝夜。曾有外人進入此島，本來以為是人間仙境，後來卻發現這是一座恐怖魔境，山谷中還有巨蟒騰空。清國時期，有一位潮州人想來臺灣經商，沒想到搭乘的船隻遭遇颶風而翻覆。他大難不死，被一名怪異女子救至暗澳，後來得知此女乃是龍女，並與對方結成夫妻，生下一名孩兒。之後，他攜兒歸鄉，滿六十歲之後才再度返回龍女身邊。

陳鳳昌的文章〈暗澳〉，融合了臺灣的暗澳傳說與玉山傳說，這兩種故事都是清國時期在臺灣流傳廣泛的民間怪談。

暗澳的早期傳說，可見於首任諸羅知縣季麒光的文章，他曾在〈臺灣雜記〉寫下神奇的「暗洋」（暗澳）故事：「暗洋，在臺灣之東北。有紅彝舟泊其地，無晝夜，山明水秀，萬花遍山，而上無居人。謂其地可居，遂留二百人，給以一歲之糧，于彼居住。次年再復至，則山中俱如長夜。所留之番，已無一存。乃取火索之，見石上留字，言：一至秋即成昏黑，至春始旦。黑時俱屬鬼怪，其番遂漸次而亡。蓋一年一晝夜云。」

至於玉山傳說，昔時人們認為此山高不可攀，遠眺山頂雪白晶亮，乃是可望不可及的仙境，據說這座山的深處藏有奇玉礦脈，鄭王曾經入山採玉。翟灝的文章〈玉山記〉便有描述：「閩之鷺門，東渡重洋，為臺灣一郡四縣。自南至北，綿亙千餘里。有大山障其後，環抱諸峰，樹木陰翳，若斷若連，名曰玉山。中有惡溪，葉落水上，多年堆積五、六尺許，糜爛不可近。漁人樵夫，觸之即死。鄭成功時，費金萬餘，始得拱璧；其取之難如此！每當天氣晴明，日光照耀雲端，素練橫懸空碧；然不宜全見，見則不祥。」

典文

※《拾唾．暗澳》——日．陳鳳昌

臺灣後山，有島名暗澳，相傳一年唯分一晝夜。春夏為晝，秋冬為夜，以故奇區荒落，寂無人居云。

乾隆時，有西人探地到此。時當春日，島上風和景麗，草木清華，因悦其幽勝，攏舟登岸。分留舟上人，入山砍木。就平原建築屋宇，餘仍轉帆歸國，載其妻孥牲畜穀帛擾鋤，以備建都邑於城外，而為桃源洞裏民也。

及重來，已涉秋冬，海氣迷濛，渺不知處。用庚盤測量，方得再履前境。長夜漫漫，暗無天日，並前次築屋人，亦盡歸於烏有，大駭。

熱火窮搜，於谷口得大樹一章，斷幹處泐字數行，蓋即築屋人臨死遺筆也。略謂：此地自六月來，天色昏黃，如日就暮；入秋以降，則昏然冥黑，冰雪紛霏，帛纊無溫，樵蘇不熱，饑寒交迫，不死何為。後之來者，亟宜返櫂云云。

眾覽畢，同聲大哭，遂相隨入谷，將負各骸具以歸。迤邐至深處，腥風滅燭，跋涉俱艱。正在無可奈何之時，忽片片白光，從谷口射入，大喜，不敢前進，循舊路趨出。

遙見巍峰上燄炬雙懸，如日月之並曜，疑詫間，猝聞霹靂連聲，一巨蟒盤舞空中，夭矯拏騰，移時投向海中而沒。前見白光，乃蟒探首山巔，目光照映而成也。益大駭，爭奔入己舟，解纜急去。

有阮維元者，潮人。父早卒，奉母極謹。家貧無以供菽水[290]，聞臺灣營商較易，從人航海，將依粵客之賈於臺者。出洋遇颶風，柁析桅崩，勢瀕沉溺，同舟皆慘慟呼天。

阮時時有老母在心，畏怖較他人尤甚，驚極若死。耳畔聞人聲嘈雜，自顧己身已陷巨浸中。兩手牢握斷蓬一片，唯瞑目聽其浮沉而已。迷惘中，覺有人援登之舟。笑曰：「癡兒郎嚇破膽矣！」急開目，少女如花坐身旁，拳握纖指，代去衣上水漬。乃呻吟曰：「拯命之恩，同於生我，卿其操楫女，抑捕魚娃也？」女微哂不答。一女奴打槳立舟後，雙跗俱赤，宛類散花隊裏人。

須臾，維舟緣楊樹，阮委頓不起，女命女奴負之，阮慮荏弱不能勝重荷。奴強之，挾之以趨，疾同奔馬，瞬息至一處，廣廈高堂，宏敞芳麗。侍婢數十輩，皆高屐平履，無纖小作彎月形者。坐定，置酒款客。阮腸腹漲悶，避席興辭。女進丹藥一丸，命阮嚼咽。登時嘔鹽水數升，立就平復。

筵間叩女氏族，女曰：「言之勿驚，妾龍女也，妾母廣潤王公主，嫁為淵聖世子妃。典東海珠藏，誤中誌公詭計，獻驪珠於梁武。淵聖聞知，怒妾母貪口腹之奉，妄以重寶遺人，幽禁宮中，饑餓欲死。妾時尚稚，日竊飲食哺母，淵聖益怒，竄母於東南極邊，妾出宮追尋。比至，母畢命多時矣。因此憤恨不歸，潛匿於此，屈指已居千年。自念得罪於祖父，無頻重入故宮。唯時沛甘霖，培護此方稼穡，聊贖前過。今日與郎遇，正妾孽緣填滿，良緣締造之期也。」令婢導阮就外舍，薰沐更衣已。引入，管絃花燭，贊夫婦交拜成禮。

女食息言動如常人。但恒性好沐，沐時，必投身後園巨池中，嚴閉園扉，不許人窺探。若聞池水冲激聲，不旋踵則女發扁整襟而出。

是時室中長晝不夜，腹餒則餐，眼慵則寐，晝眉餘暇，即出門豁眺。四圍峰巒突兀，川澗縈紆，怪石欹傾，亂花零落；古木胸雲，皮幹黯黝同鐵樹；海鳥大於鶴。時營巢於叢深茂密間。引吭一鳴，如聞鬼叫；野草縱橫無蹊徑，而涓涓流水，猶復浸淫流溢於其中。不特人跡永無，則獸跡亦不恒有矣。有時暴風驟起，黑霧如潮，滾滾從海上來，天地即為之改觀，人立對面不相見。

阮對此異境，倍增陟屺之思，入向女悲啼，女曰：「尊堂年臘大高，倘奉養無虧，子職亦不盡缺。妾自奉衣裳，懷中似有佳朕[291]，俟此兒能勝步履，父子偕歸未晚也。」阮曰：「僕出門時，厨中儲藜藿數斗，此外別無餘糧，茲若不歸，恐老母成餓殍[292]矣，何奉養之有？」女曰：「妾安置已久，郎其勿憂。」

未幾，薄靄翳空，涼颷慄骨，女督婢趣裝，意甚忙迫。阮問故。女曰：「此暗澳也，陰候將至，郎血肉之身，何能久耐，且妾將誕兒，自當育之於清淑之區，庶幾得天地精氣，而為一代偉人也。」問何徒，曰：「玉山有舊日故廬在，是處雖寒，朝朝為陽光所爍，實福地也。」

於是重理舟楫，夫婦居中艙，從人分列左右。臨行，一婢立舟首呼召篙師，有四力士從中流揭水而出，皆魚服蝦鬚，袒臂以肩承舟，浮泅水面，舟甫離岸，霎時巨浪如山，湧自柁後。阮愕眙失色，女曰：「是臣，來送妾行。」命婢沒水阻其篙。

又有彩雲絢爛罩舟前，愈近愈低。雲中現一美妹，含笑斂衽。女曰：「此玉峰神女，妾姐妹行，知妾之來，特地迎迓[293]也。」即舉手遜讓，俄彩雲裹女，飛入溟溟中。

頓渺，玉山有留守婢僕，聞主人將至，預佇候岸側。見女舟譟曰：「郡主偕儀賓來矣。」歡笑承迎，羣擁主人登陸。

入門，阮見居第較前更壯，鋪飾更華。第後亦有園池，女之就沐。一如居暗澳時。入夜，堂上懸巨珠以代燈燭，明亮可鑑毫芒。雞初鳴，則登玉峯頂，對朝陽咽納涎液，叩齒有聲。阮縱觀東海極東處，燭天如萬道金蛇，撩睛欲炫，旭日如車輪，從波心躍出，再躍再伏，有朵雲自下捧之，則太陽升矣。聖神御極，普天之下，雖荒陬僻壞（按：應是「壤」）[294]，亦同慶太平，氣象亦猶是耳。

一夕，密雲欲雨，走電將雷；女捧心而顰[295]，蹙額曰：「妾腹內震動，想孽種將離身矣。」起身入園中，阮欲隨之，不可。仍闔園門，寂無音響。久之，巨霆震屋，驟雨傾盆，翻騰澎湃之聲，不絕於耳。婢走報曰：「郡主分娩矣，男也。」

少選，女至，喘促汗淫，髻髮蓬亂。倚阮懷泣曰：「妾初次臨盆，不知產育之苦，者番幾喪妾命。」一婢繃嬰孩從於後，阮急接抱。兒睛突頤張，角棱齒露，形狀詭異，默然殊不屬意。

女已知之，摩兒頂曰：「是兒神俊，不登人間極位，亦列天上清班，所謂媸皮裹妍骨者也，宜寶愛之，母（按：應是「毋」）褻視[296]。」懸弧日[297]，水府諸神妃，各具賀儀，附翼攀鱗而至。

登堂以栂指按兒鼻，名為增壽。三四歲，即軀幹奇偉，跳躍如飛。

阮思親念切，遂挈之登舟。女出明珠一囊，為之治任。臨流握別，戒兒曰：「祖母窀穸[298]後，宜奉汝父歸來，水雲深處，即是故鄉，勿稍遲疑，致阻來時路。」舟中無帆楫，輕泛若水上鷗，詰朝[299]已達潮界。

抵家，門庭華好，卻顧不敢前。鄰老競告之，乃入。兩婢侍母坐幃中，煖錦繡，飽粱肉，極人生五十七十之養。定省已，叩問供具所由來。母曰：「自汝外出，人傳覆溺之信，累老娘悲涕欲絕。一日斷炊，適有賫手書到者。稱汝在臺營業，獲利頗豐，侍女兼金，皆汝歷年遞寄，豈偽也耶？」阮茫然不知所為，兩婢乘間訊郡主興居，始悟女前云安置，即此也。

售囊中珠，得資盈鉅萬，遠近仰其富，爭妻以女，悉謝絕。納妾再生一子，後母八旬壽終。

阮年週甲[300]，次子已成童，急為畢婚。舉家政畀之。然次子尤孝謹，曉起入幃覲父。見父不在，奔告兄，兄亦亡去。知有異，放櫂急追，則天風浪浪，海山蒼蒼，迄無片帆隻影，痛哭而返。

陳氏鞠譜曰：暗澳玉山，皆瀛東異境，終未有能至其處者。日初出時，翹首東望，其海上一峰，矗然而高，皎然而白者，玉山也。聞闐姓闍臺之初，命軍士入山採玉。中途，山石崎嶇，草蟲穢惡，不得進。夜有老丈欵營門，獻玉帶一圍，勸令退師，乃已。是說荒謬不足信，有老於番社者，語人曰：「玉山非玉，乃四圍積雪，雖夏月不消，巒岫間冰塊尤巨，故望之如玉耳。」嗣經日人用天尺測量，謂玉峰較其國富士尤高（富士東洋最高山），為太平洋羣島諸峰之冠，未知果否，紀之以質博聞諸君子。

吾鄉為八閩粟倉，以其田壤膏腴，雨暘時若，耕農有一年收及兩季者。早季為六月冬，又有八月冬，晚季為大冬也。或有龍女神靈呵護於其間，臺人不知，從者無一瓣香以酧其德，而仍引為己任。靡間初終者。嗚呼，此其所以為龍女歟。薦秋識。

290菽水：豆與水，比喻清淡的飲食。
291佳朕：佳兆，指懷孕。
292餓殍：餓死之人。
293迓：迎接。
294荒陬僻壤：荒遠偏僻的地方。
295顰：皺眉。
296藐視：輕視。
297懸弧日：男孩的生日。
298窀穸：埋葬。
299詰朝：翌晨。
300年週甲：滿六十歲。

原住民世界

泰雅族

117 征伐太陽的故事

介紹

臺灣原住民族常見「射日傳說」，通常會說天空有兩顆太陽，不分晝夜照射大地，讓土地焦熱，氣溫升高，不只農作物會乾枯，人們也無法安居樂業，於是部落中的勇士決定挺身而出，展開征伐太陽的旅程。

在泰雅族的傳說中，勇士射日的故事有許多版本。根據《蕃族調查報告書》的紀錄，分布於大安溪上游地區的北勢群武榮社流傳的故事，據說遠古之前，天空有一顆太陽，不分晝夜都在天空中運行，大地因此焦灼。當時有兩位勇士冒險出發，其中一人還揹著一名幼兒。旅途中，其中一人死亡，剩下父子繼續努力。最後，終於抵達太陽之處，父親卻因興奮過度而死，兒子強忍悲傷，將熊的陰莖插在箭頭上，再射向太陽。結果，太陽一分為二，其中一半成為月亮，世界因此有了白天與夜晚的分別。

另外，泰雅族北勢群麻必浩社的射日故事，則會說天空有兩個太陽，最後勇士利用插有木鼠陰莖的箭頭射向太陽，才讓其中一顆太陽流血失光，變成月亮。

典文

※《蕃族調查報告書．征伐太陽的故事》（泰雅族）——原著：臺灣總督府臨時臺灣舊慣調查會，編譯：中央研究院民族學研究所

太古時代，天上有兩個太陽，光熱甚強，大地無晝夜之分，祖先於是遣人去射殺太陽。受命者向西行，經過數十

■鹽月桃甫在《生蕃傳說集》（1923年）書中所繪製的版畫〈太陽征伐〉。

征伐太陽

年，里程達幾千里，終於到達太陽的西端。抵達時，他們原打算用普通的弓箭射殺太陽，但又認為以普通的弓箭對付太陽，必定無效，於是把bahot（木鼠）陰莖，插在箭頭上，才開始射擊。飛箭果然命中，太陽血流如注，漸失其光。今日的月亮，正是當時被射中的太陽，大地也從此有了晝夜之分。

（北勢蕃Mabrahaw社[301]）

※《蕃族調查報告書．征伐太陽的故事》（泰雅族）

——原著：臺灣總督府臨時臺灣舊慣調查會，編譯：中央研究院民族學研究所

太古時代，天上沒有月亮，只有一個太陽不分晝夜運行著，所以氣候非常炎熱，人們無法安心休息。之後，祖先齊聚商量並決定去征伐太陽，於是選了兩個年輕人。

兩人把粟裝入竹管耳環，即向東出發。其中一人揹著一個幼兒，另一位帶著一根熊的陰莖。路程實在遙遠，儘管兩人走了十幾年，卻還沒有到達目的地的一半。其間，兩人中的一位，早已衰老死在途中。剩下的是一對父子，他們絲毫不氣餒，又繼續走了十多年，總算到達太陽處。

父子倆高興大喊：「我們父子馬上就要完成使命了！」但或許是興奮過度，父親突然倒地而一命嗚呼。兒子看了非常傷心地說：「我們經歷千辛萬苦，好不容易才走到這裡，你為何死了？人的生死雖命中注定，但我們已完成十分之九的艱鉅任務，難道您甘心眼睜睜地看著將完成的任務，像陽光下的水泡消失無蹤嗎？您為什麼不看看我們最後的勝利，就拋下我獨自走了？這到底是為什

麼？」兒子不知道哭了多久。

最後，兒子還是振作起精神，把熊的陰莖插在箭頭上，當太陽由斷崖上露出臉時，立刻瞄準，並用力一射。結果，此箭正好命中太陽中心，太陽遂分裂為二，失去其光芒。

此時，太陽的一半對另一半說：「以後我會在白天出來照耀世界，你就在晚上出來吧！」如此約定之後，那個提出建議的半個太陽，就升上天，另一半也如約留在原地，等那半個太陽落下西山才出來。

兒子順利完成任務，日以繼夜地趕回社告訴社眾：「我已射中太陽，太陽分裂為二，以後生病者必會減少，大家應該高興！」於是眾人大開酒宴慶祝。

（北勢蕃Buyung社[302]）

301 Mabrahaw社：泰雅族北勢群的「麻必浩社」，現今苗栗泰安鄉象鼻村，又稱象鼻部落。當地認為「麻必浩」字義不詳，於是後來改名「永安」。

302 Buyung社：泰雅族北勢群的「武榮社」，位於大安溪支流雪山坑高地，現今是苗栗大湖鄉武榮村。

118 巨人Halus的故事

介紹

臺灣原住民族傳說，經常可見巨人的身影，例如泰雅族廣泛流傳巨人Halus[303]的神奇故事。

根據《蕃族調查報告書》記錄的泰雅族鐵立庫社的傳說，很久以前有一位叫做Halus的巨人，擁有巨大陽具，甚至可以將之作為渡橋，讓人們通過。不過，Halus只會協助女性過橋，只要男人過橋就會被他摔進河裡。

據說Halus身形很巨大，嘴巴也很大，可以一口將鹿吃掉。因為巨人食量很大，山中的野獸都快被吃完了，所以部落裡的人們決心除去巨人，騙他吃掉滾燙灼熱的石頭，因此一命嗚呼。

典文

※《蕃族調查報告書・Halus的故事》（泰雅族）

——原著：臺灣總督府臨時臺灣舊慣調查會，編譯：中央研究院民族學研究所

昔時，名叫Halus的巨人，擁有巨大的陽具。

每逢驟雨，山洪暴發時，社人皆把他請來，向其借陰莖當渡橋使用。

但Halus總是不懷好意，每當男人渡橋時，就故意震動陰莖，害人掉入河裡。

但若是女性，就會讓她平安到達對岸。

Halus身材巨大，嘴巴當然也不小。他在山下張開大嘴時，常常有些鹿誤以為是洞穴，一躍而入，所以，他能毫不費力地把鹿吞下肚。

凡事有利必有弊，有得亦有失，此是難免的，但利少害多，則必滅亡。由於Halus幾乎將山中的野獸吞食殆盡，社眾為了生存，不得不設法將他除掉。

有一天，眾人於山頂上燃燒石頭，並騙Halus說有鹿可吃，再讓灼熱的石頭由山上往下滾，Halus很自然地張口把石頭吞了下去，結果，一命嗚呼。

（合歡蕃Tgliq社[304]）

303 Halus：經常翻譯為「哈魯斯」、「哈雷斯」、「哈路斯」。

304 Tgliq社：泰雅族合歡群的「鐵立庫社」，也就是目前的桃園復興鄉三光村。

119 女人社

介紹

泰雅族流傳的女人社故事，有許多版本，其地點或社名有「Syuma」、「Kiwawan」、「Kulubiyo」、「Syoluma」……等等異稱。

泰雅族白毛社的傳說中，女人社名為「Kilubawgan」，據說社中女子只要張開雙腿讓風吹入，就能夠懷女胎。只要男子闖入女人社的範圍，社中女子就會強迫男子與之交合。曾經有其他部落的勇士想要進攻女人社，但是女人社的女子們驍勇善戰，足智多謀，任何人也不能越雷池一步。

典文

※《蕃族調查報告書．Kilubawgan的故事》（泰雅族）

——原著：臺灣總督府臨時臺灣舊慣調查會，編譯：中央研究院民族學研究所

昔時，深山裡有個稱Kilubawgan的女人社。欲得子時，只要張開雙腿讓風吹入，即能懷女胎。

女人社

某日，一名男子外出狩獵，因獵犬走失，他朝狗跑走的方向追趕，因而到了Kilubawgan。社內女人見到他，紛紛蜂湧而來，並想把他抓回自家中。此時，有位老婦，把那些年輕的女子撥開，大步走到男人面前，握住其大腿間的那話兒，插入自己的大腿間。男子須臾間耗盡力氣倒臥在地。當那群女人再度擁上，他的那話兒再也派不上用場。因此，有個女人舉起鐮刀，把那話兒割斷。

話說男子所屬之社，因為經過數日猶未見人返回，覺得事有蹊蹺，一群人便向Kilubawgan出發，準備去報仇。但突然飛來許多蜂，使之無法入社，於是改為夜間攻擊。哪知，女人們早把羌仔皮鋪在坡上，他們一踩踏即滑進深谷，全軍覆沒，無人幸存。從此以後，無人膽敢攻打Kilubawgan。

（南勢蕃白毛社[305]）

305南勢蕃白毛社：泰雅族南勢群白毛社，別名「白毛臺」，位於現今臺中市新社區福興里。

120 熊和豹互染顏色

介紹

泰雅族的趣味傳說，講述熊和豹互染顏色的故事。

據說很久以前，熊與豹的毛皮都是白色，但是因為白色容易染上髒汙，所以熊和豹決定互相替對方的毛皮染顏色。熊的手藝很巧，替豹染色的功夫很厲害，所以豹的皮毛非常漂亮。接下來，換豹替熊染色的時候，豹在手上塗滿了墨，往熊的身上猛抹，動作很粗魯，結果熊的全身上下都是漆黑一片。而且，豹染色的時候，熊是蹲著身體，所以只有咽喉部分沒有抹到。後來，熊跑到水邊照影，發現自己全身漆黑，非常生氣。

不過，泰雅族福骨群（白狗群）講述的熊與豹的毛皮顏色故事，也有不同的版本。據說昔時，熊在田裡殺了朋友，害怕遭到報復，於是躲入山中，當時牠穿的衣服沾到了泥巴，才會全身漆黑。至於豹，牠其實是女子變化而成，她原本在家織布，但有一天突然想到，長此下去，永遠也吃不到肉，所以就披上一塊有斑紋的布，走入山中，於是就變成了豹。

典文

※《蕃族調查報告書．熊和豹的故事》（泰雅族）

——原著：臺灣總督府臨時臺灣舊慣調查會，編譯：中央研究院民族學研究所

昔時，熊和豹在途中偶遇。豹提議：「我們何不互染毛皮？」熊馬上贊成。首先由熊替豹染色，熊很細心地為豹染上黑白斑點。豹看了非常開心地說：「現在換我幫你染色。」於是手沾墨汁，朝熊的身上猛擦，熊毛被染成一片漆黑。熊見了非常生氣，抬頭想咬豹，豹趕緊道歉：「我不是故意把你染黑，實在是技術不佳，以後抓到鹿，一定送給你，請原諒我的過錯。」

此後，豹抓到鹿必定埋在地下，等候熊來享用。

（合歡蕃Tgliq社）

鄒族

121 神祕的塔山

介紹

鄒族信仰，人們如果去世，靈魂會前往塔山。塔山是天神居住之地，也是祖靈的神聖歸處。

鄒族的塔山傳說中，有一則戀愛怪談，描述一名溫柔少女與亡靈之間的愛情故事，情節動人。據說以前有一對恩愛男女，男子不幸患病而死，女子悲傷中，望見男子亡靈來找她，於是女子隨著對方前往塔山。這名女子與男子亡靈在塔山過著幸福美滿的日子，之後兩人也育有一子，但此子碰到女子母親的手，卻會變成樹根。後來，女子言明自己死前，會將白色之物（據說是女子的白色衣衫或是隨身白布）懸掛在塔山斷崖。

■日治時期，阿里山之照片。塔山位於阿里山群峰之中，是鄒族的聖山，此圖片來自《日本地理大系：臺灣篇》（1930年）。

果然過了幾天，斷崖就出現了白色物體，此物後來也變成石頭。

典文

※《蕃族調查報告書．第四章：宗教》（鄒族）

——原著：臺灣總督府臨時舊慣調查會，編譯：中研院民族學研究所

人死後，靈魂必赴塔山。山上有土造房屋，祖先居住於此，如同我們一樣勤奮工作。我等後輩身亡，皆可住進祖先建造的房屋，無需再蓋屋。道路平坦，易於步行；途中有河流，雖僅是一條獨木橋，但並不危險。

（楠仔腳萬社）

※《蕃族調查報告書．亡靈的故事》（鄒族）

——原著：臺灣總督府臨時舊慣調查會，編譯：中研院民族學研究所

昔時，有對恩愛的男女，每到夜晚，即牽手到外遊玩，別人見了都很羨慕。然而，自古好事多磨，這對恩愛男女也不例外。男子患了一場小病，不料病情惡化，終成黃泉之客，無法再與女友見面。女子悲傷無法形容，每天吟唱著思念情人的歌。

有一天，女子和往常一樣唱著戀歌，眼前突然出現亡夫身影。女子高興地問：「我愛戀的丈夫，何故留下妾身一人離去？我們不是曾山盟海誓共度黃泉嗎？你明知我一個人留在世上毫無樂

趣。雖然人常說男人皆無情，而我以為只有你不同於別人，沒想到你竟也是如此薄倖的男人，我怎麼會嫁給你這種人呀！」女子緊緊地抓住男子的身體訴說著。

男子說：「妳說得一點也沒有錯，現在，妳就跟我一起走吧！」說著便抓起女子的手往前走去。女子說：「只要能夠和你在一起，哪怕是天涯海角。」即隨男子而去。

然而，別人都看不見男子的身影，只看到女子的舉動，都以為她發瘋了。另一方面，大家都知道女子受過很大的打擊，所以都沒有去理會她。

一會之後，女子隨著男子來到了塔山。女子一看，山上有個房子，裡面住著許多人，於是就在那兒住了幾個月。不過，在這段時間，女子還是時常回到自己家裡，帶走一些酒等物品再到山上去。同時，男方家也經常送酒給女方家。只是，家人都不曾看見有人送酒來，好像是酒甕自己長了腳走來一般。

有一天，女子抱著一個可愛的寶寶回來了。她的母親伸手想抱過外孫，不料嬰兒突然變成了一根樹根，母親驚叫，立刻把樹根丟在地上。女子說：「媽媽，妳怎麼可以如此狠心！」然後把地上的樹根抱起來。此時，樹根立刻又恢復成嬰兒的模樣，輕撫著他令人愛憐的臉頰，嬰兒就呵呵地笑了起來。

某日，女子說：「明天把酒送到塔山來吧！」女子的母親就請了很多人把酒搬到塔山山麓。當時，山下豎著一根長矛，眾人就把酒甕放在那根長矛旁邊，突然，就有幾隻手臂憑空伸出來，把酒甕都搬走了。這種事發生了幾十次。

有一天，女子突然回家說：「我死時會在塔山斷崖上懸掛白色之物。」說完就離開了。經過幾天，塔山的斷崖上果真如女子所言，出現了白色物體。自此以後，女子未曾再回蕃社。那白色的物體也變成了塊石頭，現在還留在塔山上。因此流流柴社（Lalaci社）[306]的人都稱塔山為「妖怪山」（hohcubu）[307]。

（流流柴社）

306 Lalaci社：鄒族來吉部落。

307 妖怪山（hohcubu）：在《蕃族調查報告書》中，提及塔山是「妖怪山」，這是日籍作者以漢字概念詮釋塔山是一座怪異之山的詞彙。在明治、大正年間，日語中的「妖怪」會包含「怪異現象、反常狀態」的意思。在鄒族語言中，神聖的塔山就稱為「hohcubu」。

122 巨人的故事

介紹

鄒族的巨人，不同於泰雅族巨人Halus擁有碩大的陰莖，反而據說是被母親閹割之後，身體開始無止盡地增長，才變成巨人。

鄒族的這名巨人因為身材太過高大，無法住在原先的家中，所以就住到山中洞穴。這名巨人怨恨母親將他去勢，讓他長成醜陋的巨軀，只能孤單住在山裡，於是決定將母親殺死。據說他趁母親到山上送飯菜的時候，將她吊死在樹上。

雖然巨人犯了弒母之罪，但因為他身材高大，眾人對他無可奈何。不過後來巨人患病，身體虛弱的時候，被許多熊咬死了。

典文

※《蕃族調查報告書．巨人的故事》（鄒族）

——原著：臺灣總督府臨時臺灣舊慣調查會，編譯：中央研究院民族學研究所

某戶人家中，有個身高矮小的男子。

有一天，男子的母親割掉他的睪丸，於是，男子年復一年地長高起來。

結果，人長高到躺在屋內時，雙腳還在前門門口，頭已伸出了後門。

到此地步，屋內已住不下去，只好住到山上的洞窟裡。

可是，獨自住在洞窟的日子實在太寂寞了，苦不堪言，因而一天比一天怨恨自己的母親，最後，他終於犯下了殺親的滔天大罪。

即使是個巨人，但某日卻因生了一場大病，變得很虛弱。碰巧，那時山上來了許多熊，就把他咬死了。據說，古時的熊經常十或二十隻成群結隊地生存於山林中。

（流流柴社）

123 山崩的故事

介紹

據說鄒族有一種神祕的法術，只要在山上將鋼鐵刺進地裡，向土地神祈禱之後，再緊握鋼鐵向後倒下，就會引發巨大的山崩。這種法術會被運用在戰爭中，可以讓敵方受到擾亂。

典文

※《蕃族調查報告書．山崩的故事》（鄒族）

——原著：臺灣總督府臨時舊慣調查會，編譯：中研院民族學研究所

據說攀登山上後，將鋼鐵刺進地裡，然後向Ak'emameoi[308]祈禱，並用雙手緊握住鋼鐵，向後倒下，即會引起山崩。因此，知母朥社（Tfuya）和達邦社（Tapang）往昔起戰端時，知母朥社名叫Voyu Yasiungu者，曾用法術使山崩塌，藉以擾亂敵人。

現在有時會山崩，就是因為過去的地主曾使用此法術所致。不過，據說只要向神明祈禱，就可恢復原狀。

（流流柴社）

308 Ak'emameoi：鄒族的土地神、部落守護神。

124 死者的故事

介紹

鄒族遠古傳說，據說以前藉由女神的神奇法術，人類可以起死回生，一共可以死亡五次。不過，經過惡作劇之神的插手之後，人類再也無法復活。

典文

※《蕃族調查報告書・第一章：總論》（鄒族）

——原著：臺灣總督府臨時舊慣調查會，編譯：中研院民族學研究所

〈知母勝社〉

太古時代，女神Nivnu[309]降臨新高山，並且創造了人類。當時的人類相當長壽，幾乎是長生不老，宛如茂盛生長於阿里山的檜樹般，常保活力、健壯。縱使因故往生，只要Nivnu女神施展神術，即可起死回生。除非已受過五次神術，否則不會死亡。

某日，Nivnu女神將一位二度死亡者獨留床上，外出去了。此時，Soesoha[310]神靈前來，剛好見此狀，悲痛萬分，便於中庭挖穴，掩埋屍體，覆蓋泥土，還於墓旁哀傷落淚（今蕃人將死者埋葬屋內，於墓旁哀泣，即源於此）。Nivnu女神歸來見狀，非常吃驚。但既然Soesoha神已哭泣過，施展神術也無效，也就這樣不再強求，此人因此喪命，無法永生。此後，其他人也於第二次亡命時，成為黃泉客。

Soesoha神見到Nivnu女神善行，即想仿傚。但結果，不僅比不上，反而成了惡行，因而有惡神之稱。有次，Soesoha神看到Nivnu女神將一粒米放進鍋內烹煮，沒多久就煮出整鍋飯來。Soesoha神也依樣比照，但才煮一會兒，一股令人難忍的臭氣撲鼻，掀開鍋蓋一看，只見鍋內豬、犬糞便沸騰。又一回，見到Nivnu女神釀酒，只見祂放兩、三粒米到瓶內，一下子就釀出美酒。Soesoha神也如法炮製，將兩、三粒米放入瓶內，結果竟然釀出像摻了豬糞的酒，無法入口。

※《蕃族調查報告書．死人出土的故事》（鄒族）

——原著：臺灣總督府臨時舊慣調查會，編譯：中研院民族學研究所

昔時，某家人用完早餐，吃剩的食物沒收拾直接放在院子，就到田裡工作了。傍晚回來，想吃早上剩下的食物，卻發現食物不見了。他們很納悶，出門時食物還堆積如山，是不是被老鼠吃掉了？還是被狗吃掉的呢？為了探查實情，翌日當家人都外出時，一名男子躲在棉被裡偷看。這時，家裡連一隻狗也沒有。

過了一會兒，只見原本埋在院子裡的死者，全都緩緩地爬起來找食物，甚至連掉在院子裡的飯粒也都撿起來吃，那種情景實在令人害怕。男子緊抓著棉被的一角，縮著身體屏住氣息，不敢讓死人發現。接著，死人便到爐邊去烤自己的腳吃。那些死人只剩下皮包骨。看到他們發青的臉孔，更覺驚恐，全身發軟。

他們繼續把腳伸進熊熊爐火裡去烤著吃。男子看得毛骨悚然，發不出聲來，只是不停地發抖，同時不斷往後退縮。死人聽到動靜，以為屋子裡有狗，便再度鑽入墳坑裡去。這時，男子趕緊跑到屋外去，一直等家人都回來了才敢進屋子，並把自己早晨所看到的一切告訴家人。

從前，這種事情可說是層出不窮，不過，現在有人死了，遺族都會延請roifo（巫師）來驅走亡靈，因此，人們再也沒有見過死者。

（流流柴社）

309 Nivnu：鄒族尊敬的女神，她不只美麗高雅，心地也很善良仁慈，據說人類就是由她所創造。

310 Soesoha：惡作劇之神、法術之神。

125 鬼火的故事

介紹

鬼火是不可思議的現象，據說昔日塔山會有鬼火飛舞，其實就是鬼靈正在穿梭山間。《蕃族調查報告書》記錄了一則鄒族鬼火的故事，某位母親的兒子突然死亡，後來這位母親看見可能是她兒子化身的鬼火出現。

典文

※《蕃族調查報告書．鬼火的故事》（鄒族）

——原著：臺灣總督府臨時舊慣調查會，編譯：中研院民族學研究所

從前，有對母子一起下田工作，也許是魔鬼作祟，兒子突然死了。當晚，母親夜宿山上。翌日早上，母親欲到溪邊提水，走下河谷，歸途中，突然看見一個人形的鬼火飛過去，她覺得奇怪，一直盯視著，不料鬼火竟衝撞小屋，小屋因此燃成灰燼。母親嚇得魂魄皆飛，驚慌逃逸。可是，隔天母親再去看時，小屋卻好好地佇立在原地。

（流流柴社）

撒奇萊雅族

126 女人島的故事

介紹

日治時期，撒奇萊雅族（歸化社）[311]流傳著「女人島」的故事。此故事與其他原住民族的「女人社」、「女人國」故事有所不同[312]，男子意外抵達的女人島嶼，是一座美妙的樂園，男子被當成嘉賓，每天都有吃不完的山珍海味。不過後來，男子思鄉情切，搭乘一隻大鯨魚回到故鄉，沒想到時間已經過了好幾十年。

關於女人島的傳說，在阿美族也有流傳，不過最大的差異在於，主角在女人島上並未被善待，反而被當成豬來飼養。

目前撒奇萊雅族的女人島故事，只在壽豐鄉水璉部落流傳，少見於其他地方。以下簡述水璉部落蔡金木先生講述的女人島故事概

■畫家鹽月桃甫在《生蕃傳説集》（1923年）書中繪製的插畫〈女護之島〉。

要[313]：

以前有一位男孩名叫「馬久久」，與兄長前往山區砍柴時，被大水沖走，漂至大海。他意外抵達名叫「巴來珊」（Balaisan）的島嶼，島上全是女子。後來，馬久久被帶去面見女王，女王命人將他關進監獄，監獄內還有好幾名男性。原來男子在此地會被養肥殺掉，也被當作傳宗接代的工具。馬久久之後找到機會逃走，卻被士兵發現，於是他就跳入海中。這時，一隻大鯨魚現身，載著馬久久回到他的部落。據說大鯨魚抵達岸邊時，甚至用魚尾巴將水璉部落掃成一處海灣，成為三面環山、一面向海的地形。大鯨魚告訴馬久久，之後要以甕、檳榔、酒、芒草結、糯米糕來祭拜祂，因為祂是海神卡飛特（Kafit）。

典文

※《蕃族調查報告書．女人島的故事》（撒奇萊雅族）

——原著：臺灣總督府臨時舊慣調查會，編譯：中研院民族學研究所

古時候有一個人名叫Maciwciw，有一天他到河裡捕魚，腳沒站穩，一不小心就掉進河裡，且隨著激流被沖到海上。

Maciwciw大喊救命，卻無人應聲，只聽到海浪衝擊岸邊的聲音。無奈的Maciwciw只好在海浪中漂浮，直到黃昏，Maciwciw突然覺得遙遠的水平線處似乎有一座小島，於是拖著疲憊的身體游了過去，可是怎麼游都游不到似的，心想與其消耗體力，不如聽天

女人島
異島漂流
乘鯨返鄉

由命，繼續漂浮在水面仰望蒼天吧！

不久之後，Maciwciw聽到人的聲音，轉頭一望，原來已近陸地，且岸上有很多人正指著他說話。

他想即使那是食人島，也總比在海上葬身魚腹好，於是擺動手腳游到了岸邊。當其上岸後卻發現島上竟無男人，只有女人。女人們如獲至寶似地圍繞在他的身邊。

之後，一邊將他帶到美輪美奐的宮殿、一邊討論著該把這珍貴的男人許配給誰當丈夫，而且還對他毛手毛腳的。

這座女人島稱為Falaysan，此處有堆積如山的山珍海味，Maciwciw甫在此住下，便覺得樂不思蜀，但時間一久，思鄉之情卻油然生起。

一天，Maciwciw還偷偷地跑到海邊，眺望那遙遠的故鄉並感嘆：「哎呀！我的妻呀，我的母呀，不知現在如何？若無這大海的阻隔，我即可和千萬里外的母親、妻子見面。」

此時，水面突然出現一條大鯨魚，對Maciwciw說：「難怪你要感傷，爬到我的背上吧！我帶你歸返故鄉。」

Maciwciw高興地立刻祭祀神靈，並跳上鯨背。

鯨魚迅速地衝破白浪，轉眼間就來到了故鄉的岸邊。

Maciwciw只覺離鄉數年，但故鄉卻完全變了樣。當他回到家一看，卻連一個親戚也尋不著，待其費盡唇舌後，才有人憶起了Maciwciw這個名字。人家告訴他說：「我祖父的年代，有一位名叫Maciwciw的人，有一天他下河捕魚，就未曾歸來，那房子就是Maciwciw的家。」

鯨魚將Maciwciw送上岸時曾說：「五天後要帶著五頭豬、五瓶酒、五串檳榔到海邊祭祀。」五天以後，Maciwciw依約前往海邊祭祀鯨魚，據說鯨魚就在那個時候把造船術傳給了蕃人。

311 撒奇萊雅族（Sakizaya）：居住於花蓮的奇萊平原，日治時期被稱為「歸化社」，曾被認為屬於南勢阿美。在二〇〇七年，此族群正名為「撒奇萊雅族」。

312 臺灣原住民族的「女人社」、「女人國」故事中，經常出現的情節是，男子誤入其地，被強悍的女子硬逼交媾，最後可能精疲力盡而死。

313 參見：劉秀美，《火神眷顧的光明未來：撒奇萊雅族口傳故事》（秀威資訊，二〇一二年）。

排灣族

127 孕婦化為石頭

介紹

排灣族，居住於臺灣島南部的山區、平原一帶，族內流傳許多神話傳說，例如在《番族慣習調查報告書》，有一則孕婦變化成石頭的故事。

典文

※《番族慣習調查報告書・孕婦化為石頭》（排灣族）

——原著：臺灣總督府臨時臺灣舊慣調查會，編譯：中央研究院民族學研究所

Drekai番Capungan社初創時，在其下方的部落有一番婦，已懷孕要到Kalesengan遊玩。攀登陡坡時，在中途突然遇到聳立的大石而迷了路，乃「hu」的喘了口氣休息一會，不料就那樣變成了石頭，據說此石至今猶存。

128 猴子和穿山甲的故事

介紹

發生在猴子與穿山甲之間的恩怨情仇，是排灣族流傳的有趣故事。

據說猴子與穿山甲雖然是好友，但雙方都對彼此有嫌隙。猴子捕魚時，穿山甲會騙他用石頭敲打小指，猴子因此手痛得不得了。穿山甲不只戲弄猴子，還會偷吃猴子的魚。猴子不甘心被欺負，和穿山甲一起摘果子的時候，自己專吃大顆的果子。後來，穿山甲想到一個方法，騙猴子來到草原，再放火燒死猴子。然後，穿山甲取出猴子屍體中的心和膽，誦唸咒語之後，猴子就復活了。猴子復活之後，肚子很餓，就把自己的內臟吃掉，穿山甲不禁開口嘲笑對方。

典文

※《蕃族調查報告書．猴子和穿山甲的故事》（排灣族）

——原著：臺灣總督府臨時臺灣舊慣調查會，編譯：中央研究院民族學研究所昔時某日猴子與穿山甲一起下溪捕魚，穿山甲捕獲豐富，猴子卻一條也沒捕到。

猴子向穿山甲請教祕訣，穿山甲說：「你只要在水中，用一塊石頭敲打你的小指，魚兒自然會來。」猴子再入河裡，用石頭敲打小指，手痛得不得了，不過終究還是捕到了一些魚。

猴子欣喜若狂，大叫捉到了魚，就跳上岸，與穿山甲一起挖洞、燒烤石頭，把魚放在其上，再覆蓋泥土悶烤。過了一會兒，猴子前去小便，穿山甲趁機從旁挖洞進入洞中，把大魚都吃光。猴子返回時心想，魚應該烤熟了，於是撥開泥土查看。可是，石頭上只剩小魚，大魚連一條也沒有。

猴子氣得兩眼瞪得圓圓地說：「你在旁邊守著，魚兒怎麼會不見了？不是你偷吃了是什麼？」穿山甲回答：「不！一定是燒光了！」

猴子豈肯罷休，提議檢驗糞便以明真相，穿山甲無法推辭，只好答應。結果，猴子的大便只有一點點，穿山甲的確有一大堆。猴子見了，怒氣更難消，就動手打了起來。

穿山甲自認打不過猴子，落荒而逃，猴子從後追打。經過一段時間，猴子心想，再打也無法把被吃掉的魚要回來，所以就不打了，二者重新言歸於好。

接著，猴子和穿山甲結伴去採集樹果。猴子心想，此正是報一箭之仇之時。牠爬上樹，把成熟的ruduru果子都塞進自己嘴巴，專挑一些尚未成熟的，扔下地上，給穿山甲去撿。

猴子吃了一肚子飽，悠然下樹來，穿山甲心知吃了大虧，憤怒之火燒心，暗誓痛報此恨，但是外表上卻裝得若無其事。

穿山甲不懷好意地，把猴子騙到一片茅草原，叫猴子放火試試。猴子不知穿山甲的企圖，但也依言放了火。火舌舔逼穿山甲原來站立之處，可是大火過後，穿山甲依然平安無事。

猴子問：「你怎麼有辦法不被燒死？請教教我。」邊說邊往草原處去。穿山甲看牠不請而來，立即放火燒草原，活活把猴子燒死。

穿山甲找出猴子燒焦的屋體，剖開其腹，取出其心和膽，再把切口縫合，禱念咒語，猴子又復活了。猴子覺得很餓，睜眼一看，身邊恰有兩塊肉，伸手去抓食。

穿山甲拍手揶揄說：「找遍世界，再也找不到自己吃自己肉的！」猴子察覺其話中帶刺，再度逼問，穿山甲回答：「我說的不是你，只是說，有人吃了自己的肉！」

布農族

129 Qaipis鳥取火的故事

介紹

遠古傳說，大洪水淹沒了全世界，大地一片汪洋，原住民只好爬到卓社大山頂上避難。因為洪水災禍很突然，眾人來不及準備火種。這時候，有人提議可以請天上的飛鳥幫忙帶來火種。人們請來了許多鳥幫忙，可是這些鳥兒帶火種的過程中都失敗了。最後，人們將希望寄託於qaipis鳥的身上，這隻鳥也不負眾望，順利將火種銜來，成為布農族人尊敬的聖鳥。

Qaipis鳥，就是紅嘴黑鵯。此鳥用尖嘴銜著火種，因為火種很燙，牠有時候就用雙腳抓住火種。所以，紅嘴黑鵯的嘴喙和雙腳都被燒成朱紅色，羽翼也被燒得一片焦黑。

典文

※《蕃族調查報告書．qaipis鳥取火的故事》（布農族）

——原著：臺灣總督府臨時臺灣舊慣調查會，編譯：中央研究院民族學研究所

古時候，曾發生一場大洪水，人們都逃到高山上避難，可是在匆忙間卻遺失了火種，致使生活大為不便。因此，便派qaipis鳥前去取火。這也就是這種鳥的喙為何是紅色的緣故。而據說聽到這種鳥叫聲的人，衣服將遭燒毀。

（達啟覓加蓄[314]）

314 達啟覓加蓄：居住於濁水溪中游卡社溪沿岸的布農族社群。

主要參考資料與編著者簡介（按筆劃排序）

二劃

■丁紹儀，《東瀛識略》：丁紹儀，字杏舲，江蘇無錫人，在清道光二十七年來臺。

三劃

■《三六九小報》：創刊於西元一九三〇年（昭和五年）九月九日，是日本時代的刊物，每逢三、六、九日就會發刊，以漢文為通行語言，是當時推廣通俗文化十分重要的大眾期刊。

四劃

■片岡巖，《臺灣風俗誌》：片岡巖在日治時期的大正十年（一九二一年）二月，出版《臺灣風俗誌》。書中收羅臺灣居民的生活禮儀、家庭社會、民俗節慶、口碑、傳聞、怪談、俚諺、歌謠、宗教，是臺灣文化研究不可或缺的重要書籍。在一九八七年，經由眾文圖書公司重新出版，陳金田翻譯。

五劃

■《巴達維亞城日記》：這本書目前由印尼國立檔案館（Arsip Negara, Djakata）所收藏（全名：巴達維亞城所保存有關巴達維亞城及荷屬東印度各地所發生的事件日記，一六二四年至一八〇七年），是研究十七世紀臺灣的歷史的主要資料，記錄了巴達維亞城貿易狀況以及與臺灣交流聯繫的資料。

■甘為霖，《素描福爾摩沙：甘為霖臺灣筆記》：威廉・坎貝爾（William Campbell，漢名：甘為霖，生於一八四一，卒於一九二一年），生於英國蘇格蘭格拉斯哥，長老教會傳教牧師，在一八七一年十二月二十日抵達打狗，來臺灣傳教，他的筆記《素描福爾摩沙》在一九一五年出版，他在一九一七年才離開臺灣。《素描福爾摩沙：甘為霖臺灣筆記》，由甘為霖寫作，林弘宣、許雅琦、陳珮馨翻譯，前衛出版社在二〇〇九年十月出版。

■必麒麟，《歷險福爾摩沙》（*PIONEERING IN FORMOSA, Recollections of Adventures among Mandarins, Wreckers & Head-hunting Savages*）：作者W. A. Pickering（必麒麟），譯者陳逸君，前衛出版社在一九九九年一月出版。

■《民俗臺灣》：發刊於一九四一年至一九四五年，專門蒐集臺灣民俗資料。書刊中的作者包含臺灣作家與日本民俗學者。戰後，《民俗臺灣》由林川夫重新編輯翻譯。

六劃

■伊能嘉矩，《臺灣踏查日記》：楊南郡譯註，遠流在一九九六年出版。

■西川滿、池田敏雄，《華麗島民話集》：由西川滿的日孝山房出版社發行，出版於昭和十七年（一九四二年），由立石鐵臣插畫裝裱，包含二十四篇臺灣民話，是西川滿在臺時期，與池田敏雄二人共同策劃，從當時的臺灣全島小學生徵文中，篩檢過濾選出的民話文章。在一九九九年由致良出版社重新出版，致良日語工作室編譯。

七劃

■吳子光，《臺灣紀事》：吳子光，號芸閣，別署雲壑，晚號鐵梅老人，客家人，在道光十七年（一八三七年）首次來臺，二十二年（一八四二年）第三度來臺後定居於淡水廳的苗栗堡銅鑼灣樟樹林莊之雙峰山（現今的苗栗縣銅鑼鄉），並建立雙峰草堂，開班教學，曾參與纂修《淡水廳志》。

■沈茂蔭，《苗栗縣志》：沈茂蔭在光緒十八年（一八九二年），來到臺灣苗栗地區擔任苗栗縣知縣，成為苗栗地方官，也是《苗栗縣志》編纂者。

■佐倉孫三，《臺風雜記》：作者佐倉孫三，號達山，福島縣二本松人士，生於一八六一年。佐倉在明治二十八年（一八九五年）五月來到臺灣，之後以漢文寫作《臺風雜記》。戰後，林美容重新編集為《白話圖說臺風雜記》，國立編譯館出版於二〇〇七年十二月。

■佐山融吉、大西吉壽著作，《生蕃傳說集》：出版於大正十二年，此書包含原住民族各族故事，如創世神話、口碑、怪異事蹟……等等傳說故事。

■佐藤春夫，《殖民地之旅》：集結了佐藤春夫從一九三二年至一九三六年的作品，中文翻譯者為邱若山，在二〇〇二年由草根出版社出版，之後在二〇一六年由前衛出版社重新出版。

八劃

■周鍾瑄主修，《諸羅縣志》：主修者為知縣周鍾瑄，實際編纂者是漳浦縣監生陳夢林、鳳山縣學廩生李欽文與諸羅縣歲貢生林中桂，此書是在雍正二年（一七二四年）刊行。

■周璽，《彰化縣志》：周璽在道光六年三月（一八二六年）任職彰化縣知縣，卸任之後，在道光十年開始編纂《彰化縣志》。

■林占梅：生於一八二一年，卒於一八六八年。字雪邨，號鶴山，清朝時代的臺灣淡水廳竹塹（現今的新竹市）知名人士。

■林紓：福建人林紓，三度渡海來臺島，第一次是同治六年（西元一八六七年），居住在北臺灣的淡水，輔佐父親在臺經商，著作《畏廬瑣記》，書中提及他當時在臺灣的所見所聞。

■林豪：生於一八三一年，卒於一九一八年。字嘉卓，號次逋，金門人，曾受林占梅之邀到潛園擔任西席，纂修《淡水廳志》、《澎湖廳志》，並續修其父林焜熿所著作的《金門志》。

九劃

■郁永河：十七世紀末來到臺灣，探採臺灣硫黃，並將在臺經驗寫成《裨海紀遊》。

■胡傳：生於一八四一年，卒於一八九五年，原名守珊，字鐵花，安徽人，是胡適的父親。胡傳在光緒十七年（一八九一年）奉旨調往臺灣。

■《南屯鄉土調查：日治時期史料編譯》：南屯公學校編寫於日本昭和七年（一九三二年），近年由孟祥瀚重新編注，許世融翻譯，臺中市政府文化局在二〇一五年出版。

十劃

■孫元衡，《赤嵌集》：孫元衡，中國清朝官員，安徽桐城人，在康熙四十四年（一七〇五年）任職臺灣府海防捕盜同知，稽查鹿耳門海口，負責鹽政、緝捕盜匪、海防等行政事宜，也負責監督臺、鳳、諸三縣的捕務。《赤嵌集》是其任職臺灣官員時寫作的詩集。

■馬偕（George Leslie Mackay），《福爾摩沙紀事：馬偕臺灣回憶錄》：馬偕在臺灣從事傳道、醫療、教育工作，更在臺灣創設醫院與教會，臺灣人尊稱「黑鬚馬偕」，他在一八九五年出版此本回憶錄，林晚生翻譯成中文。

■馬偕（George Leslie Mackay），《馬偕日記》：收錄馬偕在一八七一年至一九〇一年的日記內容，翻譯者是王榮昌、王鏡玲、何畫瑰、林昌華、陳志榮、劉亞蘭。

■連橫：生於一八七八年，卒於一九三六年。臺南人，日治時期的詩人、歷史學家，著作《臺灣通史》、《臺灣語典》、《臺灣詩乘》、《劍花室詩集》、《雅堂文集》。

十一劃

■陳鳳昌：字卜五，又字鞠譜，號小愚，生於一八六五年，卒於一九一三年。陳鳳昌七歲時，隨父親從福建南安來到臺灣，居住於臺南看西街。臺灣民主國成立之後，他曾協助籌組義軍。他著有《拾唾》四卷，目前只餘殘卷，其文章可見於黃哲永、吳福助編《全臺文》第六十四冊。

■屠繼善纂集，《恆春縣志》：成書於光緒二十年（一八九四年），但當時未刊行。主修者是恆春縣知縣陳文緯，總纂者為浙江人屠繼善。

■野狐禪室主：洪坤益（生於一八九二年，卒於一九四七年），臺南人，字鐵濤，又號野狐禪室主，是日本時代知名的詩人，也在《三六九小報》刊登許多鬼怪故事。

十二劃

■喬治·泰勒（George Taylor）：〈臺灣的原住民族〉（Aborigines of Formosa）摘自《中國評論》（*The China Review*）第十四期（一八八五年至一八八六年），頁121-126，194-198，285-290。喬治·泰勒實際觀察臺灣的原住民，範圍不超越西南部，特別是針對恆春半島一帶的原住民文化進行調查。而另一篇著作〈臺灣原住民的民俗傳說〉，則摘自《民俗學期刊》第五期（一八八七年），頁139-153，講述恆春半島原住民流傳的神話傳說故事（Taylor, George, 'Folklore of aboriginal Formosa', Folklore Journal5 (1887), p. 139-153.）。現今譯本：《一八八〇年代南臺灣的原住民族：南岬燈塔駐守員喬治泰勒撰述文集》，謝世忠、劉瑞超譯，杜德橋編輯，順益臺灣原住民博物館出版在二〇一〇年出版。

■菲力普·梅（Philippus Daniel Meij van Meijensteen），《梅氏日記：荷蘭土地測量師看鄭成功》：原文珍藏於荷蘭的海牙檔案館中，是十七世紀的荷蘭地理測量師菲力普·梅記錄一六六一年四月至一六六二年二月在臺灣島的所見所聞，在此期間，他曾經被國姓爺鄭成功俘虜，也因此得以就近觀察鄭成功，並且在日記中寫下鄭氏軍隊的旁觀紀錄，為當時的荷鄭戰爭提供了第一手的珍貴報告。二〇〇三年，江樹生根據荷蘭原文編譯成中文版，由英文漢聲出版。

■黃叔璥：生於一六八二年，卒於一七五八年。字玉圃，號篤齋，是首任巡臺御史，經常巡行臺島各地，考察民俗風土，寫成《臺海使槎錄》。

十三劃

■鈴木清一郎，《臺灣舊慣：冠婚葬祭と年中行事》：記錄臺灣的婚葬喜慶、祭拜等等風俗，一九三四年出版，戰後中譯本《臺灣舊慣習俗信仰》。

十四劃

■翟灝：字笠山，清朝官員，本籍中國山東，在乾隆五十八年（一七九三年）奉命調臺。著有《臺陽筆記》。

十五劃

■《熱蘭遮城日誌》（*De Dagregisters van het Kasteel Zeelandia*）：記述時間從一六二九年至一六六二年，是荷蘭人統治臺灣時期的基本史料，完整記載了荷蘭人在臺灣展開的統治、貿易等相關活動。經由曹永和、江樹生等學者整理、譯註，臺南市政府出版四冊中譯本。

■稻田尹，《臺灣むかし話》（第二輯）：臺灣藝術社在一九四三年出版此書，收錄許多臺灣民間故事。

十七劃

■戴三奇，《金快運河記新歌》：一九三五年，由嘉義玉珍漢書部發行。

當代名家・何敬堯作品集3
妖怪臺灣：三百年山海述異記・怪譚奇夢卷

2020年1月初版 定價：新臺幣450元

著　　者	何敬堯
繪　　者	張季雅
叢書主編	李佳姍
特約編輯	賴佩暄
校　　對	施亞蒨
整體設計	江宜蔚
編輯主任	陳逸華

出版者	聯經出版事業股份有限公司
地址	新北市汐止區大同路一段369號1樓
編輯部地址	新北市汐止區大同路一段369號1樓
叢書主編電話	(02)86925588轉5320
台北聯經書房	台北市新生南路三段94號
電話	(02)23620308
台中分公司	台中市北區崇德路一段198號
暨門市電話	(04)22312023
台中電子信箱	e-mail：linking2@ms42.hinet.net
郵政劃撥	帳戶第0100559-3號
郵撥電話	(02)23620308
印刷者	文聯彩色製版印刷有限公司
總經銷	聯合發行股份有限公司
發行所	新北市新店區寶橋路235巷6弄6號2樓
電話	(02)29178022

總編輯	胡金倫
總經理	陳芝宇
社　長	羅國俊
發行人	林載爵

行政院新聞局出版事業登記證局版臺業字第0130號

本書如有缺頁，破損，倒裝請寄回台北聯經書房更換。 ISBN 978-957-08-5440-4 (平裝)
聯經網址：www.linkingbooks.com.tw
電子信箱：linking@udngroup.com

國家圖書館出版品預行編目資料

妖怪臺灣：三百年山海述異記·怪譚奇夢卷/何敬堯著．
初版．新北市．聯經．2020年1月．440面．17×23公分
（當代名家·何敬堯作品集3）
ISBN 978-957-08-5440-4（平裝）

1.妖怪　2.臺灣

298.6　108020243